Lockende Höhen

SABINE SCHMID

AUTONOME PROVINZ BOZEN SÜDTIROL
PROVINCIA AUTONOMA DI BOLZANO ALTO ADIGE
Deutsche Kultur

Die Drucklegung dieses Buches wurde ermöglicht durch
die Südtiroler Landesregierung/Abteilung Deutsche Kultur.

bergpoetin@gmail.com

Umschlaggestaltung und Layout: Corinna Öhler, Buchschmiede

Druck und Vertrieb im Auftrag der Autorin:
Buchschmiede von Dataform Media GmbH, Wien
www.buchschmiede.at - Folge deinem Buchgefühl!

Besuche uns online

ISBN:
978-3-99152-298-0 (Paperback)
978-3-99152-297-3 (E-Book)

PRINTED IN AUSTRIA

Lockende Höhen

EINE BERGPOETIN
IM KONDITIONSRAUSCH

für dich

Mein „berglerisches Vermächtnis“ möchte in vielem ein Begleiter sein auf dem Weg in die veränderten Zeiten – nicht nur am Berg – und Lebensumstände, die uns alle erwarten. Es möchte Motivierendes, Bedenkens- und Experimentierenswertes mitgeben – egal ob es die eigene Gesundheitspflege, Fitness, Sicherheit, Ausdauer, Resilienz betrifft oder den nährenden Seelenraum, die freudvolle Verbundenheit mit den Elementen, der Natur und Tierwelt. Für all dies ist die Bergwelt eine unerschöpfliche, sich selbst schenkende Quelle – die unseres Schutzes und unserer Zuneigung bedarf.

Viele Praxistipps unterstützen junge Bergaspiranten bei einem reibungslosen Start in die Höhen, und auch Erfahrene finden vielleicht noch den einen oder anderen interessanten Hinweis.

Diese Seiten wollen entdeckt, kleinere und größere Schätze gehoben werden, wobei jedes Kapitel in sich abgeschlossen ist. Dass dadurch hie und da eine Wiederholung zustande kommt, bitte ich mir zu verzeihen 🙂.

Bewahrung und Erhalt letzter Rückzugs- und Inspirationsräume, der natürlichen Kathedralen der Stille und köstlichen Höhenluft – für Tier und Mensch – ist mir ein inniges Herzensanliegen. Ebenso das achtsame, freundliche und respektvolle Miteinander.

Viel Freude beim Eintauchen in das facettenreiche Spektrum der Bergwelten und Abenteuer, in die Begegnungen von Mensch und Berg samt seinen Bewohnern!

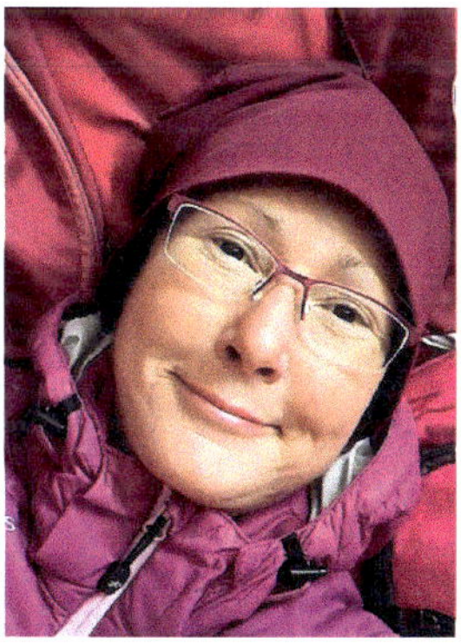

Menschen, die die Berge lieben,
widerspiegeln Sonnenlicht,
jene, die im Tal geblieben,
verstehen ihre Sprache nicht.
UNBEKANNT

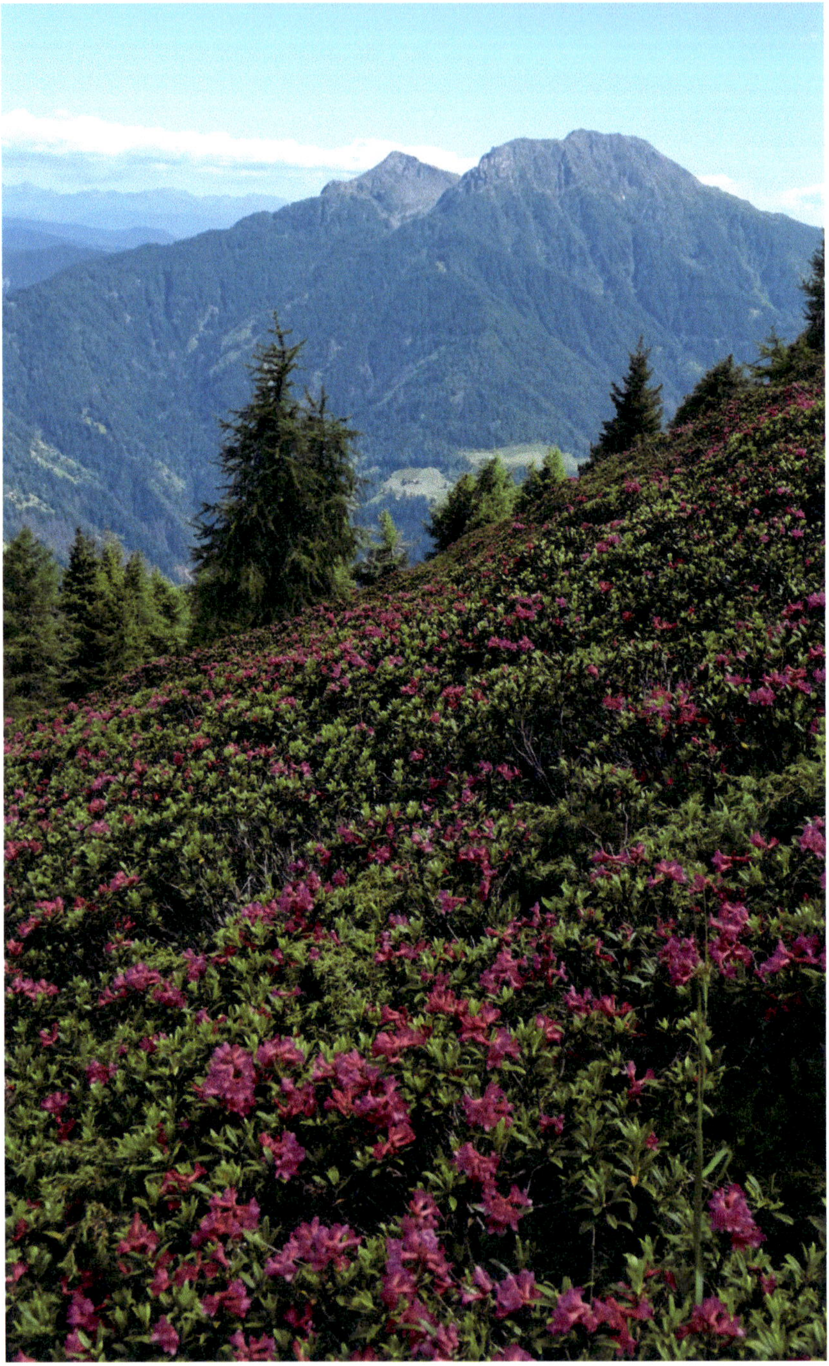

dieses land

an dessen brust
ich trinke
und ruhe finde
wir sind
ein knochen
vom selben blut
hitze stürme regen
macht und würde
der berge
atem und duft
mein eigener
ganz und gar
sind wir eins
und tragen
einander

voll unermeßlichem zauber
steigt es an manchen morgen
aus den schleiern empor
wie vor urzeiten
sagenumwoben
und sich nur
den schritten
der liebe öffnend

hier

ist meine irdische heimat
hier
wurde meine seele geboren
zwischen himmel und erde
hier
in den bergen wohnt
mein herz
unter den sternen
hier
fließt mein blut
im kalten rieseln
hier
trinke ich leben
als atem der höhe
rein klar frisch
hier
antwortet die erde mir
mit einem fürsorglichen „ja“
hier
entspricht alles meinem
innersten wesen

Inhaltsverzeichnis

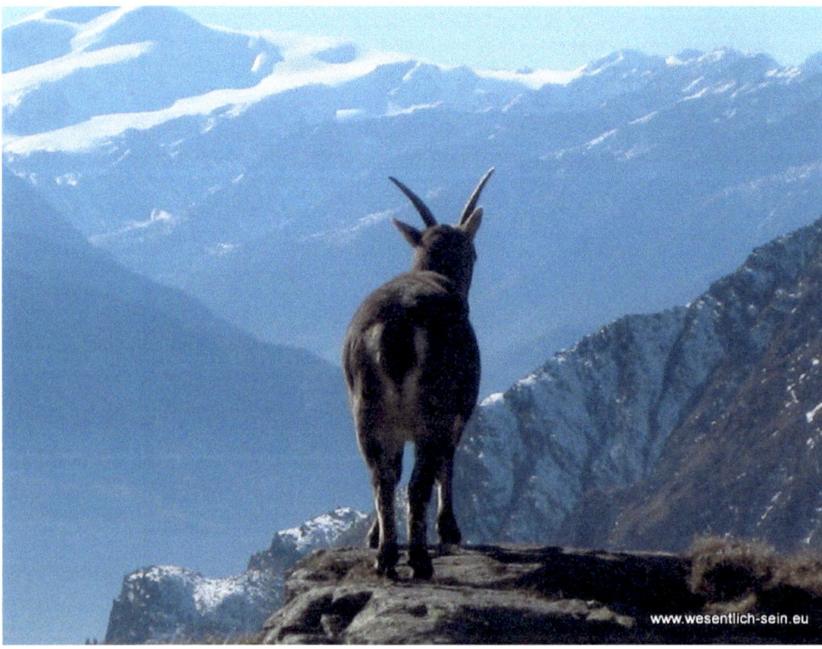
www.wesentlich-sein.eu

Intro

Früher Morgen, Halbdunkel. Die Hitze wälzt sich im Tal wie Chili-Götterspeise, klebt an der Haut und überzieht sie mit gallertartiger Feuchtigkeit. Erst im Zauberwald von Vertigen – mit seinen Knotten und Moosen, seiner Atmosphäre von Urwald und den Lichtspielen der ersten Sonnenstrahlen – lösen sich ganz allmählich ihre Tentakeln und die Nasenhaare fangen nicht mehr bei jedem Einatmen Feuer. Erste Brisen ersehnter Bergfrische schleichen sich ein mit jedem gewonnenen Höhenmeter.

Beruhigende Stille überall, die meisten Menschen liegen noch in ihren Betten, während der Wald allmählich erwacht. Er scheint, samt seinen Bewohnern, völlig tiefenentspannt in den Tag zu starten. Es ist Hochsommer, Hochsaison, eine monatelange Hitzewelle liegt drückend über dem Land; jede Stunde am Berg, in der Höhe, ist da ganz besonders wie eine Erlösung für mich.

Alle meine Systeme sind gecheckt und stehen auf GO, das Perpetuum Mobile läuft, der innere Entfernungsmesser ist auf Unendlich ausgerichtet. Ich lebe meine Leidenschaft, tauche ein in Stille, Größe und Weite „meiner“ Bergwelten, verschwinde und gehe auf in der Harmonie aus Licht, Farben, Bewegung, Atem, Wohlbefinden – als Teil der Natur, Teil der Schöpfung. ES geht mich, erfüllt und umarmt mich.

Da ist sie wieder: die Himmelsgängerin, die über die Berge zieht …

Auf geht’s zu neuen Abenteuern!

Was mache ich da?

KONDITIONSBERGSTEIGEN – DIE UNSICHTBARE LEIDENSCHAFT

Es ist wirklich eine Passion, die im Verborgenen blüht, unbemerkt, unspektakulär, nur das eigene innere Feuer brennt ... Andere Bergfreunde begegnen mir dabei – wenn überhaupt – erst zu fortgeschritteneren Stunden. Sie ahnen wohl kaum, wie viel Tag und Tat bereits erlebt wurden. Welche Weiten hinter meinen Augen liegen, Hundertschaften an Höhenmetern, welche einzigartigen, erstaunlichen und berührenden Begegnungen mit Bruder und Schwester Tier – und wie viele Kilometer unter den Fußsohlen. Vermutet wird vielleicht, ich käme von einer Hütte oder wäre wie sie unterwegs, nur eben früher – oder etwas spät, je nach Sachlage und Blickwinkel. Wüssten sie, WIE früh oder woher ... Egal. Was ich mit solch ungebrochener und sich von Jahr zu Jahr eher noch weiter steigernder Begeisterung und vor allem Leistungsfähigkeit im Alleingang betreibe, ist doch recht speziell und nur für mich selbst so ungeheuer wertvoll.

Doch möchte ich damit auch zeigen, wie man gesunden bzw. sich gesund halten kann, und welche enorme Leistungsfähigkeit erreichbar ist. So nachhaltig und ressourcenschonend wie möglich. Mit weitgehend artgerechter Ernährung, viel Bewegung und Ausdauertraining, vor allem aber in emotionalem, achtsamem und die Seele nährendem Kontakt mit der Natur, mit diesem herrlichen Schweigen „fern der Welt". Julius Kugy beginnt sein *Aus dem Leben eines Bergsteigers* mit dem Satz: „Mein Bergsteigen wurzelt in der Liebe zur Natur". Was für mich ebenso gilt. Denn: nature is the art of god (Dante Alighieri).

Schade nur, dass mir nicht viel, viel mehr Zeit dafür bleibt oder sich – wie in anderen Disziplinen üblich – Sponsoren finden. Die damit ihr Firmenimage und Portfolio erweitern, neue Zielgruppen erreichen und kraftvoll mit den Zeichen der Zeit gehen könnten. Nicht zuletzt Identifikation bieten könnten für all jene, die im realen Leben und für sich selbst nicht viel anzufangen wissen mit Gipfel-Highline, Basejumpen, Himalayapilgern und Speedklettern der gewöhnlich maximal bis 35-jährigen „jungen Wilden“. Was kommt denn danach? Antwort: Frische Motivation für die Gruppe 55 plus, um zu zeigen – fast nichts ist unmöglich!

Mein Prinzip: Vor allem aufwärts alles zu Fuß, ab Haustür, ab der nächsten Zugstation – je nach Ziel. Und dann die maximalen Höhenmeter herausholen. Wofür Südtirol ideal ist. Je nach Tour startet man bei 300 (Meran), 500 (Töll), gut 700 (Latsch/Schlanders) Metern, anschließend dann hinauf auf 3000 bis 3500. Im Frühjahr nehme ich mir trainingshalber einen kleineren Gipfel auch zwei Mal vor oder verbinde welche. Im Winter lassen sich hier – je nach Schneesituation – „gestückelt“ immerhin auch bis zu 2600 Meter erreichen, ohne dabei große Risiken einzugehen.

Sukzessive erweitere ich meine persönliche Höhenmeter-Challenge: 2019 ließen knapp 5200 Höhenmeter in 10 ½ Stunden noch etwas „Luft nach oben“ vermuten. Ein solches Vorhaben innerhalb eines Tages umzusetzen, ist eher ein logistisches und zeitliches Problem. Es war mir also noch nicht gelungen, die Grenze zu erreichen, an der ich freiwillig sage – ich KANN jetzt nicht mehr (ich MAG nicht mehr ist etwas anderes). Das alles hat natürlich mit meinen normalen Touren nichts mehr zu tun und entspringt einfach meiner Neugier an der Machbarkeit und auf die Erfahrung.

2022 nahm ich Anlauf für 6000 Höhenmeter aufwärts an einem Tag, abwärts waren dafür – trotz Gondel – ziemlich gewagte 2700 zu bewältigen. Und dachte dabei: Sollte das klappen, würde es hier mit den Möglichkeiten für eine weitere Steigerung schwierig 🙂. Hier mein Bericht vom September 2022:

Nachdem ich das Projekt ein paar Jahre in mir herumtrug und wohl gerade so stark war wie nie zuvor, galt es: jetzt oder nie! Vorbereitung und Planung ziemlich kurzfristig (Wetter, Temperaturen, Vollmond, konkreter Ablaufplan). Die mentale Vorbereitung in der sensiblen Phase fiel leider eher stiefmütterlich aus, aufgrund eines völlig unnötigen beruflichen Störfaktors. Am Samstag gab es ein mittägliches Abendessen, um 14 Uhr ging es ab ins Bett, um 21.30 Uhr aufstehen, 22.15 Uhr Abmarsch.

Ich wusste ja nicht, was mich erwartet, wie der Körper mitmacht, aber vor allem: wie ich es aushalten würde, fast 8 Stunden im Dunkeln zu gehen – weshalb ich auch auf Vollmond gewartet hatte, der dann allerdings meist hinter Wolken verschwand. Dennoch war seine Begleitung ganz wunderbar und wertvoll. Beide Solartaschenlampen gaben recht schnell ihren Geist auf, bewährt hat sich ein neues Exemplar meines Stirnlampenarsenals. Wie tröstlich so ein Licht ist in der Finsternis! Das erinnerte mich wieder sehr an meine Kinderängste bei Dunkelheit.

Spannend fand ich die wenigen, ganz besonderen Geräusche der Nacht – ein Aufflattern hier, ein Rascheln dort –, dass völlig andere Lebewesen in großer Zahl unterwegs waren: riesenhafte Weberknechte und Tausendfüßler, und dass wie feiner Schnee im Lichtkegel ständig irgendwelche winzigen Insekten vom Himmel fielen. Ich hoffte inständig, dass Schnecken einen Unterschlupf haben und nicht etwa in Vollmondnächten schlafwandeln ... Niedrige Wacholderbüsche leuchteten silbern im Mondlicht, ebenso die Felsenberge – als läge Schnee darauf.

Zwei Mal Vermoi-Vorderseite, zuerst von zu Hause aus, dann ab Talstation Latsch, und um die fehlenden 1400 Meter aufzufüllen, noch mal von Latsch bis übers St. Martiner Alpl. Erstaunlich schnell war ich unterwegs, selbst das letzte Teilstück ging zwar etwas gebremst, aber doch ganz prima über die Bühne.

Reine Gehzeit aufwärts: 13 ¾ Stunden, abwärts: 5 ½. Um 19 Uhr ließ ich mich an der Bergstation abholen.

Sofern ich niemanden finde, der mich immer wieder mit Paragleiter oder Hubschrauber vom Gipfel pflückt und im Tal absetzt, sind hier an einem Tag maximal 6900 drin, dann ist Ende. Hm.

Der Umstand fasziniert, dass ich das Nachtgehen so ganz besonders berührend, irgendwie zärtlich und definitiv erfreulich empfand. Es hat etwas mit mir gemacht, das ich noch nicht so recht einordnen kann. Mit einem ganz eigenen Zauber, der einen neuen, geradezu vertraulich-intimen Aspekt meiner innigen Beziehung zum Berg darstellt. Auch wenn es den üblichen Tagesablauf völlig auf den Kopf stellt.

Generell ist aber zu sagen, dass der oder die Gipfel für mich nicht das finale Ziel, sondern eigentlich nur markante Punkte auf meinem Weg sind, der erst im An- bzw. Zurückkommen zu Ende ist. Insofern habe ich kein spezifisches Ziel, sondern eher eine Richtung. Das Unterwegssein am Berg, das Draußen- und Mit-der-Natur-Sein, das große Schweigen – das alles ist für mich Ziel, Sinn und Reichtum. Die vielen Eindrücke, Bilder, Sinneserfahrungen, das Erlebte – und vielleicht auch noch ersehnte Viecherlbegegnungen als Highlight – machen für mich intensives Leben aus, beglückende Zeit, die durch die vielen Impressionen wesentlich länger und erfüllter zu sein scheint.

Kleinere Klettereien oder auch einmal der Einsatz des Klettersteigsets gehören natürlich zum Unterwegssein. Doch ein Seil-und-Pickel-Typ bin ich nicht, deshalb kommen alle Touren infrage, die „ohne" zu bewältigen sind. Also bin ich weder Alpinist noch Kletterer, Wanderer trifft's auch nicht. Es musste eine andere Bezeichnung her: Konditionsbergsteiger. Denn Start ist je nach Tour zwischen vier und sechs Uhr, auch früher, wenn's sein muss. Die Touren dauern gewöhnlich zwischen 10 und 14 Stunden. Eine stille, zenartige, meditative Sache für Frühaufsteher, Natur- und Tierbegeisterte.

Der Rückweg ist natürlich auch ein wichtiger Bestandteil. Sorgfältig ist auf die Knie zu achten, daher nehme ich, falls es das in der Umgebung gibt, Seilbahn oder Bus, oder übernachte am Berg. Seit dem letzten Fasten mit der leider wieder nötigen Kurskorrektur auf vegan mit 85% roh-vitaler Ernährung haben die ewigen Schmerzknie – ich vermute Rheumatoide Arthritis – wieder eine absolut wundersame Besserung erfahren. Selbst komplette Abstiege sind wieder möglich.

Wie kann man sich die „Technik" meiner Definition des Konditionsbergsteigens vorstellen? Ganz wichtig: in einem Zug. So gut wie kein Stehenbleiben, keine Einkehr – die es ohnehin meist nicht gibt auf meinen Strecken. Pures Gehen also, entspanntes Gleichmaß, ausgewogener Rhythmus, niemals (!) durch den Mund atmen. Die Schrittfrequenz passt sich immer der Atmung an. Perfektes Gleichgewicht, exaktes und kraftsparendes Setzen der Füße, ideales Energie-Management. Oben angekommen muss noch immer genug „Luft" sein, um auch den Rückweg hochkonzentriert und kraftvoll zu bewältigen. Oder unvorhergesehenen Überraschungen gegenüber gewappnet zu sein: ein ungeplanter aber erforderlicher Umweg, die Gondel hat wegen Sturm den Betrieb eingestellt, ein krasser Wettersturz tobt sich aus etc. Denn der Berg „gehört" einem erst, wenn man wohlbehalten unten angekommen ist. In Wahrheit gehört er natürlich ausschließlich sich selbst, als ein Monument der Schönheit, eine Quelle der Stille und als wahres Kraftwerk zwischen Himmel und Erde.

Gut, meine Ernährung erscheint vielen vielleicht ein wenig extravagant, allerdings ist sie absolut „artgerecht" – generell und am Berg. Aus meiner Sicht ist sie ein wesentlicher Bestandteil des Erfolges – auch des

grundsätzlichen Erfolges, gesund und fit zu sein und zu bleiben. Frühstück gibt es nie; alles ist vegetarisch, meist roh-vegan, besteht fast ausschließlich aus Gemüse und etwas Obst mit zusätzlich substanzgebenden Anteilen Kartoffeln (am Abend vor der Tour) und Sprossen. Auf dem Rückweg gibt es vielleicht Gurke, Apfel oder Banane, falls dafür Zeit ist. Bei herausforderndem Wetter oder Weg entfällt auch das. Getrunken wird möglichst ausschließlich „Bergmilch", also alles Wasser, das der Berg zu schenken hat: unterschiedlich köstlich und nahrhaft, immer energiereich.
Und warum das alles?

Noch immer bedeutet es mein Leben, und der persönliche Lohn daraus ist mit nichts anderem vergleichbar. Einssein mit dem Berg, verschmelzen mit seiner Präsenz, den freien Mitwesen und der Natur, die von Nichtigkeiten befreite Kommunikation mit dem Göttlichen, das Wegfallen alles Unwesentlichen. Die Freude am persönlichen Grenzgang im Dreieck von eigenem Vermögen, von pfeilgradem Willen incl. einer gewissen Leidensfähigkeit in Krisensituationen und einem innigen Getragenwerden. Zudem ein „Ablaufen" von Alltäglich-Unwesentlichem, ein entspannender Schalter wird während des meditativen Gehens betätigt, und bei alledem den Körper und das Sein in Bewegung überintensiv erleben. Frische Geisteskräfte und Energie wachsen mir zu, eine Freiheit, wie sie in der Menschenwelt nicht zu finden ist, und eine besondere Lebendigkeit, die den Geschmack voll ausgeschöpften Lebens trägt.

Gebirge sind stumme Meister und
machen schweigsame Schüler.
J.W.v. Goethe

Das Naive ist das Ursprüngliche,
das nach eigenen Gesetzen und innerer Notwendigkeit
in sich selbst Ruhende.
Friedrich Schiller

bewegung

lässt uns „zeit“ empfinden
und leiden geschieht
stellen wir uns nicht
ihren herausforderungen
fließen wir mit ihren
stürmischen schritten
wird sich uns
ihr ganzer reichtum entfalten
der sich räkelt
selbst in den verborgensten
ritzen der augenblicke
und wir selbst erschaffen

z ä s u r e n

die das hereinbrechen
ewiger zeitlosigkeit
ermöglichen
gnade des göttlichen
und so wird der strom
von jugend und lebendigkeit
niemals enden

glückliche seligkeit

absoluter hingabe ans leben
rundes vertrauen
beim täglichen sturz ins nichts
zweifel-los sich verströmen
in dankbarem fließen
keine verzwirbelt-dunkle
gedankenwirrnis bremst
direkter flug in lichtvolles spektakel
sonniges fallenlassen ins lieben
voll enthusiasmus ohne erwartung
aufgelöst im augenblick
bereit sein für alles
flusenfrei brennende energie
lohn ist der lebendige zauberteppich
reiner schöpfungsmagie
rückstandslose existenz
abgrundtiefe begegnung
mit dem ursprung allen seins

Interview

Im Mai 2021 führte Jarle Sänger für *Outdoorwelten* mit mir dieses Interview – Die Kraft des Geistes:

1. WER BIST DU? KURZ UND KNAPP ...

Meditative Konditionsbergsteigerin. Eine innig begeisterte Liebhaberin von Berg, Natur, Tierbegegnung und tiefer Stille, die mit Freude und Ausdauer tut, wozu der Mensch gemacht ist: stundenlanges Workout in frischer Luft, in Sonne und Wind, Schnee und Kälte. Für Gesundheit, Vitalität, aber auch als wesentliche Nahrung für Herz und Seele. Der Berg heilt und hat auch eine bewegende spirituelle Dimension. Man wird dabei, was man in Wahrheit ist: reine Energie, verdichtetes Licht.

2. WAS TREIBT DICH AN?

Hingabe; Einswerden mit Boden – Himmel – Berg – Mitwesen; den Geist befreien durch das „Durchschwimmen" der materiellen und geistigen (Berg-) Landschaft; auch der Versuch, dadurch halbwegs das Gleichgewicht fürs Leben in der Menschenwelt zu bewahren oder wiederherzustellen.

3. WOHER KOMMT DIE LIEBE ZU DEN BERGEN?

Gesät wurde sie schon von Großvater (Gebirgsjäger) und Vater, die selbst gern in den Bergen unterwegs waren. Sie kommt auch vom einfachsten Hüttenleben in Kinder- und Jugendtagen, das damals eine essenzielle Möglichkeit für die Idee von Freiheit und das Tanken von Stille und Geborgenheit war. Durch ein paar Gewalttouren meines Vaters und die ewig gequälten Füße – damals gab es für Kinder mit schmalen langen Füßen nur schweres Erwachsenen-Schuhwerk – ging für viele Jahre die Lust aufs Wandern verloren. Erst als ich mit fast 29 eher durch Zufall die für mich richtige Geh- und Atemtechnik entdeckte, die das Ganze auf wunderbare Weise viel weniger anstrengend machte, nahm die Sache so richtig Fahrt auf.

4. UND WAS TRIEB DICH NACH SÜDTIROL?

Die Berge vor allem. Und es liegt schon in den Genen, von den Großvätern und meinem Vater her. Sie liebten das Land, kamen als junge Burschen, später mit ihren Familien. Mit 6 Jahren war ich selbst zum ersten Mal hier, ab 16 dann regelmäßig, und fand Anschluss bei einer Familie mit vier Kindern in meinem Alter, ein ganz anderes Leben. Dort herzlich willkommen, verbrachte ich bald jedes Jahr jeden Urlaub dort. 2017 dann der Umzug „für länger", um die quälende Sehnsucht endlich abzustellen, von der ich nun genesen bin.

5. WIE OFT BIST DU UNTERWEGS? ALLEIN? MIT FREUNDEN? WIE LÄUFST DU DEINE TOUREN UND WARUM?

„Auf Tour" oder zumindest zum Training gehe ich mindestens zwei Mal pro Woche, dazwischen liegen zwei, seltener drei Tage Erholung aus Notwendigkeit – Arbeit gibt's ja leider auch noch 🙂. Am liebsten würde ich jeden Tag losziehen. In den Urlaubszeiten früher blieb nur ein Tag Zwischenpause, denn es sollte natürlich so viel wie möglich in der kurzen Zeit untergebracht werden.

Unterwegs bin ich IMMER allein. Wenn doch mal zu zweit, ist es nicht das, was ich sonst mache – das würde auch kaum jemand mittragen –, es ist etwas anderes: kleinere Dimensionen, eine kürzere Wanderung, ein ausschließlich soziales Event, das Miteinander steht da im Vordergrund. Ich bin dann mit meiner Konzentration auch absolut bei dem Anderen.

Allein unterwegs zu sein, hat eine völlig andere Qualität und dient einem ganz anderen Zweck; der eigene Geist kann sich ohne die sonst ständige Berührung mit den mentalen/emotionalen Befindlichkeiten anderer vollkommen unbeeinflusst ausdehnen und entfalten. Es erfüllt und nährt mich zutiefst und ist für mich auch ein Ventil und Kraftquell, um „im Tal" überhaupt leben zu können. Es ist uneingeschränkt Meditation und Flow.

Ich mache Tagestouren und starte ganz früh ab Haustür oder mit der ersten Bahn zum Ausgangspunkt. Ab da stetig und quasi ohne Stehenbleiben bis zum Gipfel. Zurück je nach Tour komplett per pedes, bis zu einer Gondelstation auf halber Höhe oder einer Busstation. Bei großen Touren ist dann auch mal eine Hütte oder der Schlafsack am Berg Zwischenstation. In Südtirol hat man den großen Vorteil, dass die Tour schon bei 300 (Meran), 500 oder maximal 700 Metern startet, so lassen sich mehr Höhenmeter herausholen. Je höher und je länger, umso eher besteht die Chance, mich wirklich „auszugehen" und mein volles Potenzial zu entwickeln. Und dabei alles intensivst um mich her wahr- und aufzunehmen. Leider ist – bei maximal 2800 bzw. 3100 Höhenmetern aufwärts – der einzelne Berg auch hier inzwischen manchmal schon „zu kurz".

Ich bin dabei kein Kletterer, kein Gletscher- oder Hochtourengeher, mache alles, was ohne Seil und Steigeisen geht. Nur fürs Roteck brauche ich halt das Klettersteigset, auch wenn es nur um eine recht kurze, heikle Strecke geht.

6. WIE BIST DU SO FIT GEWORDEN? ERNÄHRUNG, TRAINING, MOTIVATION?

Training: ganz logisch. Maximal drei Tage Pause dazwischen, zwei Tage sind ok. Wenn das Wetter wirklich miserabelst ist oder Arbeit drängt, zumindest eine Stunde auf den Hometrainer.

Motivation: die Sehnsucht nach Stille, Luft und Bewegung, die Hoffnung auf wunderbare, magische Viecherlbegegnungen.

Ernährung: absolut basic. Komplett tierfrei, bis auf gelegentlich Käse oder Quark. Zentral ist Gemüse, etwa zu 2/3 roh, zu 1/3 gekocht, Intervallfasten, Frühstück gibt es ohnehin nie. Am Vorabend der Tour Gehaltvolles: für mich offenbar ideal sind Kartoffeln. Für die volle Leistungsfähigkeit gibt es am Tourtag nichts außer Wasser. Wobei die „Bergmilch" aus Flüssen, Bächen, Quellen ideal ist – super nährend und gehaltvoll. Geht es nur noch bergab und es ist nicht mehr zu knifflig, vielleicht eine Gurke, Banane oder ein Apfel. Ansonsten gibt's erst abends wieder etwas.

7. INWIEWEIT SPIELT DIE PSYCHE EINE ROLLE AUF DEM WEG ZUR KÖRPERLICHEN FITNESS UND GELUNGENEN LEISTUNG?

Eine bedeutende. Man braucht etwas, das einen „zieht", etwas, das größer ist als man selbst. Es braucht Leidenschaft, Wille, Zähigkeit auf allen Ebenen, jederzeit volle Konzentration, auch Leidensfähigkeit und die Kraft, auch mal heikle oder sehr ans Eingemachte gehende Situationen möglichst nervenstark und hirnaktiv – manchmal hilft nur intuitiv-instinktiv – durchzustehen. Und die Bereitschaft zu vollständiger Eigenverantwortung.

Vor allem aber ist auch hervorragendes Körperbewusstsein wichtig, um jederzeit die Meldungen des Körpers wahrnehmen, interpretieren und darauf reagieren zu können. Meldet er Wohlbefinden? Stehen alle Systeme auf GO? Dann das Energiemanagement, damit genug Kraft und Konzentration für den oft noch ziemlich heiklen Rückweg bleibt, und die richtige Steig- und Atemtechnik. Notfalls auch eine Trickkiste, die Atem- und Visualisierungsübungen bei Problemchen oder Schmerzen beinhaltet. Nicht zu vergessen die wohlüberlegte, minimalistische Ausrüstung und absolut perfektes Schuhwerk – das versteht sich von selbst.

8. WAS IST DEIN MINDSET? DEINE LEBENSPHILOSOPHIE?

… Trotzdem! Nach Möglichkeit trotz aller Hindernisse nicht aufzugeben, es immer wieder aus verschiedenen Winkeln neu anzupacken. Das Ideal des gelebten Minimalismus, vor allem am Berg. Und einem anderen nichts zufügen – mental, emotional, wirtschaftlich, ethisch –, was man selbst nicht erleben möchte.

Größtmögliche Lebendigkeit, Präsenz und Erfüllung erleben.

Dem atmenden Berg in seinem erhabenen Schweigen und seinen nicht-menschlichen Bewohnern mit Demut und Verbundenheit Achtung und Respekt erweisen.

Letzteres vermisse ich leider oft bei anderen, die den Berg technisch als reines Sportgerät benutzen, mit wenig Rücksicht auf Umgebung und andere vorgehen, ihren inneren und äußeren Lärm aus dem Tal mitbringen und unbedingt ihre Belanglosigkeiten am Berg untereinander lautstark austauschen müssen. Statt die große Chance auf Reinigung, innere Klärung, tiefe Erholung und Stärkung, die der Berg schenken möchte, wahrzunehmen.

9. WAS MACHT DIE NATUR MIT DIR? UND WAS BEWIRKT SCHÖNE LANDSCHAFT IN DIR?

Die Natur schenkt ihre Schönheit, ihre Geheimnisse, ihr verborgenes Leben. Das bewegt und beglückt mich existenziell und bedeutet mir eine Rückkehr zum wirklichen Menschsein, das Glück und Erfüllung findet im Wesentlichen, im Wenigen. Und sie schenkt wahres Einssein und damit Freiheit.

Schöne Landschaft, Berge, Almen und Zirben – das ist Lebensraum, Raum zum Atmen, Auftanken, Abstand gewinnen. Sie schenkt schon allein im Betrachten einen tiefen Atem, Loslassen, Zentrierung und Zufriedenheit. Wobei die Landschaft, bei der mir „die Hirnschale abhebt“, etwas wie Mongolei, Tibet oder Sahara ist. Oder eben die oberen, eher kargen, steppenartigen Bergregionen hier bei uns.

10. WAS IST DEIN SINN DES LEBENS?

Nie nachzulassen im Bemühen, die inneren Gaben in die Welt zu bringen. Nie nachzulassen in dem Bemühen, Herz und Seele offen zu halten, und dabei gütig, empfänglich, achtsam und staunend zu bleiben.

11. WAS KÖNNTE DIE WELT BESSER MACHEN? UND WAS KANN JEDER EINZELNE DAFÜR TUN?

Oft wäre der Welt schon damit geholfen, sich einfach freundlich, wohlwollend und friedlich zu verhalten, und das System des Immer mehr, des Ausnutzens und Übervorteilens endlich aufzugeben. Und dringend notwendige, überfällige Veränderungen, auch wenn sie Verzicht auf althergebracht Gewohntes bedeuten – vor allem was die Gesundheit betrifft –, endlich durchzuziehen. Eigenverantwortung und Risikobereitschaft.

Im täglichen Miteinander das ständige Gelärm – praktisch und im übertragenen Sinn – zu unterlassen. Das Prinzip „Leben und leben lassen“ umsetzen – solange es niemand anderem schadet.

Plädoyer 55 plus

Nebenbei möchte ich mit meinem Tun darauf aufmerksam machen, dass es auch für „Normalos" möglich und machbar ist, ohne jeden technischen Aufwand und sonstiges Gelärm ganz Außerordentliches hinsichtlich Fitness und Sportlichkeit zu leisten. Gemeint sind speziell Normalos jenseits der 55 🙂 – und alle anderen, die auf eine solche Leistungsfähigkeit hinarbeiten möchten. Und die vielleicht, indem sie Neues ausprobieren, eine Verbesserung oder den Erhalt ihrer Gesundheit erreichen wollen.

Doch ist diese aktive Gesundheitspflege nicht der einzige Benefit, denn Berge, Stille, intensive Tierbegegnungen, Fotografie, Fern-der-Welt-Sein, Körper in Bewegung, Minimalismus – dieser Zusammenklang ist, zumindest für mich, einfach das Allerhöchste ...

Es irritiert mich, dass immer nur die heißen Jungspunde in vorderster Reihe stehen und mit immer spektakuläreren – und oft genug absurderen – Aktionen ins Bewusstsein der Öffentlichkeit drängen. Und offenbar nur solches Tun unterstützungswürdig und lukrativ ist. Doch wäre es nicht auch für die Sport-Branche längst an der Zeit für eine Image-Erweiterung im PR-Bereich um Figuren, die auch ganz normale Menschen ansprechen und sie zu psychischen und physischen Klimmzügen und Grenzverschiebungen animieren können?

Die „jungen Wilden" zwischen 20 und 35/40 – ok, die Hubers und auch einige andere, die noch immer stark mitmischen, sind schon ein bissl drüber – sind unterwegs auf den höchsten Bergen der Welt, in Gletscher und Eis – die Wunderkletterer und Sensations-Jumper/-Highliner. Wirklich eine tolle Sache, aber für normal gute Bergsteiger und 55 plus doch zunehmend unwirklicher und ungreifbarer.

Im 56. Lebensjahr dehne ich meine Grenzen des Machbaren noch immer weiter aus und würde mich, im Kreis der Normalsterblichen jedenfalls, als einigermaßen extreme Konditionsbergsteigerin bezeichnen.

Bei dem vielen Unterwegssein – im letzten Jahr waren es ca. 225.000 Höhenmeter aufwärts – werden natürlich nicht nur viele, viele Fußbekleidungen verschlissen – auch da käme mir manchmal ein Sponsor schon recht gelegen. Input für die Produktentwicklung? Gerne! Mit den angebotenen Gummimischungen der Profilsohlen bin ich gar nicht glücklich, sie bräuchten viel mehr Haftung, wie Geckofüße eben. Leider gibt es auch noch immer keine antibakteriellen Überzüge, z.B. mit Silber-Einlagerungen, für die Rucksackträger – die es auch noch immer nicht abzippbar und damit separat zu reinigen gibt –, um die ständigen, mühsamen Waschaktionen zu reduzieren. Derzeit müssen suboptimale Fahrradschläuche herhalten. Auch die geeignete Bekleidung ist bei diesem extremen Einsatz in verschiedenen Klimazonen ein ständiges Experimentierfeld. Es gäbe also im Equipmentbereich einige Verbesserungsvorschläge und Wünsche …

Luftsüchtig

Immer der Nase nach! Atem ist Leben! Duft ist Lust!

Sich in den Bergen, im Wald, überhaupt in der Natur zu bewegen wie ein Fisch im Wasser, ist wirklich eine zutiefst sinnliche Angelegenheit!

LAUSCHEN: auf Wind und Wetter, auf Anwesenheit verratendes Rascheln und Knacken, auf Flügelrauschen, Warnrufe, Lieder.

FÜHLEN: Wind und Sonne auf der Haut, Fels und Holz unter den Fingern, Temperatur- und Luftdruckveränderungen; Fußkontakt mit der Erde und der Genuss, jederzeit den Fuß sicher zu setzen, egal auf welchem Untergrund; von jemandem beobachtet werden: Adler und Bartgeier, Gams und Steinbock, Hirsch und Reh – aufblicken und ihnen direkt in die Augen schauen; den ruhigen Atem der Erde/des Berges erleben.

GLEICHGEWICHT(SSINN): wenn jeder Muskel „sitzt" und im Körperbewusstsein jede kleinste Bewegung, jedes Ausgleichen registriert wird und alles in den perfekten Körpertonus eingebunden ist – ein starkes, wildes, herrliches Gefühl!

ORIENTIERUNG(SSINN): stets wissen, wo im Raum man sich befindet; mit der äußeren und inneren Karte umgehen können; navigieren und sich zurechtfinden; auch wenn man doch einmal nicht so recht weiß, wie weiter, zumindest die ungefähre Richtung im Gefühl haben und der inneren Landkarte vertrauen können.

INTUITION UND HERZ: die Wetterentwicklung spüren und „wissen"; das sich verbindende Bewusstsein voneinander bei Tierbegegnungen; das Gefühl der Einheit mit allem.

SCHAUEN: das ist tiefes Sehen, ganzheitliche Wahrnehmung, absichtslose Offenheit – was einer überwältigenden Fülle an Informationen Einlass gewährt; die wahrlich göttliche Palette an Farbnuancen, Formenreichtum – alles ist einzigartig und vollkommen.

SCHMECKEN: erspähtes Essbares genießen, neue Geschmackserlebnisse erfahren oder Bewährtes voll Freude verkosten.

RIECHEN: wenn ein Luftzug-Faden intensiven Tierduft herbeiträgt (natürlich auch Menschengeruch bereits von Weitem); Moos, Ozon in der Luft, unterschiedliche Baum- und Holzarten; manchmal lassen sich sogar die Gefühle der Bäume wahrnehmen – zum Beispiel bei Regen nach langer Trockenheit. Die Kommunikation der Bäume mittels ihrer besonderen Duftstoffe, z.B. der Terpene, schließt uns mit ein, entspannt uns, stärkt ganz direkt das Immunsystem – bis hin zur derzeit am Menschen beforschten Rückbildung von Tumorzellen!

Jeder Meter Fortbewegung bringt neue spannende Geruchserfahrungen: Duft nach Wasser, Schnee, verschiedenen Blüten und köstlichsten Brennnesseln, nach Gestein, Tier-Losungen – und über allem der schlicht süchtig machende Duft frischer Gebirgsluft. Niemals bekomme ich genug davon, bin unersättlich, es treibt mich erneut hinauf in die Höhen, wo ich für immer meine Nase in den Wind halten möchte …

Es ist ein Privileg, mit allen Sinnen diese wunderbare Natur-Welt erfahren zu dürfen, die voller Geschenke ist – weit entfernt von allem Menschen-Gemachten.

Es ist wohl so, dass ich vom Typus her absolut Jäger bin, Nomade, ein Gehender, ein Eremit auf Wanderschaft, Khandroma eben – die Himmelsgängerin. Dieses weibliche Geistwesen, das den Himmel durchschreitet, sich im All bewegt, entstammt der indischen Mythologie.

Der Genderwahn lässt mich übrigens völlig kalt, steckt doch mindestens ebenso viel Mann in mir wie Frau, um mich von beiden Bezeichnungen angesprochen zu fühlen. So what? Außerdem: Eine oberflächliche, sprachliche Kaschierung ändert nichts an der unveränderten, latenten oder offenen Verachtung, Herabsetzung und Gewaltbereitschaft, die Frauen leider noch immer entgegengebracht wird.

Jäger ist nun nicht im Hinblick auf das Töten von Tieren gemeint – das würde ich niemals tun, außer sie im Notfall von Leiden zu erlösen. Und dennoch liegt die Fähigkeit zum Aufspüren und Treffen zweifellos in den Genen. Vermutlich war ich früher auch Täter – aber die Zeiten haben sich geändert, und selbst die Eiszeit, in der kaum Lebendiges wuchs, ist längst Geschichte. Solange der Mensch noch Fleisch isst und tötet, solange wird es auch Krieg, Krankheit und Unfrieden geben. Tolstoi lässt grüßen.

Allerdings sind die Fähigkeiten, das Mindset und die erweiterte Wahrnehmung des Jägers veranlagt und präsent oder können reaktiviert werden. Sie werden auch in einer neuen Welt wieder lebensnotwendig sein.

etwas archaisches

steckt in mir
rumort
schwärt unruhig
auf und ab
hinter käfiggittern
der alltagswelt und
scheinbaren pflichten
lauernd
immer auf ausbruch
jagdfieber
abenteuerlust
unbändiger bewegungsdrang
immer ohne festen wohnsitz

unwirtlich

in meiner eigenen wüste
und unwirtlichkeit
sterbe ich einen tod
der so grausam
hoffnungslos
und undankbar ist
dass sich die ganze welt
zusammenzieht
und im schwarzen punkt
meiner seele verschwindet
so lange sterbe ich
verhungernd vor einsamkeit
bis ich die vorstellung
des abgekapseltseins
des getrenntseins
von erde, luft, feuer + wasser
wieder aufgeben kann

Himmelsgängerin

Nur ein einziger Mensch bisher fragte mich, ob mein Tattoo einen Namen habe – was sehr interessant ist, denn es sagt viel über diesen Menschen aus. Und ja, hat sie/er: Chandro o Kalani. Eine Mischung zwischen Tibetisch und Hawaiianisch. Chandro/Khandroma – die Himmelsgängerin, o Kalani – etwa: vom Himmel. Der Himmelsdrache sollte die Verbundenheit mit der Erdkraft, aber auch meine Herkunft und Verbundenheit mit dem Himmlischen/Jenseitigen symbolisieren und bekräftigen.

Im Laufe der Zeit bezog sich das zusätzlich auch immer mehr auf mein Tun am Berg. Denn in der Hochphase der Berg-Hauptsaison im Sommer beginnt wieder diese ungemein phantastische, nur ungenügend mit Worten zu beschreibende Er-LEBENS-Zeit:

Der Körper ein hervorragend trainierter Selbstläufer, der vor Energie beinahe abhebt. Der Geist kann jeden Alltagsgedanken loslassen, in einer großen Freiheit aufgehen, und das eigene Selbst tritt auf wunderbare und befreiende Weise völlig in den Hintergrund. Die Seele streift alle irdischen Fesseln ab, der Körper wird durchlässig, scheint sich aufzulösen, verliert (fast) jegliche Erdenschwere. Dann erlebe ich ganz real, dass all das scheinbar „Feste“ nur ein loses Wölkchen von Protonen, Neutronen, Quarks ist ... zwischen denen „der Wind pfeift“, bzw. sich letztlich nur das Große NICHTS, der Urgrund allen Seins, ausbreitet. Die Hautgrenzen lösen sich auf, Körperlichkeit schwindet, ich bin Bewusstsein in Bewegung. Das ist schlichtweg berauschend – sich ganz konkret als das zu erfahren, was wir letztlich alle sind: reine Energie, reines Licht, formloses und formendes Bewusstsein.

durchsichtig werden

hautlos
ohne grenzen
durchlässig werden
füreinander
miteinander
offen wie ein buch
ehrlich
berührbar
erfahrbar
mutig werden
sich zeigen
hauch von glas

blitze

wie ich blitze spüre
auf der haut
und den tiefen atem
der felsen und berge
in mir
wie ich den wind durch
die zellen streichen fühle
gerade so
weiß ich
durch einen augenblick
des wahrnehmens
wer du bist
nichts kann dich
davor retten
vielleicht ist es
das größte geschenk

berg – mensch

selber atem
eine kraft
zusammentreffen
von all- und
erdenergie
herz und fußsohlen
beflügelt
khandroma unterwegs
verwandelt in
unendlichkeit
materie wesen geist
verschmelzen
hinreißende fülle
scheinbarer ödnis
karger schönheit
schwebender stille
gelebte tiefe
in leidenschaft
höhe

meine seele benötigt

die leere
hinter der sich
vollkommene
erfüllung verbirgt
dieser durchgang
ist ein magischer ort von
stille
frieden
beruhigung
wie ein lautloses
still schwingendes meer
mit dem nächsten schritt
wird das paradies betreten
das die freie wahl
der bestimmung eröffnet
und mit ihm
maßloses entzücken
wiedergewonnener
harmonie

Tipps und Tricks, Ausrüstung, Technik

Zur Tourvorbereitung gehört zwingend eine sorgfältige Planung mittels Kartenstudium und des lokalen Wetterdienstes! Und selbstverständlich ist die aktuelle Wetterentwicklung ständig im Auge zu behalten – den richtigen „Riecher" und die Intuition gewinnt man nur allmählich, durch viel Erfahrung. Es braucht Zeit zu lernen, mit eigenen Augen und geschulter Intuition die Wolken, das Wetter zu beobachten und korrekt einzuschätzen, um Veränderungen frühzeitig und richtig zu begegnen. Bei Widrigkeiten auch einen Abbruch der Tour umsetzen zu können. Handy einpacken, Notrufnummer des Rettungsdienstes wissen und eine Liste mit Notfallkontakten mitführen.

Einige persönliche, gern auch alternative Tricks zum Schmerz- oder Müdigkeitsmanagement sollte jede/r auf Lager haben, wenn es erforderlich werden sollte. Eine kurze Trockenmassage kann helfen, und im äußersten Notfall Schmerzmittel. Doch vor allem Atem- und Visualisierungstechniken. Bewährt hat sich das bewusste Hineinatmen in eine schmerzende oder besonders verspannte Stelle. Es kann zunächst helfen die Hand auf den betreffenden Punkt zu legen und sich vorzustellen, wie beim tiefen Einatmen die Energie genau dorthin fließt. Oder man arbeitet zusätzlich mit Farben: Grün wirkt heilend, Blau kühlend und entspannend, Weiß energetisierend. Bei Müdigkeit oder Konzentrationsverlust lässt sich quasi die Energie des Universums anzapfen, indem man mit tiefem Einatmen diese als weißes oder goldenes Licht von oben durch den Kopf „einsaugt" und durch den gesamten Körper fließen lässt. Oder hin zu gestressten Oberschenkelmuskeln. Mit etwas Übung und zunehmender Visualisierungs- und Lenkfähigkeit erzielt man sehr gute und hilfreiche Ergebnisse.

An frischem Wermut zu riechen weckt übrigens auch recht erfolgreich die Lebensgeister.

IMMER einpacken: Regenzeug, Rettungsdecke, Biwaksack, kleines Verbandmaterial, Wärmejacke, Wollpulli und -shirts, Mütze. Handschuhe nach Temperatur und Jahreszeit. Vor allem im Sommer möglichst mit Leder, sodass sie griffig sind auf Fels, an Seil-/Kettenversicherungen. Als mineralischen Sonnenschutz ausschließlich Bio-Qualität mit Faktor 30 (Winter) oder 50 (Sommer) – denn konventionelle Cremes fördern eine hautschädigende und zellverändernde Reaktion zwischen UV-Strahlung, Schweiß und den enthaltenen Chemikalien, Konservierungs- und Duftstoffen.

Thema Stöcke. Fürs Hinuntergehen sind sie vielleicht sinnvoll, sofern sie korrekt eingestellt und benutzt werden, sie haben allerdings auch Nachteile: Meiner Beobachtung nach werden in den seltensten Fällen dann noch die Muskeln richtig eingesetzt, Schludrigkeit zieht ein, die Konzentration schwindet im Vertrauen auf das „Gerät", im Extremfall erhöht sich die Belastung dadurch noch, doch vor allem „verhungert" dabei das natürliche Gleichgewichtsgefühl … was alles kontraproduktiv ist. Es sind auch schon so einige erfahrene Menschen gerade wegen der Stöcke abgestürzt (Thema Hängenbleiben)! Also ein Risikofaktor mehr … und unnötigen Lärm machen sie sowieso. Für Kinder gilt ohnehin: keine „Krücken"!

Kleidung/Ausstattung: Bequeme, effektive und für die jeweiligen Temperaturen passende Produkte, mit denen man für alle Fälle gerüstet ist; Ziel ist, alles Nötige dabeizuhaben und dennoch minimal und so leicht wie möglich bepackt zu sein. Vielfach erprobt und absolut zuverlässig: Wollkleidung (Top, Kurz- und Langarm) in Schichten für höhere Regionen und im Winter. Das Gewebe sollte nicht zu dünn und glatt, eher etwas flauschig sein. Das hält den Körper so trocken und warm wie nur irgend möglich, leitet die Feuchtigkeit fühlbar ab – im Gegensatz zu künstlichen Materialien – und trocknet auch wieder am Körper. Im Sommer kühlt Baumwolle, doch für alle Fälle ist auch dann Wolle im Gepäck. Ich trage ausschließlich lange Hosen: als Sonnenschutz, zum Schutz vor Dornen, Gestrüpp und bei Felskontakt, und natürlich auch als Zeckenschutz.

Schuhe sind das absolut zentrale Thema: nur das Beste ist gut genug für den Fuß, sie müssen individuell perfekt sitzen – gänzlich ohne Reibungspunkte –, höchsten Klimakomfort und ideale Stütze bieten. Leichte Einlagen sind bei diesem Dauereinsatz obligatorisch. Man trägt die Schuhe und belastet den Fuß schließlich bis zu 14 Stunden ohne Unterbrechung, manchmal auch länger. Dazu mehr im Kapitel „Gesundheit, Füße, Zeckenschutz".

Bereits hervorragend trainiertes Gleichgewichtsempfinden sowie Körperkoordination sind für so große Unternehmungen absolut erforderlich. Bewusstes „Biofeedback" sollte man beherrschen, um jederzeit die Meldungen des Körpers empfangen, interpretieren und rechtzeitig darauf reagieren zu können. Reibt oder schmerzt es irgendwo? Laufen Atmung und „Flow"? Stehen alle Zeichen auf GO oder fehlt heute der Biss?

Den Versuch wert ist auf jeden Fall zu lernen, ohne Frühstück zu gehen – so machen das auch die besten und erfahrensten Hochleistungssportler. Für unterwegs nur etwas Obst/Gemüse/Trockenobst einpacken und die Wasserflasche. Wenn es unterwegs „Wasserl" gibt, wird ersetzt bzw. nachgefüllt, ansonsten muss auf jeden Fall gut eingeteilt werden. Bei entsprechender Ernährung braucht man ohnehin relativ wenig/kaum Wasser, allerdings ist es für die Leistungsfähigkeit der Muskeln wichtig, ausreichend zu „spülen".

Dass Rauchen für mich nicht mit einer derartigen Aktivität mitten in der Natur und ihrem unverdorbenen Duft vereinbar ist, versteht sich von selbst. Und das sollte, finde ich, für alle Bergbegeisterten gelten, auch aus Rücksicht auf andere und die Umwelt. Ein No-Go ist es selbstverständlich, Kippen zu hinterlassen: sie können, giftig wie sie sind, gefressen werden oder Dutzende Liter Wasser verseuchen.

Ideal ist es, bei oder am besten vor Tagesanbruch loszuziehen, man vermeidet damit den menschengemachten Lärm und kann die Natur noch in ihrem Halbschlaf und Erwachen genießen. Außerdem bleibt so immer ein Zeitpuffer, um das zeitaufwendige Tour-Vorhaben auch umsetzen zu können.

Gestartet wird ab Haustür oder der nächstgelegenen Bahnstation im Tal. Das gehört zum Ehrgeiz, wirklich die vorhandenen Höhenmeter aus eigener Kraft voll auszuschöpfen. In Südtirol ergibt das üblicherweise 2300 bis 2800 Meter Aufstieg. Wenn auf dem Rückweg, der meist nicht die Aufstiegsstrecke ist, eine Seilbahn oder gar Busstation liegt, wird diese selbstverständlich genutzt. Oft gibt es eine solche Möglichkeit jedoch nicht.

Am Startpunkt angekommen, nie gleich mit voller Power loslaufen. Ein Sprinter wird das Projekt nicht durchstehen. Also langsam, gleichmäßig, sich anwärmen. Sehr sorgfältig und vorausschauend mit den Kräften haushalten und sich mental auf Dauerbetrieb umstellen. Ich entdeckte, dass die gefühlte Anstrengung meist die gleiche ist, egal ob ich mir 2400 oder 6000 Höhenmeter vorgenommen habe. Es ist also eine Sache des Kopfes.

Wir können unter bestimmten Voraussetzungen und entsprechend vorbereitet sieben Tage ohne Wasser auskommen, lange Zeit ohne Nahrung, doch ohne Sauerstoff sind wir schon nach wenigen Sekunden bewusstlos und sterben nach spätestens zehn Minuten. Der Atem ist also – vor allem auch für den Berg-/Sport – das zentrale Thema.

Die meisten Menschen verlieren ihre natürliche Bauchatmung im alltäglichen Leben: Bewegungsarm, angespannt und eingeklemmt sitzt man den ganzen Tag bei der Arbeit, hält generell den Atem eher flach, meist werden nur noch die oberen Lungenspitzen kärglich belüftet. So hält man auch Emotionen „unten", kontrolliert sie bzw. lässt sie gar nicht erst aufkommen. Man funktioniert auf einem sehr niedrigen Energielevel, verzichtet auf sein volles Spektrum an Gelassenheit, Freiheit, Selbstermächtigung, Kraft und Lebendigkeit.

Um also einen wirklich „langen Atem" fürs Leben und für den Sport zu erreichen, beginnt alles mit dem Einüben der Bauchatmung, mit der wir einst zur Welt kamen. Sie gibt Kraft, Verwurzelung, Mumm, Energie. Ziel ist, dass der tiefe Einatem in die untersten Bauchregionen fließt, Bauch und Magengegend sich von unten nach oben ausdehnen, bis sich zuletzt Lungenflügel und Spitzen weiten (100 % = Vollatmung). Das regelmäßige Training, bei dem bewusst der Atem gelenkt wird, bis diese Technik zum Selbstläufer geworden ist, hilft beim Wieder-Erlernen. Beim gleichmäßigen Atmen unter Belastung (aerober Bereich) werden dann gewöhnlich ca. 85 %

(Bauchraum bis ca. obere Mitte Lungen) belüftet, wobei konzentriert und effizient die maximal mögliche Menge Sauerstoff aufgenommen wird. Der über das Blut das ganze System versorgt, Gewebe und Muskeln fit (und muskelkaterfrei) hält und mich auf seinen Schwingen trägt.

Ein wenig Experimentieren hilft dabei, den ureigenen, perfekten Atem-Geh-Rhythmus zu finden – so wird man fast zum Perpetuum Mobile und die Muskeln können sich nach jedem Schritt einen winzigen Augenblick entspannen. Wenn also Ausdauersport im aeroben Bereich betrieben wird, sodass man nie „außer Atem" gerät, bildet sich in den Muskeln keine Milchsäure, somit auch nichts, was wieder entsorgt werden müsste oder Muskelkater verursacht. Man hat scheinbar „endlos" Energie, Lungenvolumen und Blutsauerstoff sind hoch, der Ruhepuls bleibt niedrig. Dies ist ein ideales Herztraining, fördert die Serotoninproduktion, steigert die Regenerations- und Leistungsfähigkeit, reduziert Stress. Zusammengefasst läuft die Sache etwa so ab:

Aerobe Stoffwechselvorgänge im Organismus laufen unter Beteiligung von Sauerstoff ab, anaerobe ohne. Beide Vorgänge gehen je nach Intensität der Belastung fließend ineinander über (Training im gemäßigten Tempo ist aerob – damit fettverbrennend und ausdauersteigernd –, schnelles Training hauptsächlich anaerob). Bei der aeroben Energiebereitstellung werden durch den eingeatmeten Sauerstoff vor allem freie Fettsäuren zusammen mit Glukose (Traubenzucker) zu Wasser und Kohlendioxid abgebaut. Bei anaerober Energiebereitstellung kann unmittelbar ohne Sauerstoff Energie gewonnen werden, allerdings entsteht durch diesen Prozess Laktat (Milchsäure), welches sich in den Muskeln ansammelt und dazu führt, dass die Muskeln sich versteifen, verkrampfen und schmerzen.
Aerobes Training zielt vor allem auf die Verbesserung des Herz-Kreislauf-Systems. Das Herz passt sich an und kann bei jedem Schlag mehr Blut pumpen. Also wird bei gleicher Herzfrequenz mehr Leistung möglich. Gleichzeitig muss das Herz in Ruhe weniger schnell schlagen, was ein niedriger Ruhepuls zeigt. Aerobes Training hilft zudem, die Gefäße geschmeidig und dehnbar zu halten, sodass das Blut optimal zirkulieren kann. Auf Zellebene laufen viele Stoffwechselprozesse durch Veränderungen in der Enzymaktivität verbessert ab. Insgesamt hat das aerobe Training positive Effekte auf Regenerationsfähigkeit und Belastungsverträg-

lichkeit bei intensiveren Trainings- und Wettkampfbelastungen – egal ob im Ausdauer-, Kraft- oder Spielbereich – sowie auf Diabetes. Die Insulin-Rezeptoren können sensibler werden, wodurch Zucker leichter die Muskelzellen erreicht und dort verstoffwechselt wird. Positiv ist auch das Befeuern der Fettverbrennung und der schnellere Abbau von Stresshormonen.

Bei aller Atem-Euphorie ist doch noch etwas zu beachten: Nie durch den Mund atmen! Um das zu erleichtern, die Nase regelmäßig sauberhalten. Denn über die Nase nimmt man mehr Energie (Stichwort Prana – die kosmische, feinstoffliche Energie) auf, und sie kann vor allem ihre natürlichen Aufgaben erfüllen wie Reinigung, Befeuchtung, Erwärmung der Luft – vor allem bei Kälte werden auf diese Weise Rachen, Bronchien, Lunge geschont.

Die Hände/Arme nahe am Körper halten, Daumen in Rucksackträger oder Hüftgurt einhaken: Auf diese Weise wird die Körperenergie nicht zerstreut, sondern fokussiert, und damit auch das Gleichgewicht gefördert.

Jeden Schritt überlegt, exakt und präzise setzen, ein Abrutschen und Wegrollen beim Auftreten vermeiden, so wird Energie gespart und die Schubkraft konzentriert.

Den Gang locker halten und „Trittsteine“ in angenehmem, eher niedrigem Höhenabstand zueinander nutzen. Beim Anstieg also klug die Trittstellen wählen, und zu große oder zu hohe Schritte vermeiden, die unnötig Kraft kosten.

Nicht stehen bleiben, durchgehen! Jeder „Neustart“ kostet Kraft und ermüdet zusätzlich und schneller. Wenn nötig, dann nur ganz kurz unterbrechen, z. B. für Pipi, Pulli hervorkramen, einen Schnappschuss, und im Atemrhythmus gleich wieder weitergehen. Das Stop-and-go-Verfahren – einige Meter steigen, kurz Atem schöpfen, weiter – bleibt dem letzten Gipfelanstieg vorbehalten. Insgesamt ist also das Ziel zu lernen, ohne Pausen ausdauernd zu gehen.

Es gibt ein Wort für den Effekt, den ich – ohne davon zu wissen – schon bald für mich entdeckt hatte: Das Phänomen, dass ich in großen Sprüngen leistungsfähiger und trainierter wurde, schneller an Kraft und Ausdauer gewann, wenn ich zwischen meinen großen Trainingseinheiten zwei bis maximal drei Tage pausierte. Diesen Effekt nennt man Superkompensation. Nach der intensiven Stimulation des Trainings kann sich in der nachfolgenden Regenerierungsphase in Ruhe der Muskelaufbau entfalten und es ergibt sich eine große Leistungssteigerung. Durch Erfahrung entwickelt sich das Gespür dafür, wann die Muskeln perfekt regeneriert sind – dann steht gleich die nächste Trainingseinheit an. Das Timing ist ausschlaggebend: nicht davor und nicht zu lange danach.

Meist kommt der Impuls zu neuen Taten nach zwei Ruhetagen, der Körper will wieder los, raus, Bewegung, Luft. Und innerlich tigere ich ohnehin schon auf und ab, will in die Natur, hinauf, in die Stille, weit weg von der „Welt". Bin also körperlich und emotional wie ein gespannter Bogen, kurz bevor der Pfeil abzischt.

Drei Tage Pause sind das Maximum, bei längerer Untätigkeit spüre ich das sofort. Was natürlich nicht nur an der Überschreitung des optimalen Regenerationszeitraumes liegt, sondern vielleicht auch am zunehmenden Alter. Besonders dann sind immer regelmäßigere Einheiten erforderlich, heißt es. Viel mehr kann ich dazu nicht sagen, da meine Leistungsfähigkeit noch immer zunimmt. Sicher, die Haut knittert, der Stoffwechsel verändert sich, das Gewebe lässt nach, das Innenleben ist in Aufruhr – zweite Pubertät eben. Der geringeren psychischen Belastbarkeit stehen allerdings wachsender Mut, seine Meinung und Genug! zu sagen, Grenzen zu ziehen, Freiheit und mehr Zeit fürs Leben einzufordern, Abstand zu nehmen und ein gewisses „Schnurz"-Gefühl gegenüber. Vermutlich werden im Laufe des Älterwerdens irgendwann Kraft und Leistungsfähigkeit nachlassen, aber zuerst käme die abnehmende Reaktionsschnelligkeit beim Stolpern, Rutschen oder Hängenbleiben, verriet mir ein älterer „wilder Bursch". Und das ist weitaus problematischer.

Seit einigen Jahren trainiere ich nun auch den ganzen Winter hindurch, zumindest ausreichend, um einigermaßen mein Level zu halten – statt im Frühjahr wieder bei null anzufangen. Manchmal fällt es in der dunklen Jahreszeit schon ziemlich schwer, um fünf Uhr oder früher aufzustehen und in der Finsternis loszumarschieren. Wenn es gerade noch so fein wäre im warmen Bett! Das Wissen, wie gut mir das Draußensein tut und wie viel

Freude ich dann beim Unterwegssein habe, ist da ein guter Ansporn. Früher war ich wirklich ein reiner Schönwetter-Geher 🙂. Doch Leidenschaft und Bewegungsfreude wuchsen so sehr, dass irgendwann auch „jedes Wetter“ in Kauf genommen wurde. Nur bei allzu schlechten Wetterbedingungen oder Zeitmangel schwinge ich mich eine Stunde auf den Hometrainer und strample gleichmäßig 20 Kilometer ab.

Doch nun wieder zurück zu anderem.

Etwas, das vielleicht auch zur Reduzierung des Mülls am Berg beitragen kann: Uns Weiblein reicht für „Klein“ ein über den Tag hinweg wiederzuverwendendes Taschentuch – es gehört natürlich NICHT! in die Landschaft, sondern zusammengeklappt in die Hosentasche. Für andere unvermeidliche Geschäfte verwendet man am besten ein leicht zersetzbares Recyclingpapier oder versucht es mit Moos und Blättern. Nicht vergessen: alles gut eingraben und abdecken.

Will man an ausgesetzteren Stellen Umschau halten, dann bitte unbedingt dazu kurz stehen bleiben! Und vor dem Weitergehen den Blick aus der Weite erst wieder auf den Pfad fokussieren! Denn durch Anstrengung oder aufgrund der Höhe stellt sich das Auge manchmal nicht mehr so schnell auf unterschiedliche Distanzen ein, man verschätzt sich, das Gleichgewicht ist kurzzeitig gestört … Gefährlich.

Was gleich zum nächsten Punkt führt: Nicht nur im Himalaya oder Karakorum ist Höhenkrankheit möglich. Symptome wie Schwindel, verschwommene Sicht, Schwierigkeiten den Blick zu fokussieren, leichte Übelkeit, Atemdruck, plötzliche Müdigkeit mit ständigem Gähnen … das sind auch in unseren Breiten Alarmsignale. Weshalb man sich unbedingt zunächst akklimatisieren sollte, indem man über mehrere Touren hinweg die erreichte Höhe allmählich steigert.

In jedem Moment ganz bewusst und mit voller Konzentration bei der Sache sein!

Respekt und Demut vor der übermenschlich stärkeren Natur und dem Berg. Nicht nur die teilweise leichte Erreichbarkeit, beispielsweise per Lift, verführt häufig zum Unterschätzen der Gefahren und der Höhe, in der man sich befindet – auch was die Ausrüstung betrifft. Und abstürzen kann man selbst – und oft besonders – am Maulwurfshügel.

Selbstverständlich ist eigentlich, die Natur und ihre Bewohner zu achten und zu genießen. Und achtsames Verhalten und Stille zu bewahren: kein lärmiges Equipment, leise eigene Bewegung in der Natur, Schweigen. Das ist gut für die Seele und man erhält die Chance auf außergewöhnliche Tiersichtungen/-begegnungen.

Ganz klar: Keinen eigenen Abfall in die Landschaft werfen und dort bereits vorhandenen Müll möglichst mitnehmen.

Ist die Tour beendet, starte ich sofort mit dem Dehnen der Oberschenkelmuskeln: Im Stehen wird, einmal rechts, einmal links, jeweils die Ferse an den Po gezogen. Dann die Fußknöchel lockern: kreisen, abwechselnd Zehen- und Hackenstand sowie Außenkanten (O-Beine = Supination) und Innenlänge (X-Beine = Pronation) belasten. Ja, ich weiß, dass viel mehr Ausgleichsübungen nötig wären, denn manche Muskeln sind zu stark ausgebildet oder übernehmen zusätzlich etwas vom Job eines schwächelnden. Ganz ehrlich? Was Trockenübungen betrifft, bin ich leider echt faul …

Gesundheit, Füße, Zeckenschutz

GESUNDHEIT – was ist das eigentlich? Wohlbefinden, Fitness, der Körper „läuft fröhlich mit" – ohne besondere Beschwerden, vor allem auch die größtmögliche Freiheit von Zivilisationskrankheiten. Und dazu lässt sich eine Menge selbst beitragen. Natürlich gibt es da auch Schicksal und all die Einflüsse, die wir in die Welt gesetzt haben und nicht mehr kontrollieren können oder wollen.

Doch eine mächtige Portion Eigenverantwortung bleibt, wozu eine gewisse Disziplin und – ja – auch ein Verzicht auf Gewohntes oder Anerzogenes erforderlich sind. Das hört kaum jemand gern. Aber der Lohn ist zweifellos den Mut zur Veränderung wert! Natürlich habe ich auch selbst erfahren, wie schwer eine Ernährungsumstellung fallen kann, wie zäh sich liebe Gewohnheiten verabschieden lassen und dass es auch immer wieder Rückschläge und „Ausnahmen" gibt. Essen ist mit extrem vielen Erinnerungen und Emotionen verbunden, es geht eigentlich gar nicht so sehr um das konkrete Nahrungsmittel, sondern um das, was man emotional damit verbindet oder sich davon erhofft. Letztlich immer vergebens und meist mit zerstörerischen Auswirkungen auf die Gesundheit, früher oder später.

Die Bestandteile der modernen, industriell hergestellten Nahrungsmittel – es sind keine Lebensmittel! – fördern zweifellos entzündliche Prozesse im Körper, Ungleichgewichte im Säure-Basen-Haushalt, stören die Körperchemie (auch Herz und Blutdruck geraten in Stress) und Versorgung von Gewebe, Bändern, Sehnen, Knorpeln, sie verschleimen Bronchien und Nebenhöhlen und schwächen durch Irritation und Schädigung des Darms das Immunsystem. Blähungen und ungute Gerüche sind ein Signal, dass etwas schiefläuft und der Darm falsch gefüttert wird. Dazu kommt die Überfrachtung mit tierischen Eiweißen (Demenz, Parkinson) und nicht-pflanzlichem Kalzium (Osteoporose), und alles zusammen ergibt den ungeheuren Motor für die lukrative Krankenindustrie. Natürlich wirken immer mehrere Faktoren zusammen, die den Boden für unsere zahllosen Zivilisationskrankheiten und Anfälligkeiten bereiten. Dennoch ist die Ernährung die Basis, und hier kann jede/r ansetzen.

Das Loslassen fällt im Laufe der Zeit immer leichter, ein wenig Nachsicht mit sich selbst ist aber wichtig, solange man nur dem neu gewählten Weg treu bleibt. Und sobald sich die ersten positiven Auswirkungen zeigen, man sich immer wohler, freier und frischer fühlt, langjährige Probleme schwinden, die Stimmung sich hebt und der Körper klarer, widerstandsfähiger, geschmeidiger und unbeeinflussbarer wird, ist das eigene Bemühen bestätigt und der weitere Weg ein freudiger und leichter, voller Motivation.

Ins Leben startete ich zunächst schon mit Gelbsucht, und mit den Standard-Zwangsimpfungen nahm das Unglück dann seinen Lauf. Verdauungssystem und Darmflora, folglich das Immunsystem, am Ende. Ich war ein ständig krankes Kind, hatte einmal im Monat Angina, dazu Augenentzündungen usw., wurde mit Antibiotika gespickt.

Mit 13 verzichtete ich auf Fleisch, dazu bestand ohnehin immer ein zwiespältiges Verhältnis. Wenig später weitgehend auf Milchprodukte, Eier und Brot, ließ das Frühstück weg. Das alles brachte etwas Erleichterung, trotzdem blieb noch Qual. Mit 22 großer Allergiecheck, ergebnislos. Gleich danach der Neustart mit basischen Gemüsesuppen, was eine mächtige Entgiftungswelle lostrat und große Fortschritte brachte. Dazu immer wieder Sanierung und Stärkung der Darmflora, das ist obligatorisch. Dann probierte ich verschiedene Ernährungslehren durch (Vollwert, Waerland, Diamond), bis hin zu Wandmaker und der Natürlichen Gesundheitslehre. So mäanderte ich dann längere Zeit dahin zwischen Rückfällen und Rohkost. Bis ich praktikable, aus der Gourmet-Rohkost (an dieser Stelle ein Dankeschön an die großartige Messe „Rohvolution", vor allem aber an Urs Hochstrasser – den „Rohkost-Papst" – und Gisela Bayer, die Vollkommenheit und Attraktivität auf die Teller bringt) abgewandelte Roh-Vitale Ernährung entdeckte. Diese nimmt nun im Alltag ca. 85 % ein, der Rest besteht aus meiner Berg-Vorabend-Nahrung: meist gekochte Kartoffeln, auch mal mit Quark/Sauerrahm. Oder selbstgemachte, glutenfreie Pizza, gelegentlich auch Nudliges. Wenn ich denn, selten genug, einmal ins Restaurant gehe, gibt es schon vegetarische Ausnahmen. Die mein Körper allerdings wenig schätzt und sofort mit Unwillen reagiert, ebenso kippt bald auch die Laune. Essen wirkt direkt auf die Körperchemie und diese wiederum beeinflusst enorm die Stimmung – von Depression und Erschöpfung bis Optimismus und Enthusiasmus. Einem Sommereis allerdings kann ich leider nur schwer widerstehen ... doch gelobe ich Besserung und mehr Linientreue. Da geht es mir – physisch und in direkter Linie auch psychisch-gemütsmäßig – einfach am besten.

Natürlich gibt es ein paar Schwachpunkte: Die Knie fingen bereits mit 25 an zu zwicken und es gab Phasen, in denen das Berggehen unerträglich oder gar wochenlang unmöglich wurde. Nach einer weiteren Fastenzeit und einem ernährungstechnisch linientreuen Reset geht es ihnen derzeit ziemlich gut, und ich überstehe Rückwege, die jahrzehntelang nicht mehr möglich waren. Massage, ein paar grüne Naturpülverchen und MSM (eine organische Schwefelverbindung) unterstützen das Ganze vielleicht zusätzlich. Das Kreuz musste schon einige Härten einstecken, incl. Bandscheibenvorfall. Das ist und bleibt – auch nach meiner letzten Alltagsverletzung – ein weiterer labiler und heikler Punkt, der stete Rücksicht fordert.

Für mich bedeutet Gesundheit vor diesen Hintergründen vor allem größtmögliche Beschwerdefreiheit, Leichtigkeit, das inzwischen besser funktionierende emotionale und psychische Gleichgewicht und das gute Gefühl, bestmöglich und nach Kräften selbst dazu beizutragen.

Abschließend noch zum Thema der körperlichen Leistungsfähigkeit. Diese hat über die Jahre meiner Konditionsbergsteigerei immer weiter zugenommen – und eine Grenze ist eben noch nicht in Sicht. Jetzt, mit 56 Jahren. Ein Vergleich fehlt mir, doch finde ich die Sache durchaus bemerkenswert. Was vielleicht auch für andere Ermutigung und Ansporn sein kann – das wäre mir eine große Freude.

Wie neulich elfeinhalb Stunden ohne Pause aufwärts unterwegs zu sein, wirklich weite Strecken zurückzulegen, ohne allzu große Anstrengung bei einfachen Touren 2800 oder bis 3600 Höhenmeter am Stück zu schaffen und mehr (sowie den ganzen Rückweg oder große Teile davon) ist gar nicht so übel. Leistungsfähigkeit und Ausdauer sind enorm. Das funktioniert aber ausschließlich ohne Essen. Daher gibt es wie beschrieben nur am Vorabend „Power“, danach nichts mehr. Dann ist der Autopilot auf „Unendlich“ geeicht.

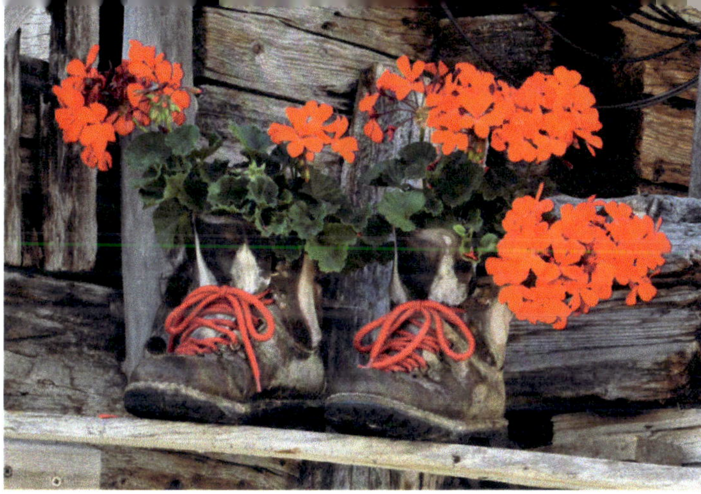

FÜSSE – sind die Basis jedes passionierten Fuß-Gängers, sein Handwerkszeug. Und das pflegt er. Mit Hingabe. Meine Füße sind mir heilig! Dass sie auch noch recht ansehnlich geraten sind, motiviert mich zusätzlich, sie nicht zu ruinieren. Angefangen beim richtigen alltäglichen Schuhwerk: gesund, luftig, mit leichtem Training der Fußmuskeln, genug Raum für die Zehen und leichter Stütze für die „tragende Konstruktion" des Wunderwerks Fuß.

Dazu regelmäßiger Check mit guter Nagelpflege – sodass nirgends etwas piekt oder gar einwächst – und mäßiger Hornhautentfernung, denn der Fuß weiß, warum er manche Stellen mit einem zusätzlichen „Schild" versieht, was aber nicht nur auf erhöhte Beanspruchung, sondern möglicherweise auf falsches und drückendes Schuhwerk hinweist. Außerdem gibt es regelmäßig gute Fußcreme und eine kleine Fußmassage. Nach einer langen Tour sind Flip-Flops mit Noppen eine herrlich entspannende Wohltat.

Dann wären da noch die richtigen Socken – falten- und nahtfrei glatt und möglichst ohne Verrutschen am Fuß sitzend, mit einem hohen Anteil Schurwolle, der ein bestmögliches Feuchtigkeitsmanagement garantiert. Und dann hinein ins perfekt passende Berg-Schuhwerk, in dem auch schon eine dauerhaft leicht stützende Einlage wartet.

Für den Winter habe ich bisher noch kein wirklich optimales und gut berggängiges Schuhwerk gefunden. Man muss bedenken: „Wasserfest" darf sich ein Schuh nennen, wenn er zwei Stunden Biegetest in nasser Umgebung durchhält. Das ist nicht viel, wenn man den ganzen Tag unterwegs ist. Leidlich gut isolierte Schuhe mit Supergrip-Sohle sind meist relativ klobig und für ein Dauer-Bergauf eher eine Bremse. Und wirklich wasserdichte Stiefel, weil komplett aus Gummi oder Plastik, sind innen nur mit besten Schurwollsocken einigermaßen trocken zu halten. Für mich gibt es da nur zwei Firmen, die etwas Anständiges zu bieten haben.

Der Bergstiefel für den Sommer wird – ebenso wie die Füße – gut gepflegt, gewartet, gelüftet, gewachst oder gesprayt – je nach Material. Leder braucht Fett, damit es nicht quietscht oder spröde wird und natürlich Wasser abweist. Sicher, die Machart moderner Trekking- und Bergschuhe ähnelt sich. Dennoch bestehen große Unterschiede zwischen den Herstellern und den Modellen. Leistenbreite, der Raum für die Zehen, die Position bzw. Statik, die der Fuß im Schuh hat, Versteifung der Sohle, Abrollverhalten, Trittdämpfung, Gestaltung des Profils und seine Zusammensetzung bzw. Gummimischung.

Sehr viele Menschen kaufen ihre Bergschuhe zu klein. Die Fußlänge in cm plus 1,5 cm, das Ganze geteilt durch 0,667 ergibt die EU-Schuhgröße. Ein Bergschuh sollte auf jeden Fall eine Größe mehr haben. Ohnehin falls ein Modell kleiner ausfällt. Jedenfalls muss in jeder nur möglichen Testposition noch genug Platz nach vorne sein. Die Füße schwellen beim langen Gehen mehr oder weniger an und abwärts rutscht man zusätzlich noch nach vorne.

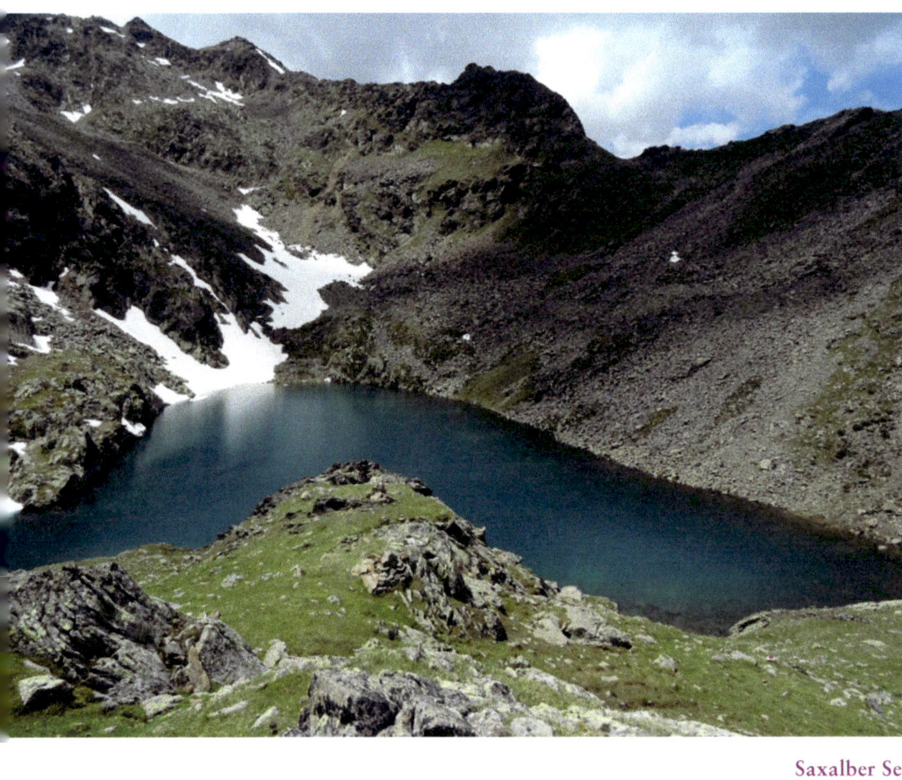

Saxalber See

Gut eingeschnürt sollte man sich fest und sicher, der Knöchel sich gehalten fühlen. Beim Probelaufen darf nichts einschneiden, drücken oder sonstwie kneifen – auch sollen sich beim Abrollen die sich bildenden Lederfalten nicht von oben in die Zehen bohren. Während des Abrollens darf der Vorderfuß nicht auf den Boden klatschen, sondern muss weich und fast geräuschlos bis zur Spitze rollen. Die Statik des Schuhes hilft im Idealfall bei einer 1 : 1-Umsetzung von Kraft in Schub. Ist sie nicht optimal, verpufft ein guter Teil der eingesetzten Energie ungenutzt.

Das Profil sollte möglichst ohne die glatte „Kletterleiste" an der Spitze sein, die derzeit leider sehr „in" zu sein scheint. Auf glattem Fels oder im Geröll wird die Sache damit gefährlicher als mit Profil. Auch die Gummimischung ist ein enorm wichtiger Faktor. Derzeit ist sie meist zu hart („Plastik") und man rutscht entsprechend leicht. Sie sollte eher mittelweich bis weicher sein – auch wenn sich das Profil damit schneller abnutzt, so sind doch Bodenhaftung und Sicherheitsfaktor wesentlich höher. Man denke nur an die eher silikonartig-weichen Polster von Gämsen, Steinböcken und Ziegen – das macht die wahren Berggeckos aus!

ZECKENSCHUTZ – nicht jede/r Mensch wird sofort von Zecken angebohrt. Es ist durchaus eine Frage der Körperchemie (geschwächtes Immunsystem, Krankheit, Ausdünstung bei Fleisch- und Milchprodukten, Zwiebeln etc.) und damit der Ernährung. Doch selbst wenn sie sich nicht zum Stich entscheiden, nehmen sie erst einmal den „Bus", erkunden die Gegend und überlegen, was zu tun ist. Die potenziellen Mitreisenden lieben Wärme und Feuchtigkeit, hocken auf Gräsern, Blättern und Büschen. Lange Hosen und eventuell Gamaschen schützen schon einmal, und auf hellem Stoff sieht man leichter, wer seinen Feldzug gestartet hat.

Natürlich versuche ich, es gar nicht so weit kommen zu lassen. Und bilde mir ein, dass gewisse Düfte den Befall verhindern oder wenigstens eindämmen. Zumindest lassen meine Testreihen das vermuten. Vor allem wenn ich weiß, dass es zunächst durch „Buschland" geht, reibe ich meine Unterschenkel und Arme mit einer Ölmischung ein: Sonnenblumenöl mit jeweils einigen Tropfen Teebaum-, Lemongrass- und Zirbenöl. Und zusätzlich sprühe ich die Hosenbeine mit einer Mischung von Wasser mit einigen Tropfen Zirbenöl ein.

Ich habe wirklich den Eindruck, das hilft. Einen Versuch ist es auf jeden Fall wert.

Es gibt kein Stehenbleiben

Der Großvater als Gebirgsjäger und Soldat auf beschwerliche Langstrecken getrimmt, der Vater passionierter Bergfex in diversen Disziplinen, das kleine Mäderl mit ihren „Mah'n-und-Zammrecha-Haxerln" auch schon mit drei im vertikaleren Gelände unterwegs – doch einige Monstertouren und fehlendes Wissen zur Technik haben's ihr bald verleidet … Nach jahrelanger Pause entdeckte ich dann etwa ab 1996 die Berge wieder für mich, mit ganz persönlichem Spezialgebiet: Talstart, große Distanzen bewältigen, maximale Höhenmeter herausholen. Es bleibt die unstillbare Freude an Bewegung, Minimalismus, Geräuschlosigkeit, Naturerlebnis, Leistungsfähigkeit und reinem Gehen, Steigen, Grenzenverschieben – zur Not auch mitten durch die Menschenwelt.

Frühmorgens im September: Um drei Uhr aufstehen fällt schwer, doch kurze Zeit später, draußen, ist alles gut. Kein menschengemachter Lärm, genug Zeitpuffer zur Umsetzung der Tour. Wie immer ziehe ich ohne Frühstück los, minimalistisch bepackt, doch wohlüberlegt für alle Wetterkapriolen gerüstet: Wasser, Handy, Rettungsdecke, für den Rückweg Banane und Tomate. Die Solarlampe in der Hand, wandere ich flott von Obermais überhalb Meran über den Steinernen Steg und den Tappeinerweg bis Schloss Thurnstein, durch klingende Waldesstille nach Vellau. Auf regenfeuchtem Weg ist gerade noch rechtzeitig Bewegung im Dämmer wahrzunehmen: 15, 18 Feuersalamander – eine wunderbare Überraschung! Weiter geht es über den Vellauer Felsenweg, am Abzweig links hinauf und vorbei am Biohöfl. Ein intensiver, kurzer Blick zur sonnenrot übergossenen Zielspitze, weiter durch die verbliebenen Reste der „Zauberknottn" zur Leiteralm. Knapp vier Stunden sind vergangen, noch kein Mensch ist unterwegs, die Bahn lässt dem Berg sein allmähliches Wachwerden.

Dass mein steter Gedankenstrom allmählich vertröpfelt und neuem

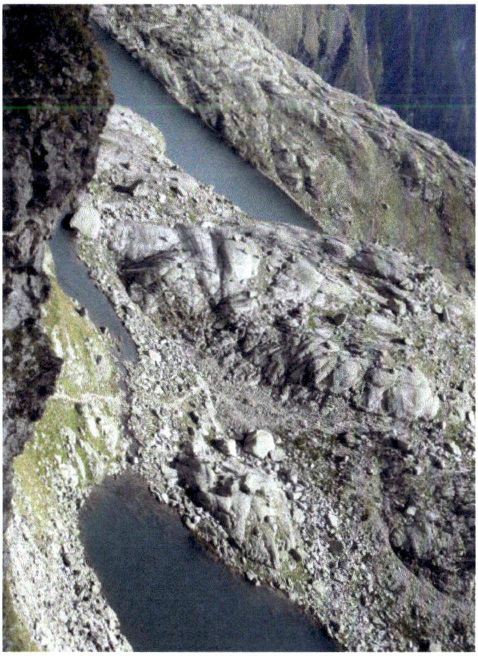

Blick auf die Milchseen
und den Langsee

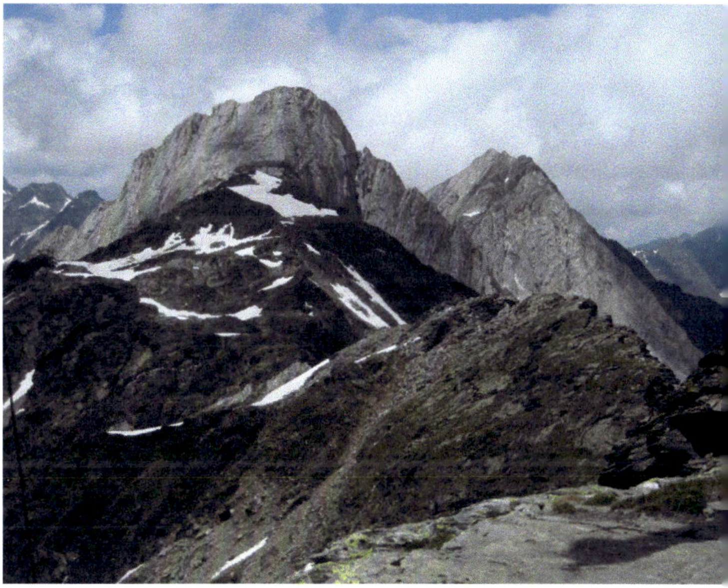

Blick auf Lodner und Hohe Weiße von der
Lazinser Rötelspitze

Raum im Hirn Platz macht, weiß ich. Bis zum ersten Drittel des Weges sollten Alltäglichkeiten durchgekaut, Lösungen und Frieden gefunden sein. Danach liegt der Fokus nur auf Körper, Geist und Umwelt. Der harmonische Atem-Geh-Rhythmus verwandelt mich fast in ein Perpetuum Mobile, die Muskeln entspannen sich nach jedem Schritt kurz. Hände und Arme nah am Körper, Daumen in die Riemen gehakt, so wird die Körperenergie nicht zerstreut, sondern fokussiert. Und Schubkraft brauche ich noch jede Menge. Es gibt kein Stehenbleiben, jeder Neustart kostet unnötig Kraft. Nie wird durch den Mund geatmet, die Nase schützt Bronchien und Lungen, generiert Energie. Der Körper meldet Wohlbefinden, kein Alarmknopf blinkt. Natürlich habe ich für den Notfall auch ein paar Tricks zum Schmerz- oder Müdigkeitsmanagement parat. Im Zauber ersten Lichtes beobachte ich das Wetter. Stabil soll es sein, zusätzlich wird den eigenen Augen und geschulter Intuition vertraut.

Unterwegs bin ich wie immer solo. Angst? Ist gesund an heiklen Stellen, wie neulich, als es von der Töll aufs Roteck ging und ich wieder vor steiler Plattenflucht und der Klettersteigstrecke kurz unter dem Gipfel stand. Erstmals blieb sogar genug Nerv, am ausgesetztesten Drachenzacken halt zu machen für ein Foto, vor und unter mir das luftige Nichts. Heute jedoch ist es einfach nur ein langer, schöner Spaziergang. Ansonsten wären nur der Mensch sowie neurotische Hunde und Hennen zu fürchten. Und der Müll. So hinterlasse ich selbst möglichst keine Spuren und nehme von anderen mit, was ich tragen kann.

Voller Energie zische ich am Leiteralm-Hütterl vorbei, die Übernachtungsgäste frühstücken wohl gerade, nehme den steinigen Hottelweg unter die Sohlen, anschließend geht es hinüber zum Hochganghaus. Um eine schmale Kurve biegend stehe ich unvermutet mit dem Vordermann zweier Walzbrüder fast Hemd- an Hemdknopf. Nur selten treffe ich auf meinen Bergfahrten andere Bergfreunde. Die Hängebrücke überquere ich dann in kindlicher Freude am Anschieben und Gegenschwingen bei jedem Schritt. So ein schöner Blick zur Naturnser Hochwart, vor allem lugt mein Hasenohr relativ aper keck herüber. Am Hochganghaus sind schon die ersten Vorbereitungen für den neuen Tag im Gange, kurz rüste ich mich für den Aufstieg zur Hochgangscharte: Sonnenhütl, Creme, ein Schluck. Möglichst wird „Bergmilch“ getrunken: Wasser, das der Berg schenkt, köstlich und nahrhaft, energiereich. Vorbei am Hasenkindergarten vor der Hütte und ein paar Haflingern.

Den Weg aufs Schartl mag ich. Setze jeden Schritt überlegt, exakt und präzise, kein Abrutschen und Wegrollen beim Auftreten, so wird Energie gespart und Schubkraft konzentriert. Halte den Gang locker, vermeide zu große und zu hohe Schritte, die nur unnötig Kraft kosten. Sich in dieser großen Stille zu bewegen, macht restlos glücklich; achtsames Verhalten und Schweigen bewahren sowie Respekt vor Groß und Klein sind, finde ich, etwas zutiefst Menschliches. Das tut der Seele gut und ermöglicht tolle Tierbegegnungen. Um elf Uhr: das Schartl; unter mir breitet sich schimmernd der Langsee aus, von der Algunder Rötel blitzte schon vorhin das Gipfelkreuz herüber, ein Mini-Rastplatz wurde inzwischen hier oben auf dem kleinen Übergang eingerichtet. Wie das Spielzeug von Riesenkindern wirken Tisch und Bank. Doch hurtig weiter, vor mir liegt der abwechslungsreiche Weg zur Milchseescharte. Die Lackerl, die Mondlandschaft – wie auf einem anderen Planeten.

Ein eisiger, knochenkalter Wind fegt; gut, dass mich die bewährten Wollschichten kaum je im Stich lassen. Kurz vor dem Zustieg ein Stopp, denn keine zwei Meter voraus spielt unbefangen ein Murmelkind, das die warnenden Schreie der Mutter wohl ignoriert hat. Mein Fotomodell zeigt seine possierlichsten Seiten und erfüllt mir Herz und Seele mit reinem Entzücken. Durch die Felsrinne hangle ich mich hinauf zur Milchseescharte, wieder eröffnen sich großartige An- und Ausblicke! Linker Hand der Tschigat, auf den mich einst ein „Goaßal“ begleitete. Schräg rechts hinter ihm steht die Lazinser Rötel, das heutige Ziel. Und so malerisch der Lodner, die Hohe Weiße.

Nur nicht verweilen, auf geht's durch die blockige Würfellandschaft hinüber zum Halsljoch. Dann mit klarem Zug die erste Felsstufe hinauf aufs Wegerl Richtung Gipfel, die Schrittfrequenz passt sich der Atmung an, ganz harmonisch. Knapp 14 Uhr ist es, als ich ankomme und die beeindruckende Südfront des Nachbarn bestaune: Der Lodner präsentiert sein Gipfelkreuz wie ein Schwert. Ein perfektes Energie-Management zahlt sich wie immer aus, es bleiben genug Reserven, um auch den Rückweg hochkonzentriert und kraftvoll zu bewältigen. Der Untergrund mahnt zu erhöhter Vorsicht und spiegelt meinen heimlichen Alptraum: auszurutschen auf kleinteiligem Geröll oder Schnee/Eis und dann offenen Auges … Klar ist: Mein Heilbleiben liegt fast ausschließlich in der eigenen Verantwortung. Alles geht gut, die Knie sind erstaunlich kooperativ. So bewege ich mich beschwingt durch die herrliche Landschaft, weit unter mir liegt das Tal, und ich werfe einen Sehnsuchtsblick hinüber zum Roteck. Zu viele Leute scharen sich auf der Lodnerhütte, also doch lieber weiter. Vertrauend, auf Nasereit eine Schlafstatt zu ergattern, setze ich meinen Weg durch beginnende Abendstimmung fort. Gleichentags noch bis ins Tal zu gehen wie früher, habe ich wirklich nicht vor. Mein Glück soll nicht überstrapaziert werden. Doch auf Nasereit findet sich unerwartet eine Mitfahrgelegenheit: bei einem Schäfer. Begleitet von Gebäh, nervösem Herumgetrappel und mit Schafatem im Nacken geht es ins Dorf zur Bushaltestelle Richtung Meran.

Kleine Abenteuer wie dieses bedeuten mir absolute Lebendigkeit, Präsenz, eine Freiheit, wie sie in der Menschenwelt nicht zu finden ist. Einssein mit dem Berg, seiner Wirkkraft, den Mitwesen und der Natur, die von Nichtigkeiten befreite Kommunikation mit dem Göttlichen, das Wegfallen alles Unwesentlichen. Im Verbund von eigenem Vermögen, pfeilgradem Willen, einer gewissen Leidensfähigkeit in Krisensituationen und innigem Getragenwerden erlebe ich tiefe Zufriedenheit und Erfüllung. Körper und eigenes Sein in Bewegung so überintensiv zu erleben macht dankbar, reduziert, rückt Perspektiven zurecht und hilft, Spannungen und Unnötiges loszulassen. Frische Geisteskräfte und fast unerschöpfliche Energie wachsen mir daraus zu.

Der Berg – und meine Jagdgebiete

Besonders nett schildert Hubert Mumelter, ein Bozner Anwalt, Skilehrer, Jurist, Maler und Schriftsteller (*1896, +1981) in seiner *Bergfibel* (1934, Rowohlt) die Entstehung der Bergwelt:

Am Anfange, als Gott die Erde
Leichtsinnig mit dem Ruf „Es werde!“
Erschaffen hat, er nicht erriet,
Dass sich das Ding zusammenzieht.
Bei dieser Schrumpfung ihrer Rinde
Ergaben Falten sich und Schlünde
Und höhere und niedre Kuppen:
Was erster Grund von Bergesgruppen.

Ebenso humorvoll seine Definition, was ein Berg ist:

Ein Berg ist stets eine Erhebung,
Die relativ zu der Umgebung
Hervorsticht für das Blickgefühl,
Besonders durch ein Steilprofil.
Erhöht wird noch die Impression
Durch Mangel an Vegetation,
Durch nackten Fels und ewigen Schnee
Und Gletscher in gewisser Höh.
Ein Berg besteht aus einem Fuß
Und einer Spitz als letztem Gruß
Bevor es mit der Welt zu End
Und nichts mehr da als Firmament.
Gipfel sind, dank Architektur,
Auch Aussichtspunkte der Natur.

Die Schweizerin Anaïs Meier schreibt zu Beginn des Kapitels *Über Berge, Menschen und insbesondere Bergschnecken* (des gleichnamigen Kurzgeschichten-Bandes): „Berge sind hoch und fies. Sie sind aus sehr großem Stein, stehen da und zwingen sich auf. Berge sind ungemein selbstbezogen und dominant. Wenn man einen Berg ärgert, schickt er Lawinen. Im Winter aus Schnee und im Sommer aus Schlamm und Geröll ... Am Berge merkt man, wer man ist. Manche sagen, am Berg vergisst man sich selbst ... Sie (Anm.: die Bergsteiger) akzeptieren, ja, huldigen der Dominanz des Berges ... Menschliche Liebe zum Berg ist immer ein Sich-vor-ihm-Verbeugen."

Der Berg ist einfach nur da, er existiert nur für sich selbst. Erstaunlich, was man alles in ihn hineininterpretieren kann.

Der Berg. Gefürchtet, mystifiziert, ausgebeutet, verbaut, mit Haken und Bohrern malträtiert, in Ketten gelegt, gesprengt, vermint, erodiert, asphaltiert, mit Auto- und Menschenschlangen dekoriert, zu Sportgerät und Rennstrecke degradiert, mit Lärm, Gestank und Chemie überzogen.

Auch ich bin der Ansicht, dass unsere Berge bereits mehr als genug erschlossen sind, dass keine weiteren Skiarenen (deren Zukunft ohnehin höchst ungewiss ist), Aussichtsplattformen, Berghotels, Schutzhütten etc. mehr gebaut werden dürfen. Das verbliebene, verhältnismäßig Unberührte muss unangetastet bleiben – der Mensch und sein Vieh ist ohnehin schon viel zu weit hinauf vorgedrungen, in Regionen, die dafür nicht gedacht sind, und raubt damit dem Wild Ruhe, Rückzugsgebiet und Nahrung. Das Vieh setzt den Berg (und Wanderwege) noch zusätzlicher Erosion aus, indem es die kargen Soden heruntertritt und sandig-lehmige Pfade schafft, die weitere Angriffsflächen bieten.

Das vorhandene Netz an Wanderwegen ist großteils mehr als ausreichend. Mühevoll und in freiwilliger Arbeit wird es von den Alpenvereinen gepflegt, beschildert und gewartet. An einen der schönsten, romantischsten, zauberhaftesten Wege dieser Gegend hier im Vinschgau möchte ich erinnern, denn sein Schicksal regt mich ebenso auf wie ich es bedaure. Es geht um den Schnalser Waalweg zwischen Schloss Juval und Altrateis. Ein bedeutendes Teilstück der jahrhundertelang wichtigsten Verbindung vom Vinschgau ins Schnalstal hinein. Vor inzwischen schon viel zu vielen Jahren überspülten ihn ein paar Muren. Er wurde gesperrt. Er verwahrloste. Es gab Pläne, ihn zu sichern und wieder instand zu setzen. Diese scheiterten am Veto eines Mannes, dem wohl ein Teilstück des Grundes gehört, über den der Weg verläuft. Obwohl uraltes Wegerecht gilt, obwohl alle übrigen Parteien für die Instandsetzung sind. Und ganz zu schweigen von der touristischen und historischen Bedeutung des Weges. So etwas darf einfach nicht sein. Andernorts wird enteignet, über Köpfe hinweg bestimmt oder es werden gar Vorschriften umgangen, was das Zeug hält. Nur hier spricht keiner ein Machtwort.

Gegen Themenwege, wie sie seit einer Weile so „in“ sind, sage ich ja gar nichts: von Sagenwelt bis Almrind. Botanische Lehrpfade. Historische Entdeckungsrundtouren. Kinderwagenfreundliche Forstwegsautobahnen. Orthopädische Barfuß-Erfahrungserschließung. Seelennährende Besinnungsgänge. Undsoweiter. Die jedoch vor allem – zumindest vorübergehend – touristisch attraktive Novitäten darstellen, die man dem geneigten Gast, gemütlichen Genießer oder erlebnishungrigen Kleinkindern schmackhaft machen möchte. Denn schnörkelloser Naturgenuss, sich unverbaut und ohne Ablenkung dem Auge und Gemüt darbietend, ist offenbar den Erholungssuchenden nicht mehr zuzumuten. Im allgemeinen Konkurrenzgerangel sollte es dann auch schon immer noch etwas ausgefallener sein. Das ist, was sich großteils im Tal abspielt.

Nun könnte man glauben, gut – selbst wenn unten das Gewusel der Wegever- und -erdichtung stetig zu- und allmählich überhandnimmt, bleibt den „Natur-im-Rohzustand-Freunden“ ja der ganze grüne Eisberg, der ab der Almgrenze sich noch frei bis zum Himmel reckt. Jener Teil also, der kommerziell nicht mehr gar so einfach für jedermann, für Spaß- und Massentourismus nutzbar zu machen ist. Wobei unermüdlich daran gefeilt wird.

In der Welt, die wir schufen, ist es nicht leicht, sich loszustrampeln und all das Gezerre, Zwangsunterhalten- und -vergesellschaftetwerden hinter sich zu lassen. Wenigstens für ein paar Stunden. Für normale bis außergewöhnliche Wanderer und Berggänger auf gut befestigten Pfaden, mühevoll von guten Geistern, Freiwilligen der Alpenvereine und leidenschaftlich naturpflegerisch Tätigen erhalten. Zunehmend würden die bisher wenig daran interessierten Gemeinden und Tourismusverbände diese Wartung gerne übernehmen. Vielleicht, um ihren Einflussbereich weiter auszudehnen und vermeintliche Förderungen einzustreichen. Um es dann mit den damit verbundenen Verpflichtungen nicht mehr gar so genau zu nehmen. Was wiederum den Nutzern nicht so gut gefiele.

Wenn die Nutzer zusammenhelfen und eine Verantwortung fühlen würden, das für alle so wertvolle Gut „Weg“ zu erhalten, zu schützen, zu pflegen, vor allem nicht zu vermüllen, reduzierte sich die Erfordernis freiwilliger Arbeitsleistung Weniger und des Auftreibens finanzieller Mittel zur Instandhaltung. Empfindliche Bergpfade vertragen sich übrigens auch oft schlecht mit Rädern und Rinderbataillonen … Diese Art von „Landschaftspflege“ ist jedoch wieder ein ganz anderes Thema.

Blicken wir von den Niederungen wieder in die Höhe. Ist es wirklich erforderlich, auch das Wegenetz in den oberen Regionen, ohne geologisch zwingende Erfordernisse – z. B. nach Murenabgängen etc. – weiter aufzustocken, auszubauen, sich wie eine Armee Holzwürmer weiter durch die wenigen, noch minimal berührten Gegenden zu graben, die auch ohne das weitere Vorantreiben wirklich gut genug erschlossen und pfaddurchzogen sind? Muss der Mensch wirklich überall sein? Und bequem vor allem?

Unsere Altvorderen waren Schwierigkeiten gewohnt, Unwegsamkeit, raue Wildheit. Sie erstarkten an den Unbilden des Wetters, der Unberechenbarkeit der Natur, ständigem Unterwegssein, an Verzicht und der Zufriedenheit mit dem Wesentlichen. Können ihre inzwischen doch recht verweichlichten Nachfahren, denen Qualitäten wie Zähigkeit, Durchhaltevermögen, Leidensfähigkeit, das Glück des kargen und doch erfüllenden Lebens in Wind und Wetter meistenteils gänzlich abhandengekommen sind und nichts mehr gelten, es nicht ertragen, zumindest einen Teil der Natur sich selbst zu überlassen? Ist alles eine Sache des Kontrollwahnes?

Viele Fragen, die auf Einsicht/en, neue Herangehens- und Betrachtungsweisen, auf ein neues, empathisches Verorten und Positionieren des Menschen in seiner Umwelt warten …

Dazu meinte Peter Rosegger in seinem *Alpensommer,* die menschliche Motivation vielleicht ein wenig naiv-überhöht einschätzend und idealisierend:

„Die menschliche Natur will nicht verkümmern, und je mehr nach einer Seite hin ihr heute Verweichlichung und Erschlaffung droht, je lebhafter spornt sie der Drang an, nach der anderen Seite hin die körperliche Kraft, Geschicklichkeit, Ausdauer und die Keckheit des Herzens zu üben. Zudem ist dieses Aufsuchen von Gefahren ein uneigennütziges Preisgeben seiner selbst, wodurch weder sachliche Güter erworben, noch grobe sinnliche Gelüste befriedigt werden können. Es ist ein selbstloses Opfer, das der Mensch seiner Liebe zu Gottes Natur bringt, es ist ein frisches Aufraffen aus dem Kulturlande unserer Städte, in den reinen, göttlichen Bereich der Ursprünglichkeit. Es ist der glühende Drang, die Herrlichkeit der Schöpfung zu schauen."

So weit ein wenig provokativ meine Betrachtungen zum Thema Wegebau. Dazu kommt, dass „Weg" inzwischen automatisch auch „Fahrrad" impliziert – egal, ob er dafür gedacht, geschaffen oder geeignet ist. In den meisten Fällen, schon gar nicht ab einer gewissen Höhe, eben nicht. Aber man muss sein Gerät auch noch in die höchsten Höhen schleppen und auf sensibelsten (Wander!-) Pfaden brettern. Statt auf Forstwegen, Straßen und extra geschaffenen Radtrails zu bleiben. Es wirkt auch eher komisch, weit, weit entfernt von etwas auch nur annähernd Wegartigem jemanden sein Fahrrad auf den Schultern schleppen zu sehen – dort, wo es definitiv nicht hingehört. Und wer sieht, wie ein seit Ewigkeiten gut erhaltener Fußpfad nach einigen Befahrungen aussieht, beginnt vielleicht doch irgendwann, die ganze Angelegenheit zu hinterfragen.

Werner Herzog, dieser außergewöhnliche Münchner Filmemacher (z. B. *Cerro Torre – Schrei aus Stein,* 1991), äußerte übrigens einmal, wir sollten die Berge in ihrer Würde alleine lassen. Und war rigoros für das Absperren des Himalaya. Ein interessanter Gedanke …

Wer sich davon wirklich berühren lassen will, welchen Zirkus wir zum Großteil aus ehemals wirklicher Erholung, bäuerlichem Schaffen und als Seelenlandschaft dienendem Raum gemacht haben, dem empfehle ich *Hinter den Bergen.* Ein Buch des Alpbachtalers Lois Hechenblaikner, der mit seinen textfreien, enorm einprägsamen Fotografien Gestern und Heute schnörkellos gegenüberstellt. Das öffnet Augen, macht betroffen, ist oft ebenso komisch wie zum Verzweifeln, rüttelt aus dem Tiefschlaf und fördert Erkenntnis, die inzwischen jedoch leider meist zu spät kommt.

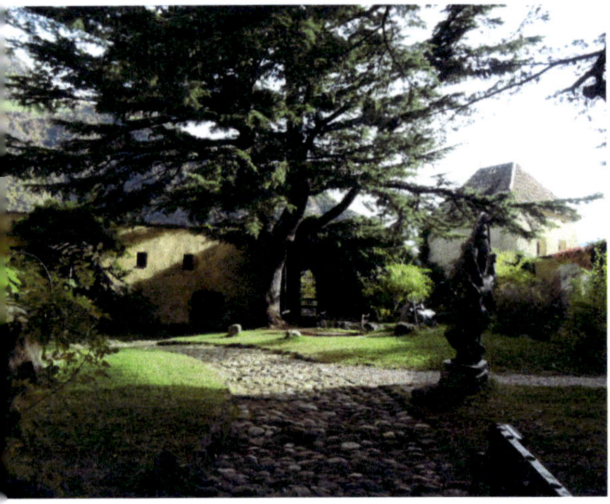 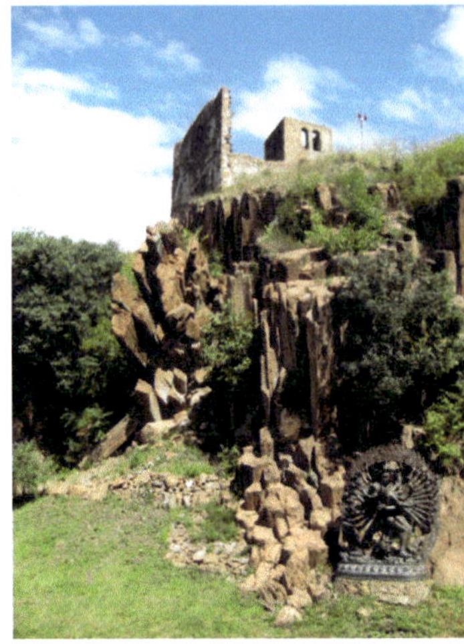

Juval und Firmian

Der Berg. Objekt für Kultur und Kommerz: Malerei, Fotografie, Bildhauerei, Literatur, Filme, Museen, Sportbekleidung und –equipment für Modesportarten und deren begehrteste Labels. Der Berg wird gern für ein bestimmtes Image vermarktet: Freiheit, Natürlichkeit, Abenteuer, Wildnis, Romantik. Und alles leicht erreich- und machbar natürlich. Auch in Turnschuhen, Sandalen, Shorts, Top und mit feinem Täschchen auf 3000 Metern. O Menschheit!!

Als erster Bergfilm gelten könnte *Das Wunder des Schneeschuhs* (womit man damals den Ski meinte) von Arnold Fanck, dem Pfälzer Geologen und Filmemacher, der 1920, Teil 2 dann 1922, erschien. Es ist ein meditativer Dokumentarfilm voll starken Bildern, der wagemutige Abfahrten und riskante Sprünge in den Schwarzwälder und Schweizer Bergen zeigt. Fanck drehte dann seinen ersten Spielfilm – und Luis Trenker war erstmals dabei: *Berg des Schicksals,* 1924. Leni Riefenstahl war so begeistert von Fancks Arbeit, dass sie ihn kontaktierte. Und in *Der heilige Berg* von 1926 neben Luis Trenker die weibliche Hauptrolle erhielt.

So nahm die Geschichte des Bergfilms ihren Lauf. Die besten unserer Zeit sind für mich persönlich *Messner* von 2012, *Everest* von 2015, *Still Alive – Das Drama am Mount Kenya* von Reinhold Messner 2016, *Ma-*

naslu – Berg der Seelen 2018 und *Hoch hinaus* über Hans Kammerlander, *Free Solo* 2018, Alex Honnold. *Still alive* finde ich auch deshalb so bemerkenswert und außergewöhnlich, da es – in jeder Minute packend – um eine nervenaufreibende Rettungsaktion 1970 geht, deren Original-Protagonisten – Oswald Oelz und Gert Judmaier – mit eingebunden sind, kommentieren und von damals erzählen. Ein absolutes Highlight. Abgesehen davon, dass der inzwischen verunglückte Hansjörg Auer die Rolle des jungen Gert spielt.

Cerro Torre und *Grenzgänger in Fels und Eis* über David Lama möchte ich auch noch erwähnen. Und Filme, die den Wahn zeigen: *K2 – das letzte Abenteuer, The Summit, Meru, Vertical Limit.*

Wunderbare Dokumentationen über Berge und die Berg-Passion sind z. B. *Mountain* und *Die Berge, die Menschen, der Wahn.*

Und ja – der Berg „rockt“. Reinhold Messners Museen – die inzwischen Tochter Magdalena leitet – rund um das Thema Berg (Mensch und Berg, Bergvölker, Fels, Eis, Mythos, Traditioneller Alpinismus) sind Publikumsmagnete, völlig zu Recht. Es sind magische Orte, besondere Kraftorte, mit sicherem Gespür gewählt, ausgestattet und gestaltet. Sie vermitteln Wissen und Geschichten, die von Bergabenteuern, Expeditionen in Eis und Fels, Bergvölkern und ihrer Kultur berichten und bereits fast Verlorenes in Erinnerung halten wollen.

Es gibt jede Menge Bergbücher – Berichte und Biographien, Tourentipps, Ratgeber für Familien, Senioren, Wanderer, Biker, Kletterer, Gemälde, Skulpturen, Bildbände. Accessoires wie Schmuck, Uhren, Messer, sogar Kosmetik und Parfums. Dann natürlich die enorme Industrie für Berg-Equipment, vom Rucksack über Kletterzeug, Portaledge und Zelt bis zu Pickel, Schlafsack, Highline und Wingsuit. Und die Berg-Mode, die inzwischen auch im Alltag getragen wird, soll natürlich zeigen, wer man ist, wie man denkt. Sie ist ein Statement: Ich bin aktiv, sportlich, fit, ein Naturmensch, wild, frei. Auch wenn das in vielen Fällen keineswegs zutrifft und die Kleidung nur ein „ich würde ja gerne …“ kaschiert.

Der Berg. Das Folgende lässt sich vielleicht besser nachvollziehen, wenn ich mich oute: Müsste ich mich irgendeiner Glaubensschublade zuordnen, dann wäre das wohl eher die Richtung Sufismus/Mystik – eine liebende und direkte Erfahrung des und Beziehung zum Göttlichen – sowie Animismus: alles ist vernetzt, beseelt und lebendig. Letzteres wird ja inzwischen durch die moderne Quantenphysik quasi belegt, obwohl die Menschheit mit dieser Erkenntnis schon geboren wurde. Und besser dabei geblieben wäre – besser für Natur und Umwelt, besser für die Mitwesen, besser für den Menschen selbst und ein freundliches Miteinander.

Der Berg. Für mich hat jeder Berg Persönlichkeit, eine Seele, er ist empfindsam und lebendig, so wie alles lebendig ist: Erde, Fels, Stein, Pflanze oder Tier. Er fühlt meine Schritte. Er umfängt mich. Er atmet. Mutter Erde atmet. Der Berg hat eine enorme Tiefenwirkung auf mich. Ist DA, monumental, präsent, nie ganz zu erfassen, mit einer machtvollen, klaren und unendlich gelassenen Ausstrahlung, mit einer höchst attraktiven Anziehungskraft. Er durchdringt mich, saugt mich ein, wir atmen einander, werden im Wesen eins. Auch wenn er – wie das Göttliche an sich – gleichzeitig etwas viel Größeres ist, in dem ich aufgehen kann, so bin ich doch Teil davon. Er rückt Perspektiven zurecht – was hat Wert, was hat keinen, was hat tatsächlich Bedeutung, was ist völlig irrelevant –, hat Autorität, und die Verantwortung für mich liegt einzig bei mir selbst, vollständig. Der Berg gewährt mir die auf Erden und in dieser Gesellschaft maximal mögliche Weite, Freiheit und den Raum, den meine Seele braucht.

Er nährt mit seinem Sein das meine, heilt und erhält Körper und Geist, klärt Verwirrung und tröstet, und er schenkt Glück, Zufriedenheit, Erfüllung. Mein Aussehen, mein Erscheinungsbild sind ihm egal, den Tieren auch – sie blicken tiefer und fühlen MICH. Ich bin gesehen, angenommen und muss nichts tun oder sein, was mir nicht entspricht oder um mein Dasein zu rechtfertigen. Der Berg ist heilig und ich ruhe mit entspanntem und seligem Herzen in seiner tiefen Stille. Diese bedeutet mir alles. In dieser Stille bin ich ganz und gar ich selbst – keine andere Version von mir, keine Anpassung, kein Dimmen wie in der „Welt“ sind nötig.

Inmitten der Alltäglichkeiten geht es oft unter, der Berg erinnert mich wieder daran: dass aus mir selbst, gespeist und durchflossen vom Unendlichen, eine schier unerschöpfliche physische, mentale und emotionale Kraft hervorgeht, die sich in verschiedensten Bereichen manifestiert und auch noch alle nähren kann, die sich dafür öffnen oder ihrer bedürfen.

Mir ist bewusst, dass sich meine Ansicht durch nichts belegen lässt und der vorherrschenden widerspricht. Doch kann ich mich des Gefühls nicht erwehren, dass die Bergwelt erst mit der Sesshaftwerdung des Menschen mit Bedrohung – vor allem für Besitz, Hab und Gut – gleichgesetzt und meist gemieden wurde. Und glaube, wir unterschätzen den frühen Menschen. Gewiss gab es zu jeder Zeit Individuen, die aus Neugier, Abenteuerlust oder auf der Suche nach Neuem in die Berge gingen (wenn auch nicht auf die größten und unwirtlichsten Eisriesen), über Gipfel und Pässe stiegen, nicht zuletzt auf der Suche nach Nahrung und Unterkunft. Oder auch, um dem Göttlichen „näher" zu sein.

218 vor Christus zog Hannibal mit seinen Soldaten und Elefanten über die Alpen gegen Rom, 1336 bestieg Francesco Petrarca aus reiner Neugier den Mont Ventoux, trotz des Missfallens der Kirche. Die wohl solch unsinniges Treiben verwerflich fand und befürchtete, die Schäflein könnten darüber ihre Pflichten vergessen und zu viel Freiheit schnuppern. Vermute ich. Antoine de Ville bezwang wohlgeplant und mit ersten für den Einsatz am Berg umfunktionierten Gerätschaften 1492 den Mont Aiguille. Und diese spärlichen überlieferten Ereignisse sind ganz sicher nur die Spitze des Eisberges.

Der Alpinismus wie wir ihn heute kennen wurde eigentlich erst vor gut 175 Jahren in die Welt gesetzt – und nach den Alpenbewohnern hatten die Engländer dabei zunächst die Nase vorn. Im Dezember 1857 gründete man in London den Alpine Club – den weltweit ersten Bergsteigerverband. Auf die Irrungen und Wirrungen der Alpingeschichte einzugehen, ist nicht mein Ding. Wer sich dafür interessiert, den verweise ich mit Freuden an die Werke Reinhold Messners – er ist wahrlich eine wandelnde Enzyklopädie und verfügt hier über ein ungeheures Wissen und kompetente Einschätzung. Zusätzlich existiert eine eigene Chronik, die *Himalayan Database,* über die Himalaya-Expeditionen seit 1905, die Elizabeth Hawley ab etwa 1960 zu dokumentieren begann. Ihre Nachfolgerin ist derzeit die Garmischer Bergsteigerin und Journalistin Billi Bierling (Ihr Buch: *Ich hab ein Rad in Kathmandu*).

Mit den Dimensionen des Himalaya kann hier natürlich nichts konkurrieren. Da ich nicht klettere und auch nicht wild auf Gletscher bin, gefallen mir die oft bis über 3000 Meter bewachsenen Gipfel rund um den Vinschgau ganz besonders. So bin ich nicht ausschließlich in blankem Fels unterwegs. Dieser ist – wie z. B. in den Dolomiten – optisch zwar einfach grandios, überwältigend, unnahbar wirkend. Aber ich muss da nicht hinauf.

Als ich vor einigen Jahren noch in Tutzing und Kochel wohnte, war ich zwischen Lenggries und Garmisch unterwegs, dann folgten die Oberstdorfer Berge, und 35 Jahre lang verbrachte ich jeden Urlaub in Meran, sammelte Erfahrungen von der Texelgruppe bis zum mittleren Vinschgau, im Schnals- und Passeiertal und am Bergrücken zwischen Vinschgau und Ultental.

Seit ich nun in Südtirol lebe – endlich mitten in „meinen" Bergen –, bietet sich natürlich viel mehr Gelegenheit, meiner Passion zu frönen und das „Jagdgebiet" auszudehnen. Ich erforsche Täler, in denen ich bisher noch nie war, erobere mir neue Gebiete und Gipfel. Auch Gröden kenne ich inzwischen schon fast wie meinen perfekt gepackten Rucksack.

NACHFOLGEND EINIGE MEINER LIEBLINGSTOUREN:

- Töll – Partschins – Lodner Hütte – Roteck
- Töll – Partschins – Hochgang – Tschigat – Lazinser Rötelspitz – Pfelders
- Töll – Partschins – Hochgang – Milchseescharte – Stettiner Hütte – Eishof - Katharinaberg
- Schlanders – Zerminiger – Karthaus
- Latsch – Zwölferkreuz – Hasenohr Groß und Klein – Tuferspitz – St. Gertraud
- St. Martin in Passeier – Matatzspitze – Kolben – St. Leonhard oder Platt

- Tschars – Tscharser Wetterkreuz – Gamsegg – Karthaus
- Tschars – Hoher Dieb – Rontscher Berg – Peilstein – St. Walburg
- Tschars – Obere Mairhöfe – Katharinaberg – Pfossental – Stettiner Hütte – Pfelders
- Schluderns – Saldurseen – Oberetteshütte
- Obermais – Verdins – Videgg – Hönig – Hirzer – Jägersteig Richtung Kratzberger See – Piffing
- Laas – Laaser Alm – Orgelspitz – Stallwies
- Laas – Taitschroi – Laas
- Oberstdorf – Söllereck – Fellhorn – Walser Hammerspitze – Hochgehrenspitze – Mittelberg
- Farchant – Hoher Fricken – Bischof – Krottenkopf – Hohe Kiste – Walchensee
- Kochel – Benediktenwand – Lenggries

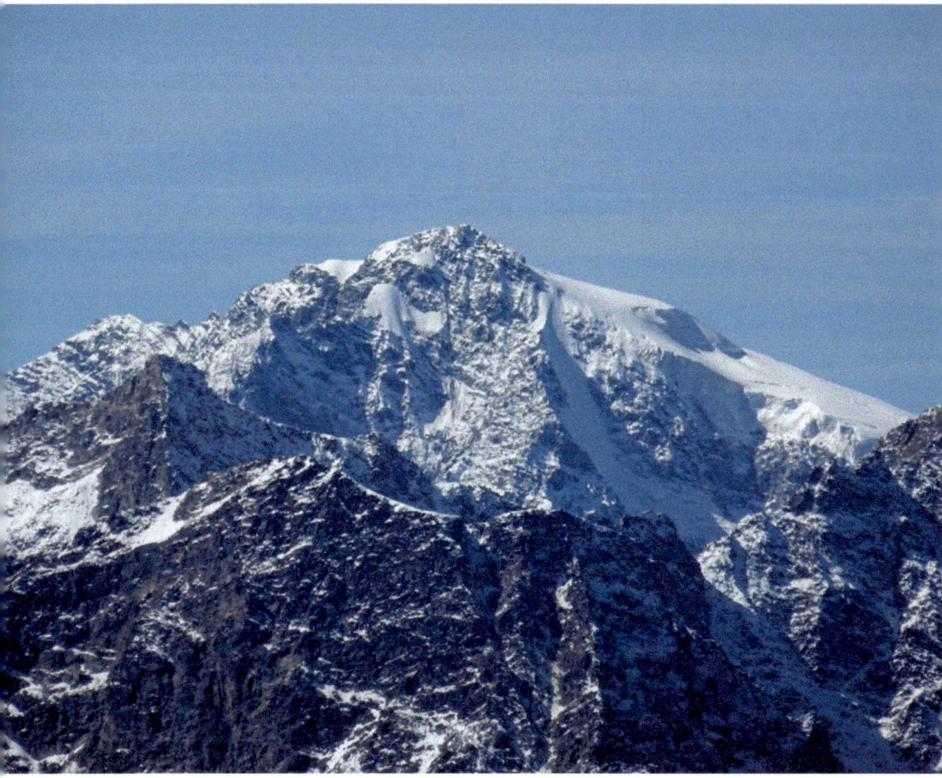

Ortler, davor Taitschroi,
Mitte links Schafbergspitze

tal

die lastende
schwingende hitze
wie schwebender schleier
über dem tal
das verwoben ist
mit meiner seele
meinem schicksal
süße brise
heller jubel
oben in den bergen
an die sich unermüdlich
meine füße schmiegen
die berge
in denen mein herz schlägt
und die reine freude wohnt

sich über steinige pfade gewunden

gelacht gelitten
gefeiert gescheitert
scheinbar verloren
und doch wieder gewonnen
wiedergefunden, entdeckt
das staunen getrunken
abgestürzt verströmt
sublimiert verführt
neue formen gefunden
enge der tage
unendliche augenblicke
das leben ganz
über sich ausgegossen
bis zur neige
und weit darüber hinaus
in die erfahrung
des EINEN

Beispiel: Roteck

Es liegt nicht an den Höhenmetern – von der Töll aufs Roteck ca. 2830 –, nein, es liegt wohl am Berg selbst, der relativen Länge des Anweges, der nicht nur physischen Herausforderung, an der Spannung vor dem letzten Gipfelstück. Für Kletterer nicht mal erwähnenswert, für mich als reinen Konditionsbergsteiger braucht es da schon ein bisserl Mut und ein gewisses psychisches Rüstzeug. Beim allerersten Versuch vor einigen Jahren kehrte ich am Klettersteigbeginn – von dem in der Karte nichts zu sehen war – wieder um, im nächsten Jahr packte ich es dann besser ausgerüstet an. Inzwischen komme ich auch mit meinem persönlichen „Knackpunkt" dort relativ gut zurecht. Mit viel Vorsicht, Bedacht und langem Atem. Und obwohl ich die 3000er-Region gewohnt bin, so sind die paar Meter mehr Höhe doch spürbar.

Das Roteck ist mir eine Pilgerreise, eine Wallfahrt beinahe, tiefes und bewegendes Erleben, Körper und Seele gänzlich verschmolzen mit dem Wesen des Berges, mit Wind, Stein, Himmel, Tier und den Elementen. Ein Aufgehen in etwas Größerem, Befreiung, Weite und Rückkehr zum wirklichen Menschsein, das Glück und Erfüllung findet im Wesentlichen, im Wenigen – in scheinbarer Kargheit die Fülle des Lebens erfahren ... Ganz oben erscheint die alltägliche Welt so unendlich fern und dennoch reist sie im Kopf mit. Man weiß wieder, weshalb man dorthin zurückkehrt oder findet vielleicht eine neue Anregung, Idee, einen frischen Grund dafür. Und wenn nicht, kommt doch zumeist die Erkenntnis, wo man in Wahrheit und wahrhaftig zu Hause ist.

Da ich nun mit dem ersten Zug aus Westen die Töll erreiche und das fast eine halbe Stunde später als früher von Meran herauf, starte ich bei „Onkel Taa" – einem liebevoll geführten Restaurant mit absolut einmaligem Ambiente, das man einfach erlebt haben muss – um 6.20. Der Gedanke schleicht sich ein, man habe ihm die Haltestelle bewusst direkt vors

Haus gebaut – statt sinnvollerweise einen Kilometer weiter an die Straßenkreuzung ... Doch das gehört eben dazu, genau wie der Gang hinauf ins Dorf, nach Partschins, dann vorbei am Gasthaus Birkenwald, das schöne 8er-Wegerl Richtung Gigglberg, bis das Stück Forstweg zum nächsten Einstieg hinauf nach Nasereit führt. Natürlich gibt's ein erfrischendes Schluckerl aus der Elisabethquelle – wenn schon Kaiserin Sissi auf ihrem Weg davon erquickt wurde!

Auf Nasereit wird schon fleißig die Terrasse gefegt, sonst ist alles ruhig, morgenstill, taufeucht und der Geruch aufsteigender Morgensonne liegt förmlich in der Luft. Man habe am Abend gewiß noch ein Plätzchen für mich, wird versichert. Doch vermutlich würde es ohnehin zu spät dafür werden. Auf der Zielalm hat man mich, nicht zum ersten Mal, von meinem Übernachtungswunsch ausgeladen, so bleibt eben nur die Lodner Hütte.

Es ist ein wundervoller Kaiserwetter-Morgen, der schönste Tag seit Langem und absolut stabil. Genau was ich brauche für diese Unternehmung, und ich hoffe, dass wirklich auf meinem Pfad kein Schnee, keine rutschelige Feuchtigkeit mehr anzutreffen ist. Seit dem letzten Wettersturz behielt ich mein Ziel sehnsüchtig unter Observation und jetzt – vielleicht meine letzte Chance in diesem Jahr – zack! Hurtig geht es das unsägliche „Pflasterstein“-Steigerl hinan, das ich aus früheren Zeiten nur ständig von Wasser überspült (die nasse Reith ...) und entsprechend unangenehm zu gehen kenne. In den letzten Jahren jedoch findet man es zunehmend trocken vor. An meiner Seite der wilde Fluss, sein Rauschen und Schäumen, seine Fälle, Gumpen, Farbspiele ... Diesen Einschnitt hinauf Richtung Zielalm und Lodner Hütte, mit den grandiosen, immer wieder neuen und überraschenden Ausblicken, die sich zunehmend eröffnen, ist einfach traumhaft! Das Gipfelkreuz der Lazinser Rötel glänzt im Morgenlicht, allmählich grüßt auch der Tschigat herunter, die kleine Sattelspitze drückt sich auch noch an die Großen. In der Ferne schälen sich Plattkofel und die Dolomitenkette allmählich aus den dunstig wabernden Wolkenfedern.

Südtirol – es schlägt mein Herz für dich voll Mut ... – Immer wieder freue ich mich, an diesem innigen Herzenslied für ein geliebtes Land, das auf einem Taferl im Licht strahlt, kurz zu grüßen und ein weiteres Schluckerl „Bergmilch“ aus der dortigen Quelle zu genießen. Eine jede schmeckt ein wenig anders, doch immer gehaltvoll und stärkend. Zwei weißwadelige Burschen und ein zielstrebiges Madl überholten mich – selten um diese Zeit –; ob sie es waren, die das Shuttle Richtung Nasereit hinaufgebracht hatte? Die paar jungen Zirbelen, die hier gut eingedrahtet und geschützt siedeln, wachsen fleißig. Es dauert halt seine Zeit …

Dann über das hübsche „Aquädukt" den Schrambach überqueren, allmählich aus ungewohnter Perspektive zur Zielspitze hinüberluren – die ich viel später nur noch als kleinen „Gugelhupf" in der Ferne ganz klein sehen werde. Frohe Überraschung: die Wegelagerer – eine Handvoll Goaßal. Eines schleckt mir das Salz von den Ellenbogen, das andere, rothaarig, bemüht sich redlich, den Reißverschluß an der Hosentasche zuzuziehen. Nur blöd, dass das kurze Sprißl immer wieder durch die Zähne rutscht! Ich genieße dieses Bad in der Menge …

Weiter geht's zur Gingglalm, über mir ein kleines Bäumchen, dessen Laub den ersten Herbstgruß leuchtend in den Himmel schickt – goldgelb und orangerot. Später das weithin als weißes Tüpferl sichtbare „Herrgottshäusl" und da – am „Mulitoad" (hier wird wohl einmal ein Muli aus Erschöpfung das Zeitliche gesegnet haben) – lugt die weiße, bleiche Schädeldecke des Lodners hervor. Er, der von überall her so imposant ins Auge sticht, mächtig wie ein Schiffsbug im ewigen Meer treibend, mit einer gewaltigen Ausstrahlung und geradezu blendend schön in seiner Helle und der weiß-dunklen Bänderung. Wie gern ich da hinauf möchte! Würde nicht jemand einmal mit mir gehen? Es heißt, es bräuchte Seil …

Am Mulitoad, Hintergrund rechts Lodner

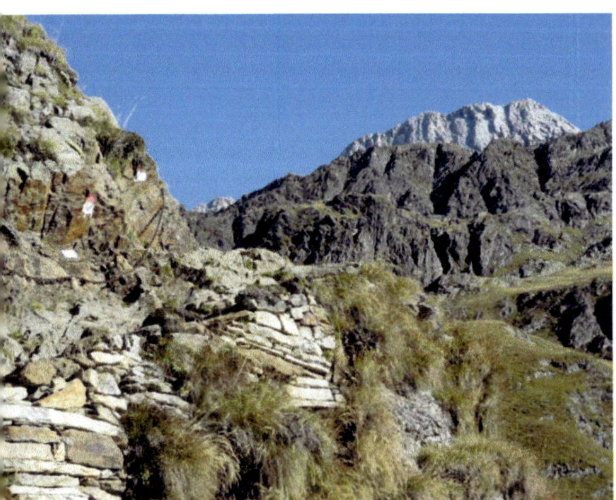

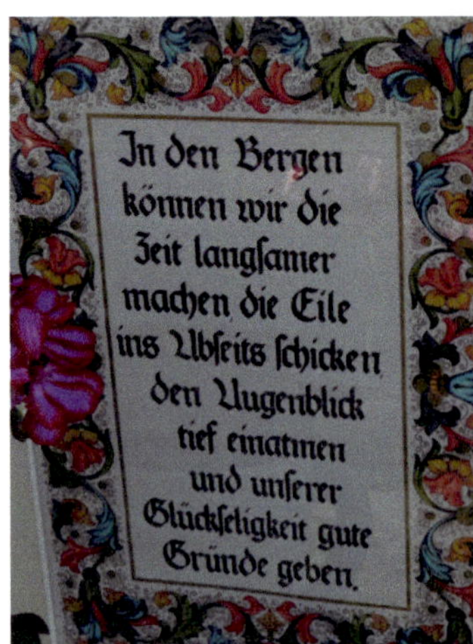

An der Zielalm herrscht am Fluss genüssliches Treiben – einige „Natscher“ genießen hier den Sommer ihres Lebens und fühlen sich ganz offenbar sauwohl, betreiben Wellness und lassen es sich so dermaßen gut gehen, dass man ihren Frohsinn und die Lebensfreude bis hier herüber spürt. Dürften sie doch auch noch in Ruhe alt werden … Gleich hinter dem Stallgebäude – es wird direkt durch Murmeltier-City gewandert – entdecke ich zwei „Mankei“, das größere lässt sich den Pelz absuchen und beknabbern. Meine helle Freude an den beiden schlägt sich in einigen recht gelungenen Aufnahmen nieder, und bevor ich mich losreiße, gehen sie vollends zum gemütlichen Teil des Tages über, die Nasen flach an den warmen Fels gedrückt, mit allen Poren Wärme aufsaugend und nährendes Licht im Fell … Aber – ich habe ja noch etwas vor!

Kurz unter dem Kegel, auf dem die Lodner Hütte thront, wird mir diesmal durch einen Einschnitt hindurch und unbewölkt der erste Blick aufs Roteck gewährt. Aus der Ferne ist sogar ganz fein das Gipfelkreuz zu

Blick von der Lodner Hütte Richtung „Ginggl-Tal“ und Roteck, das sich rechts hinten verbirgt

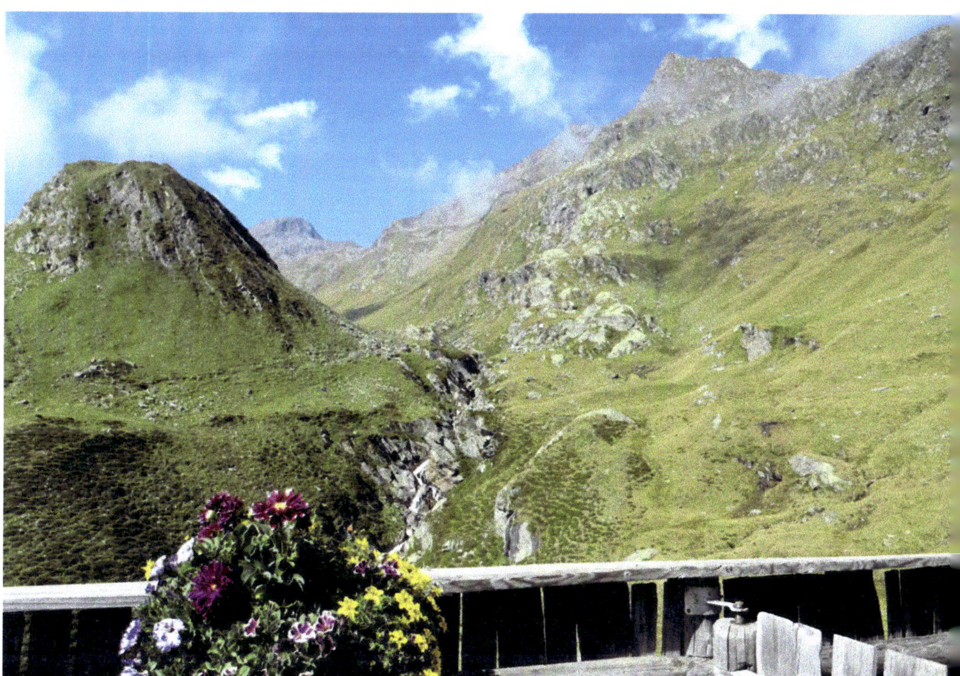

erahnen und einige Stellen erkenne ich wieder, z.B. die „Marmortenne“. Da ich mit minimalstem Gepäck unterwegs bin, ca. 5,5 kg, lohnt es eigentlich nicht, die Übernachtungssachen im Vorüberziehen bereits auf der Hütte abzuladen. Kurz vor elf werden die Ärmel hochgekrempelt – jetzt geht es wirklich los: Es sind nur noch 1000 Höhenmeter, doch ist jede Menge geboten. Sehr abwechslungsreich und immer himmelwärts. Mit einem phantastischen, schier unglaublichen Panorama. All die Berg-Größen rundherum sinken allmählich immer weiter hinab, bleiben mehr und mehr zurück. Am Kar weiden einige Schafe mit ihren Kleinen, ein Bock blökt so ausdauernd, verstärkt noch durch das Echo, dass es fast schon an Lärmbelästigung grenzt. Immer wieder folgt er mir, ruft seinen Anhang nach, er begreift nicht und denkt wohl, ich würde ihn auf magische Weise zu grüneren Weiden führen ... bis er dann doch endlich zurückfällt. Das gleiche Blöken, nur mit zarterem, höherem, aber nicht weniger durchdringendem Stimmchen, wird weiter oben von einem Lämmchen fortgesetzt. Vielleicht ist dieser Apfel ja tatsächlich nicht weit vom Stamm gefallen ...

Von Stufe zu Stufe wandere ich weiter hinauf, den Grat entlang, mit Blick über all meine Jagdgründe, weit entfernt zu sein scheint die kleine Zielspitze. Der Vorsprung mit dem pyramidenartig aufgeschichteten Steinmanndl ist erreicht. Alles verstummt mehr und mehr, diese absolute, totale, tiefe und entspannte Ruhe umfängt mich, durchdringt mich. Die Höhe ist zunehmend zu spüren. Und wieder einmal bekomme ich zumindest eine leise Ahnung davon, wie unsäglich mühevoll es im Himalaya sein muss, wenn man für wenige Höhenmeter quasi Stunden braucht. Wieder finde ich Müll. Zwei Plastikflaschen in einer kleinen Felsnische, wenig später mitten in der Felsenwüste ein verrostetes Grablicht und ein zerbrochenes Glas mit Teelicht. Obwohl ich mir in diesen kleinteiligeren Felsenflächen lieber meinen eigenen Weg suche, deponiere ich die Fundstücke auf dem markierten Weg, um sie bei der Rückkehr einzusammeln.

Nicht mehr weit entfernt vom Gipfeleinstieg fühle ich mich beobachtet, blicke auf und direkt in die aufmerksamen Augen einer jungen Steingeiß. Klein, stämmig, kompakt, kurzbeinig, mit diesem niedlichen, wolligen Löckchen am Schwanzerl. Etwa 30 Meter entfernt, Gegenlicht. Keine technisch wertvollen Fotos also, aber wie immer einmalige Momentauf-

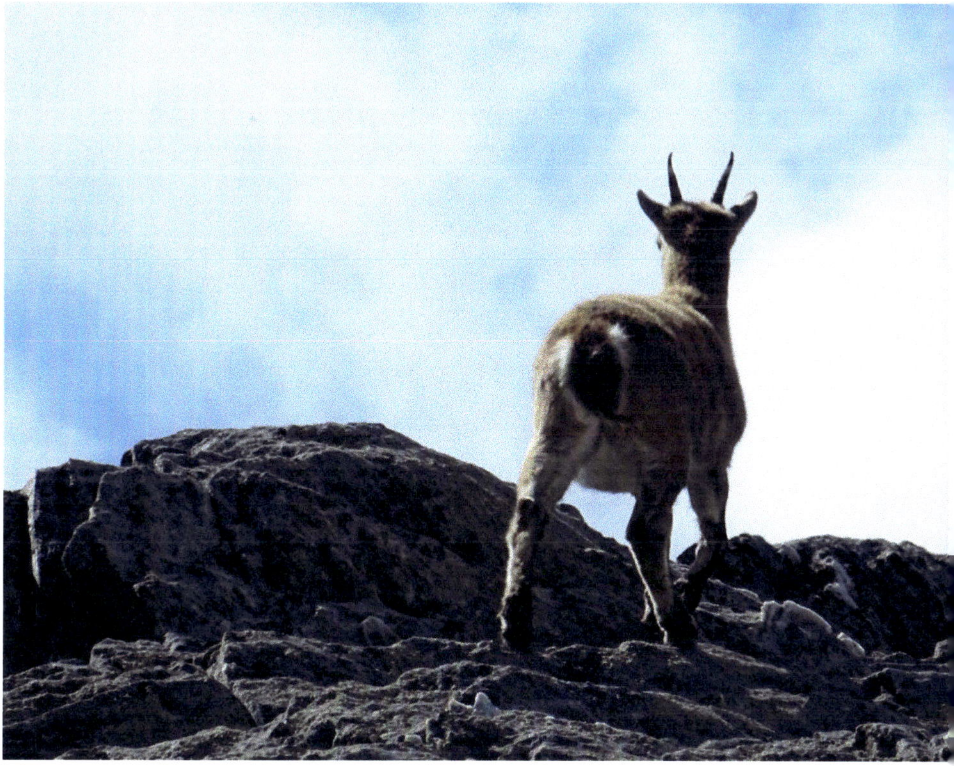

nahmen, die – vor allem mitsamt der wortlosen Kommunikation und Verbundenheit zwischen uns – inwendig gespeichert werden. Solche Begegnungen sind mir heilig, ebenso das Fühlen des Berges, der atmet, lebt, mich trägt – und gewähren lässt, oder auch nicht. Er lässt.

Es ist so weit, der Klettergurt wird angelegt, alles schön festgezurrt. Durch die fast vertikal geschichteten Platten, wie an einen Drachenrücken gedrückt, schlängle ich mich den ersten Teil auf schmalem Pfad dahin. Dann ein Standplatz, an dem der Rucksack deponiert wird, ich nehme nur Handy und Kamera mit. Handschuhe an und erstes Einhaken in die Eisenkette, denn gleich geht's „rum ums Eck“, und zwar so, dass man kaum glaubt, dahinter käme noch etwas anderes außer Luft. Bedächtig, langsam, Schritt für Schritt, wohlüberlegt schiebe ich mich und die beiden Karabiner voran. Die „Leinen“ kleben und rupfen immer am Fels entlang, sodass ich auch

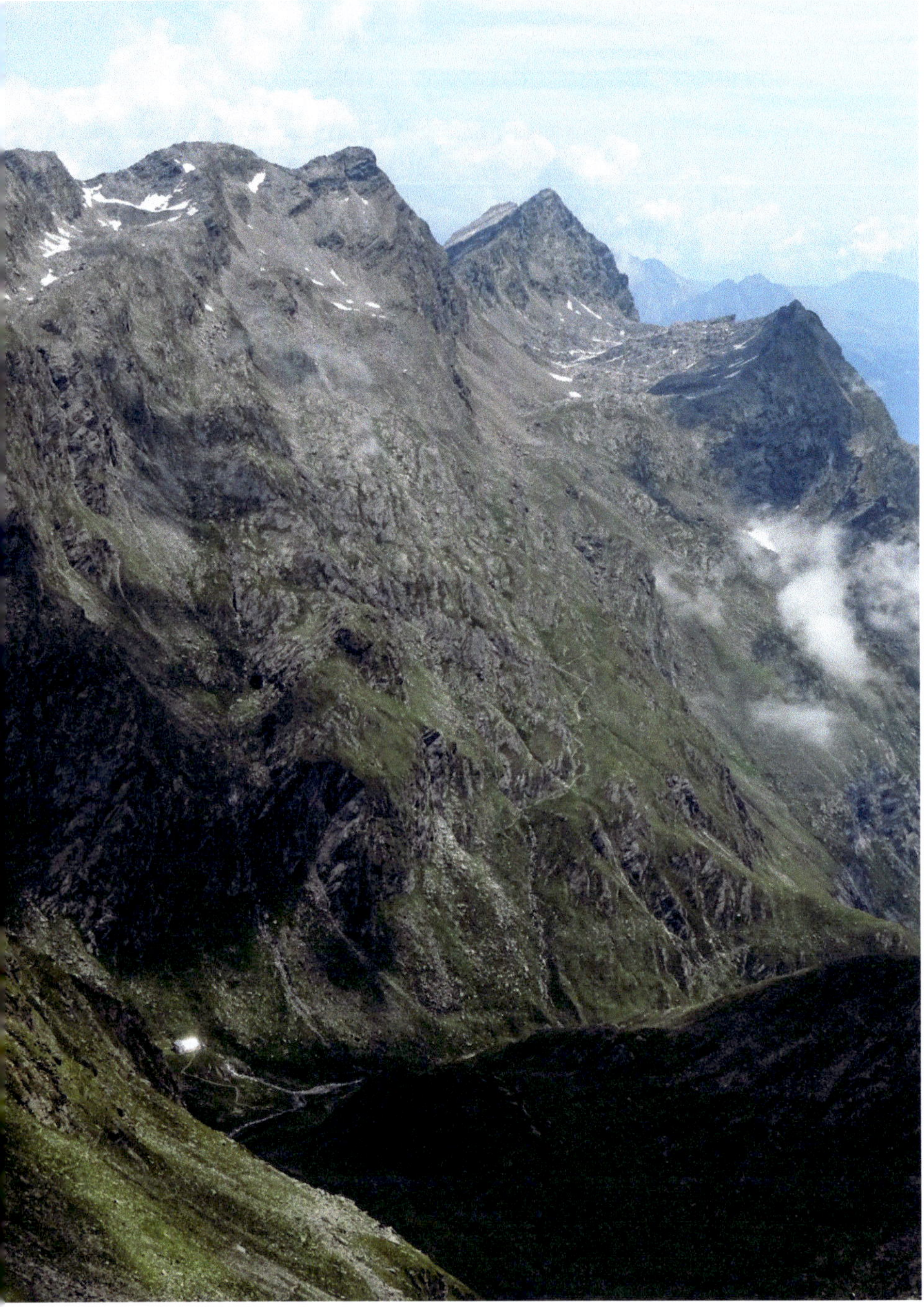

Lodner Hütte, Lazinser Rötel, Tschigat

sie lupfen und weiterbewegen muss. Stand suchen, aus- und umhängen, dabei auf die richtige Seite achten, diese auch einmal wechseln, gerade an der neuralgischsten Stelle. Beim ersten Mal hing ich erstarrt dort fest, wusste nicht, wohin ich den nächsten Schritt setzen sollte, manchmal gibt es für die Zehen wirklich nur kleinste Stege oder Vorsprünge, jeder muss erst auf Halt getestet werden. Inzwischen geht es leichter, aber Überwindung kostet es noch immer. Ob mir kalt wird, weil ich Zeit brauche zum Peilen, Checken, Probieren, ob die Finger klamm werden oder der Arm während des Überlegens langsam lahm wird – das wird abgeschaltet. Es zählt einzig der nächste Zug, der nächste Schritt – immer im Bewusstsein des außerordentlich luftigen Ausgesetztseins. Ein kurzer Moment der Erleichterung, wenn das obere Ende des Steiges erreicht ist und ich mich ausklinke, um den weiteren Weg zum Gipfel „frei" zu gehen. Erst über ein kleines Felsen-Hochplateau, dann noch einmal hinauf. Auf dem Gipfelkreuz, das vorhin kurz hervorschaute, saßen links und rechts zwei Bergraben – kurz denke ich: Wie auf den Schultern ihres Herrn – sind es etwa Hugin und Munin? Und lächle. Hat doch offenbar selbst Odin ein Auge

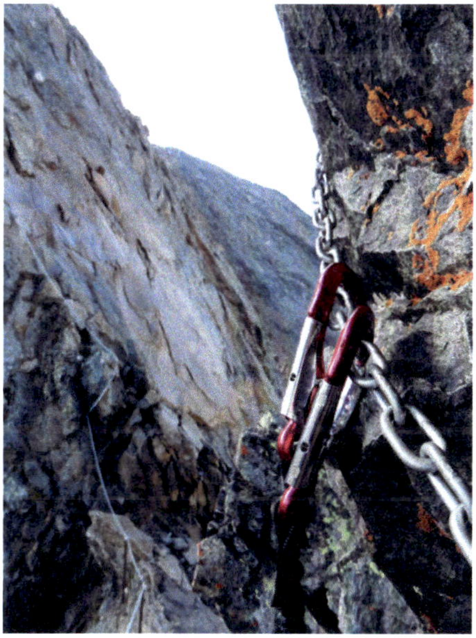

Klettersteig zum Roteck

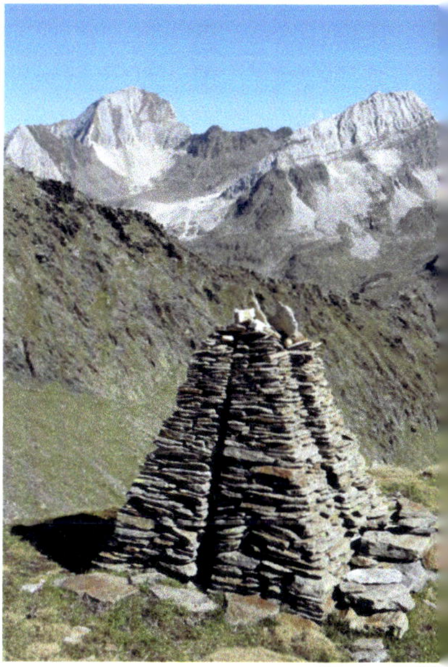

Steinpyramide, links Hohe Weiße, rechts Lodner

auf mich; und was werden sie ihm wohl an Neuigkeiten zugetragen haben?

Dann grüße ich mit Ehrfurcht die hohe Stirn, das „Rote Eck“ und genieße mit Dankbarkeit diese Erfahrung. Egal wohin oder wie oft man geht, es ist doch immer wieder neu. Das Gipfelkreuz wurde zwischenzeitlich von Aufklebern befreit, klar und rein steht es da, über allem, so scheint es. Hohe Weiße und Lodner flammen im nachmittäglichen Sonnenschein, ein paar Wolken spielen Licht und Schatten in den Tiefen.

Lange halte ich mich nicht auf, denn das Kletterstück ist ja auch noch abwärts zu bewältigen, was noch kniffliger ist. Und ich will ja meine Knie und mich noch sicher und entspannt zurückbringen. Alles geht gut. Punkt halb sieben Uhr abends und damit gerade noch rechtzeitig zum Abendessen betrete ich die Lodner Hütte.

Am nächsten Morgen – ein frischer Bergmorgen, nie mehr möchte man ins Tal zurück! – geht es über das Gingglјoch nach Katharinaberg und von dort mit dem Bus wieder hinaus.

Blick zurück vom Roteck

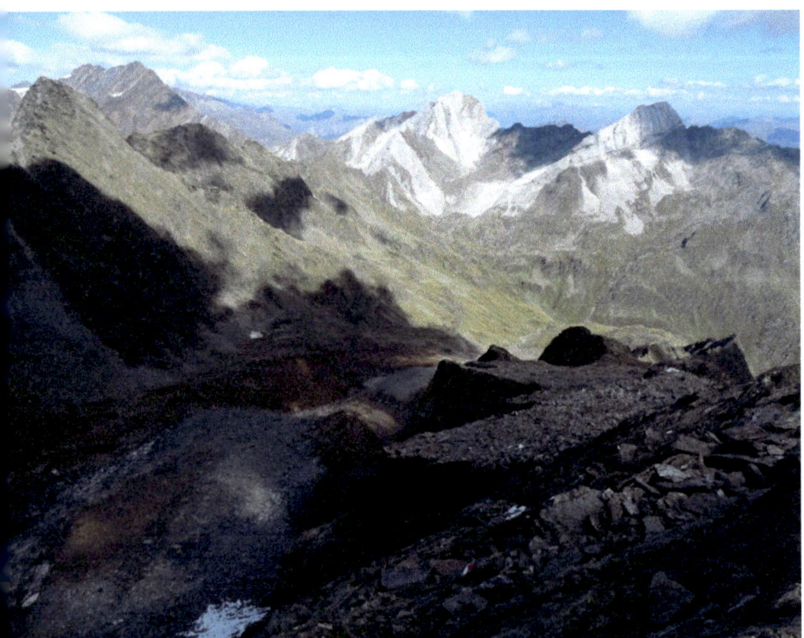

Angst und Risiko

Angst? Manchmal berechtigt und gesund an schwierigen Stellen, die dann mit besonders hoher Konzentration, Überlegung und Bedachtsamkeit angegangen werden. Aber sie kann auch gefährlich werden, wenn sie einen erstarren lässt, darüber kostbare Zeit verstreicht oder sie gar handlungsunfähig macht. Mein heimlicher Horror und damit Grund zu erhöhter Vorsicht: auszurutschen auf kleinteiligem Geröll bzw. Schnee, Eis und dann offenen Auges ...

Unterwegssein birgt immer die Möglichkeit des Unvorhergesehenen. Selbstverständlich bin ich mir des Risikos bewusst und der Tatsache, dass mein Heilbleiben fast ausschließlich in meiner Eigenverantwortung liegt. Ansonsten wären wie gesagt nur der Mensch, neurotische Hunde und Hennen zu fürchten.

Interessanterweise fragen mich viele, ob ich denn, allein unterwegs, nicht Angst hätte. Subtext ist meist: vor irgendwelchen wilden Bestien. Nichts liegt ferner als das. Die einzige Bestie, die zu fürchten ist, ist der Mensch – ganz allgemein gesprochen. Und unerzogene, mit Vergnügen jagende und zerfleischende Hunde. Die gibt es, und nicht wenige. Sie hetzen das Wild oder was ihnen sonst in die Quere kommt. Die meisten wissen es, nur wenige kümmert's. Und da gab es mal beim Vorübergehen an einem Hof diese Henne. Die völlig ausflippte und sich mit ihren rasiermesserscharfen Waffen in meinen Oberschenkel schlug.

Es gab in irgendwelchen Felswänden oder an Graten auch schon einige brenzlige Situationen. Herausforderungen, die mir eigentlich über waren, oder zumindest äußerst grenzwertig für meine Fähigkeiten. Ein paar Beispiele:

Noch in meinen Anfängen, mit sehr überschaubarer Erfahrung, nahm ich mir den Tschigat vor. Kam von der Lodner Hütte herauf. Eine jüngere Ziege ließ ihre Herde zurück und schloss sich mir an. Der Gipfelanstieg führte auch immer wieder einmal über die Nordwand, teils sehr luftig, schmal, auch kiesig-rutschig, ein Sims entlang, eine spiegelglatte Platte mit nur einem schmalen Riss war zu überqueren … kurz und gut, damals war ich ziemlich überfordert. Und schon bald unglaublich froh über meine vierbeinige Begleitung. Sie hielt Mutlosigkeit und Einsamkeit in dieser Not fern. Grandioses Highlight: Wir biegen um eine Ecke, stehen recht ausgesetzt auf schmalem Sims an die Felswand gequetscht. In ca. 15 Meter Entfernung, an einer Wand gegenüber, ein kleines Rudel Steinböcke. Es war sehr erheiternd, wie die Ziege und ihre Verwandtschaft sich gegenseitig mittels Niesen ihren Unmut über die Anwesenheit des jeweils anderen kundtaten. Und dann, endlich heil am Gipfel angekommen, saßen wir beide in trauter Zweisamkeit in der Morgensonne. Da wusste ich noch nicht, dass noch der „Kamin“ abwärts vor mir lag. Auch den haben wir gemeinsam überstanden und die Kleine begleitete mich noch bis zu den Milchseen. Gute 20 Jahre war der Tschigat dann tabu. Inzwischen habe ich den „Fluch“ aber längst gebrochen und gehe dort immer wieder gern.

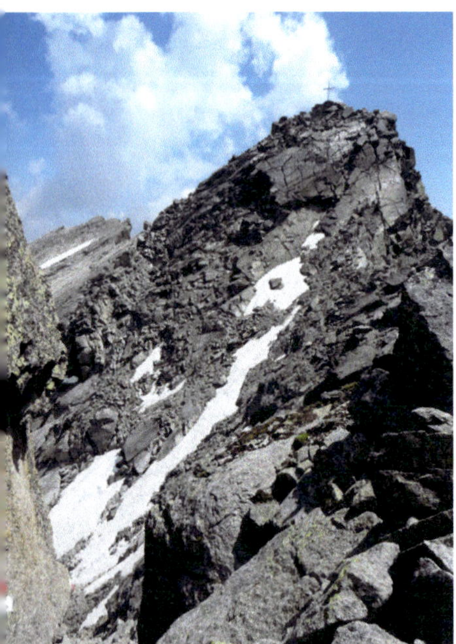

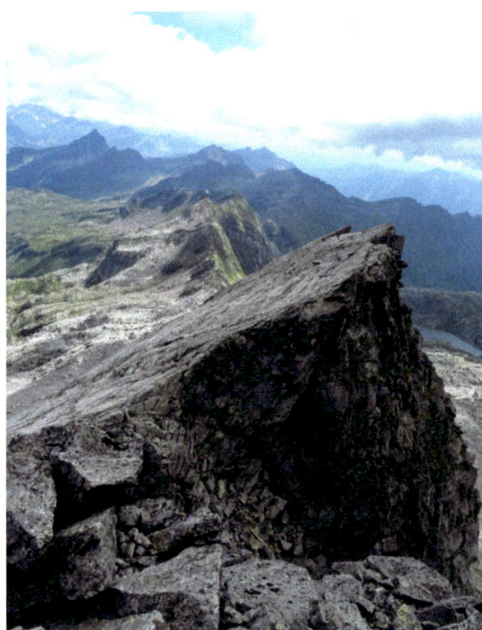

Tschigat

Beim Abstieg durch den Kamin wurde mir zum ersten Mal ein Phänomen bewusst, das ich auch in anderen brenzligen Augenblicken erleben konnte. Der Verstand setzt einfach aus, wenn er sich mit einer Situation oder einem Problem konfrontiert sieht, die bzw. das völlig neu für ihn ist. Er verkriecht sich kleinlaut und vollkommen blockiert. Er kann nicht spontan funktionieren und überlässt das Feld den einzigen Instanzen, die dann noch rettend eingreifen können: Instinkt und Intuition. Sie sind wirkliche Intelligenz, ein (Körper- und Seelen-) Bewusstsein und Wissen jenseits des Verstandes. Sie zapfen ein Verstehen und Fähigkeiten an, die atmosphärisch herumschwirren, die uraltes menschliches und tierisches Erbe sind. Anders könnte ich es für einen solchen Fall nicht erklären. Körper und Bewusstsein übernehmen das Ruder und handeln richtig und am Verstand vorbei, der dabei nur stören würde.

Dann war da, es ist auch schon lange her, der Alpler. An sich eine wundervolle Tour ab St. Martin in Passeier. Aber dann: kiesig-grundlose Steilheit, unschön. Endlich am schönen Edelweiß-Gipfelkreuz. Danach der Alpler-Alptraum: Ein schier endloser, haarscharfer Grat zwischen den Tiefen, ohne sich aufrecht stehend mal irgendwo festhalten zu können. Ich habe es überstanden. Diesen „Fluch“ zu brechen und zu sehen, ob es mit der heutigen Erfahrung nicht auch dort wesentlich leichter geht, steht noch aus.

Ein weiteres frühes Abenteuer, als es mit dem Wetterlesen noch nicht so gut stand wie heute. Der Gipfel des Zerminigers hatte mich bereits mit Graupel beworfen. Auf dem Rückweg durch das Hochtal zogen Wolken auf, es regnete, windete, Nebel wallten so dicht und undurchdringlich, dass ich kaum noch fünf Meter weit sah. Und die Orientierung verlor. Bis ich plötzlich an einem Abgrund stand, da ging es jedenfalls nicht weiter. Durchnässt, durchfroren und ratlos – es machte sich ein Anflug von Panik breit. Tief durchatmen, die Karte konsultieren, um einzuschätzen, wo ich mich da gerade befinden könnte. Jedenfalls musste ich abwärtsführendem Gelände folgen und mich mehr nach links orientieren, am besten Bächlein und vielleicht einen der Seen finden, die dort liegen sollten. Es war wirklich unschön, die Schuhe völlig durchweicht, die Angst im Nacken, mir eine schwere Lungenentzündung einzufangen, die Eiseskälte. Durch Wasser und Matsch, über Steilstufen kletternd, querfeldein. Bis ich endlich völlig überraschend fast aufs Dach der Hütte purzelte, die aus dem Weiß erst in letzter Sekunde auftauchte. Was für eine Erlösung! Und die damals so nette Crew aus Oma und Enkelkindern half dabei, mich trockenzulegen, aufzuwärmen – und alles war wieder gut.

Im September 2021 wollte ich eigentlich nur wieder von Laas aus auf der Rückseite zur Orgelspitze. Schon vor zwei Jahren war das letzte Drittel zum Schluderjoch hinauf fast ohne Markierung und voll grundlos-lockerem, sandig-erdigem Schotter und ein paar darauf schwimmenden größeren Brocken. Ohne Halt, gefährlich. So hangelte ich mich damals bestmöglich am Saum festen Felses entlang und stieg dann im Freistil durch die restliche Wand. Nicht lustig, aber es ging.

Diesmal hatte sich die Situation noch mal sehr verschlechtert und ich musste weit früher nach links ausweichen, immer an restliche Stücke festen Felses oder große Felsbrocken gekrallt, sonst hätte es ein Höherkommen gar nicht gegeben. Schon da war ein Zurück kaum mehr denkbar. Ganz links außen hatte ich die wohl einzige Möglichkeit, ungefähr Richtung Gipfel zu kommen erspäht, teils fast senkrechter Fels, eine Rinne voll losem Zeug, links und rechts mehr oder weniger fester Fels, jeder einzelne Griff, jeder Tritt war erst gründlich zu prüfen, so spröde-brüchig, sehr beängstigend, alles nur auf Zug und Reibung. Für irgendwelche persönlichen Befindlichkeiten war da kein Raum mehr. Meine Schuhe trugen weit mehr Blessuren davon, weil ich sie gnadenlos in jede noch so kleine Ritze rammte.

Obwohl ich all mein bisheriges Können (das dafür viel zu dürftig war) und die volle Kapazität meiner Psyche in die Waagschale warf, schrammte ich in nervenzermürbendem Kreischen über Stunden weit über meiner Fähigkeitsgrenze entlang. Und hab‘s überlebt, weil alle Schutzengel und Vorväter Überstunden schoben wie verrückt. Ein Zuschauer hätte wohl einen Herzinfarkt erlitten, vor allem bei dem Kunststück, mittendrin den Rucksack abzunehmen, vorsichtig um mich herumzuführen und gerade voraus in eine Art flache Flunder-Höhle zu stopfen, durch die ich mit ihm nicht gepasst hätte.

Andererseits bin ich auch sehr, sehr stolz, wie ich mit dieser Ausnahmesituation, gelegentlichen Panikattacken und Aussichtslosigkeit (absolut keine Idee, wie die nächste Hürde zu nehmen wäre) fertig wurde. Näher will ich darauf gar nicht eingehen. Das Einzige, das möglicherweise ret-

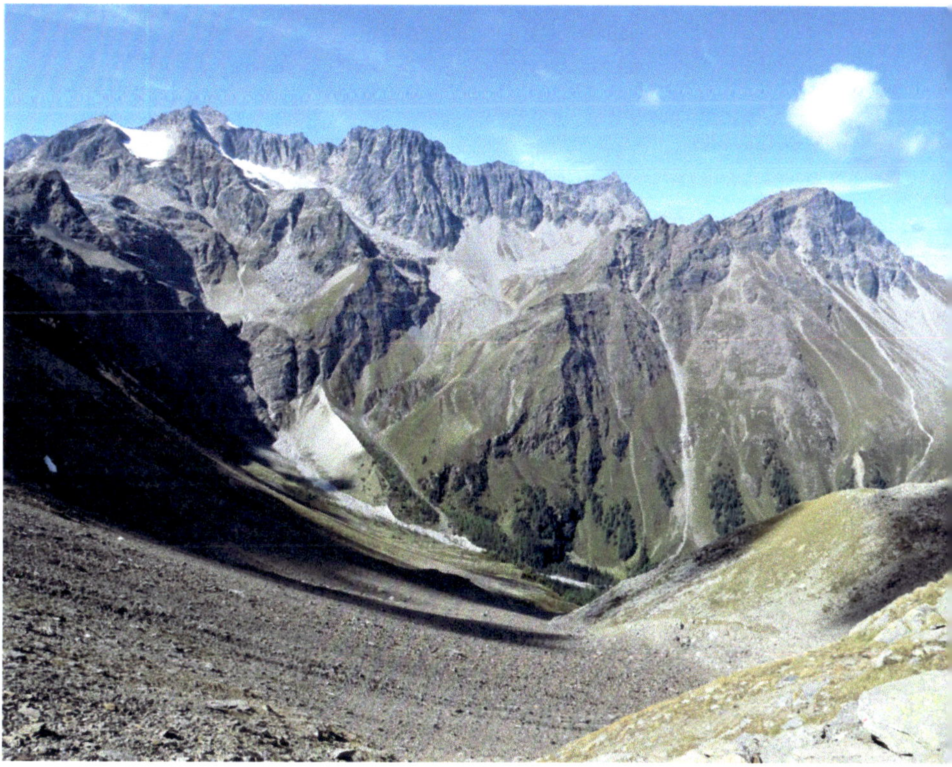

Unterwegs zur Orgelspitze:
Blick ins Laaser Tal (links Großer Angelus, Mitte Hochofenwand und Schafberg-spitze, rechts Taitschroi)

Heidelbeer-Feuer

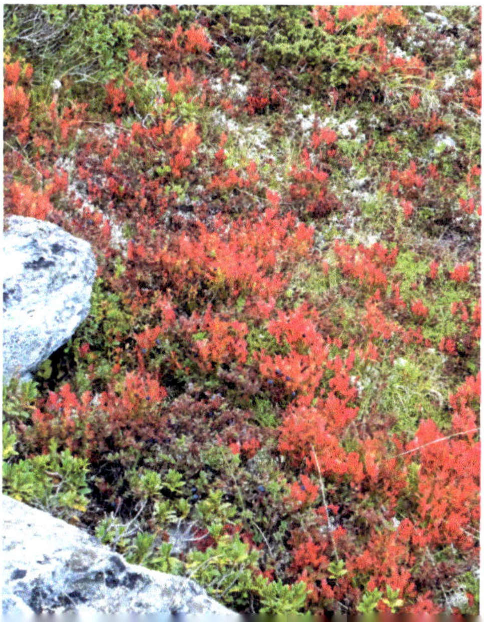

tend ist: Besonnenheit. Langsam machen, jede Bewegung vorher durchdenken und austesten.

Parallel war da noch die Sorge: Sollte ich es überhaupt bis hinauf schaffen, wo genau komme ich eigentlich heraus? Wäre es dann so hinuntergegangen wie hinauf – null Chance. Dann hätte wirklich der Hubschrauber anrücken müssen.

Letztlich erreichte ich ungeplant einen neuen Gipfel – die Rotwand. Und die Orgelspitze – daaa drüben! Doch gab es einen relativ grobfelsigsicheren Abstieg. Und das restliche Hinüber war dann ein Kinderspiel.

Das Wort „Scheitern" ist bisher noch nicht gefallen. Und es gibt viele Meinungen und Theorien dazu. Scheitern ist, etwas Geplantes nicht durchführen zu können oder abbrechen zu müssen, aufgrund von Widrigkeiten wie Wettersturz, Eis, Schnee, Sturm und Blitz, höherer Gewalt wie Lawinen, Muren, Felssturz, Steinschlag etc. Oder weil der eigene Körper nicht mitmacht, man sich verletzt hat oder mit einer Gegebenheit konfrontiert ist, die im Moment nicht zu bewältigen ist – es gibt viele Möglichkeiten.

Demnach bin auch ich schon gescheitert, als ich damals völlig unvorbereitet am Roteck vor dem Klettersteig stand. Und umkehren musste. Oder als ich letztes Jahr, unterwegs zur Litzer Spitze, schon Zeit verloren hatte durch eine neugierige Wegerkundung und einen schwierigen Anstieg. Es war schon verhältnismäßig spät, Nebel zogen auf, es hätte nur noch einer kleinen, etwas heiklen Kletterei bis zum 30 Höhenmeter entfernten Gipfel bedurft. Doch kehrte ich um, damit genug Zeit blieb für einen äußerst achtsamen Abstieg.

Es ist nie ein wirklich gutes Gefühl, das Geplante nicht zu Ende zu bringen. Manchmal funkt auch der Verstand vorschnell dazwischen, der ewige Bedenkenträger, obwohl die Intuition sagt: Es geht sich schon noch aus! Und sie hatte recht. Das wurmt. Aber gut, dann gibt es eben ein nächstes Mal!

Ein – oft nur vermeintliches – Scheitern im Leben ist eine ganz andere Sache. Oder am Leben zu scheitern. Irgendwie nicht so richtig einen Platz für sich in der Welt zu finden, seine Fähigkeiten nicht einbringen zu können, nicht die Art Erfolg oder Anerkennung zu haben, die man sich wünschen würde. Vielleicht ist dabei auch oft der eigene Fokus etwas zu eng gestellt, sind die Erwartungen zu hoch und es wird übersehen, in wie vielen Bereichen man gut ist, etwas zu geben hat oder was bereits an Positivem gesät wurde.

Kurz zurück zu Gefahren und Risiken. Höchst ungehalten reagiere ich auf sorgenvolle Aussagen zu meinem Tun oder negativ formulierte „Wünsche“. Diese kriechen in irgendeine Hirnwindung und schwären dort vor sich hin, entwickeln sich zu einer selbsterfüllenden Prophezeiung. Also bitte niemals so etwas mit auf den Weg geben! Ermutigung und Ansporn sind hingegen immer willkommen. Ich glaube nicht, mit dieser Ansicht allein zu sein. Halbwegs in ihrem Metier erfahrene Bergsteiger wissen, worauf sie sich einlassen, das ist mehr als ausreichend.

Kleinere Blessuren gibt es natürlich hie und da: zu harscher Kontakt mit dem Fels, ein derart tief aufgeschlagenes Schienbein, dass die Wunde monatelang nicht heilt, eine gebrochene Nase, ein angebrochener Arm (frühmorgens vor Tourstart auf dem eisglatten Dorfweg zur Bahn), ein auf Fels geprelltes Daumengelenk. Der Supergau war ein ausgehebelter Knöchel mit Bänderriss, mit dem ich – bevor monatelang nichts mehr ging – noch tausend Höhenmeter zur Seilbahn absteigen, zur Bahn und nach Hause laufen musste. Einmal und nie wieder.

Ansonsten gilt „Das Können ist des Dürfens Maß“ – das Können, die Fähigkeiten geben also vor, was man sich zutrauen kann, wo das persönliche Limit ist. Es ist klug, dieses Zitat zu beherzigen. Das übrigens nicht von Paul Preuss stammt, sondern von Ludwig Purtscheller.

2013 spielte ich in einem Artikel mal den …

ADVOCATUS DIABOLI IN SACHEN „VERANTWORTUNG DER ABENTEURER“

Immer wieder, vor allem nach einem neuen Unglück, flammt die hitzige Frage nach der Verantwortung der Abenteurer auf. Genug Gründe werden dann genannt, warum das Tun zu verurteilen und somit verwerflich sei. Die hohen Ideale von Familie, Verantwortung, Moral, Erhalt von Arbeitskraft und ökonomischem Nutzen, Altruismus – hauptsächlich geformt von Kirche, Religion, Staat und Wirtschaft. In die relativ leere, andere Waagschale dieser Diskussionen möchte ich einige zum Überdenken anregende Aspekte werfen.

Die Frage der Verantwortung gegenüber Frau bzw. Mann, Kind, Familie stellt sich jeder/m Abenteurer/in recht bald. Teils mag sie ein natürlicher Instinkt sein: sorgen für die eigene Sippe, das Sicherstellen ihres Überlebens, Versorgung mit Nahrung und Auskommen. Teils ist damit wohl auch häufig eine Art „schlechtes Gewissen", ein innerer Konflikt verbunden. Weil man in seinen Handlungen nicht den heute gesellschaftlich erwarteten Normen – daheimbleiben, Gefahren vermeiden, verfügbar sein – entspricht. Vielen besonders leidenschaftlich (auch vom Beruf!) Infizierten stellt sich aber die tatsächliche Verantwortungs-Frage – außer die zum Erhalt des eigenen Lebens und der Notfall-Hilfe für die Gefährten, so weit vertretbar – vermutlich gar nicht, denn für sie selbst ist das Handeln ja ganz naturgemäß, damit notwendig und unausweichlich richtig.

Die Frage der Verantwortung ist so komplex und lässt sich sicher nicht eingleisig oder allgemeingültig beantworten. Gab es nicht immer schon die Entdecker, Eroberer, Pioniere und Geschäftsmänner, die in die Welt hinauszogen, egal ob mit oder ohne Familie zu Hause? In den meisten Fällen mit Frau und Familie. Selbst wenn, dann war das eben so und wurde hingenommen, akzeptiert, man lebte eben damit. Das Geschäft, die Expansion, die Arbeit, die Eroberung – sie gingen vor. In einer gleichwertigen, gesunden Partnerschaft schätzten viele Frauen wahrscheinlich auch gerade ein solches Arrangement, die Freiheit und gewisse Eigenständigkeit, die, bei wirtschaftlicher Absicherung, damit einhergingen. Die anderen mussten sich einfach damit abfinden und waren auf sich allein gestellt. Das ist heute nicht viel anders.

Die Frauen! So fern und gerade dann erst besonders nah … In Literatur und Film verlieren die abenteuernden Burschen – und es gab/gibt auch nicht wenige Mädels – meist nicht viele Worte darüber und doch merkt man ihnen an, wie es sie beschäftigt. Verbunden, trotz der großen Entfernung und unterschiedlichen Lebensentwürfe. Gerade dann rücken Eigenverantwortung, Seelenstärke und Selbstliebe der Partner vermehrt ins Blickfeld. Auch des Partners, der sich mit einem risikofreudigen, freigeistigen Abenteurer einlässt. Dazu kommt die Bereitschaft beider, sich selbst treu zu bleiben und die Konsequenzen jeder Entscheidung – ob nun für oder gegen ein solches Leben – zu tragen, ohne dem anderen dafür eine Schuld zuzuweisen, die er nicht hat. Und: Entspricht ein eher „eigensinniges" Leben der ursprünglichen Menschennatur, so wie sie gedacht war, nicht viel mehr als die menschengemachte Zwangskultivierung/-beschneidung, die gesellschaftliches Placet findet?

Und wie steht es um die Heerscharen gestriger und heutiger Väter, die – beruflich bedingt oder auf der Flucht – de facto auch kaum oder nicht, zumindest emotional nicht, für ihre Familien da sind? Wie ist es denn hier – bei dieser modernen Form der Abenteurer – um die Verantwortung bestellt? Gut, solange die wirtschaftliche Versorgung der Zurückgelassenen gesichert ist – akzeptiert! Genau wie früher ...

Dreht es sich bei dieser spezifischen Frage der Verantwortlichkeit letztlich vielleicht doch mehr um den wirtschaftlichen Aspekt der Existenzsicherung? Um den konkreten Fall, dass Frau und Kinder ohne Versorger zurückbleiben? Was in der Praxis zunächst meist wirklich das akuteste Problem war und ist, trotz der vielen Veränderungen in Sachen Emanzipation und Gleichstellung.

Ganz klar wäre deshalb immer eine Art „Extremsportler-Fonds" zu befürworten, um bei Bedarf und im Notfall betroffene Familien zu unterstützen, denn die wirtschaftliche Absicherung macht, wie aufgezeigt, den größten Teil der Verantwortung aus (Anmerkung: Der Alpenverein Südtirol gründete erst 2019 den „Seilschaftsfonds"). Man hätte diesem Vorschlag, bereits vor Jahrzehnten von Reinhold Messner eingebracht, Gehör schenken sollen. Ein solcher Fonds ist im Grunde längst überfällig, auch wenn der statistische Risikofaktor Extremsportarten versus „normales" Leben – in dem der Reichtum an Möglichkeiten umzukommen oft weit größer scheint – wohl noch nicht exakt ermittelt wurde.

Ein weiterer Aspekt in der Beurteilung zum Thema Verantwortung scheint auch der Umgang mit Risiko und Tod in unserer heutigen Gesellschaft. Früher gehörten Risiken viel selbstverständlicher zum Leben, überhaupt war das Leben unserer Vorgänger viel ungewisser, unwägbarer und die Leute vielleicht (wage)mutiger, abgehärteter, schicksalsresistenter und mit ihrem Glauben in einen größeren Zusammenhang eingebunden. Auch der Tod in all seinen Facetten hatte darin Platz und gehörte natürlich zum Leben, bereicherte, kontrastierte es auf gewisse Weise. Heute soll alles abgesichert, hygienisch rein, versichert, generell möglichst risikofrei und angenehm sein, und über ein Ende denkt man angestrengt nicht nach. Und wird doch auf anderen Wegen wie Zivilisationskrankheiten etc. dazu wieder vermehrt gezwungen.

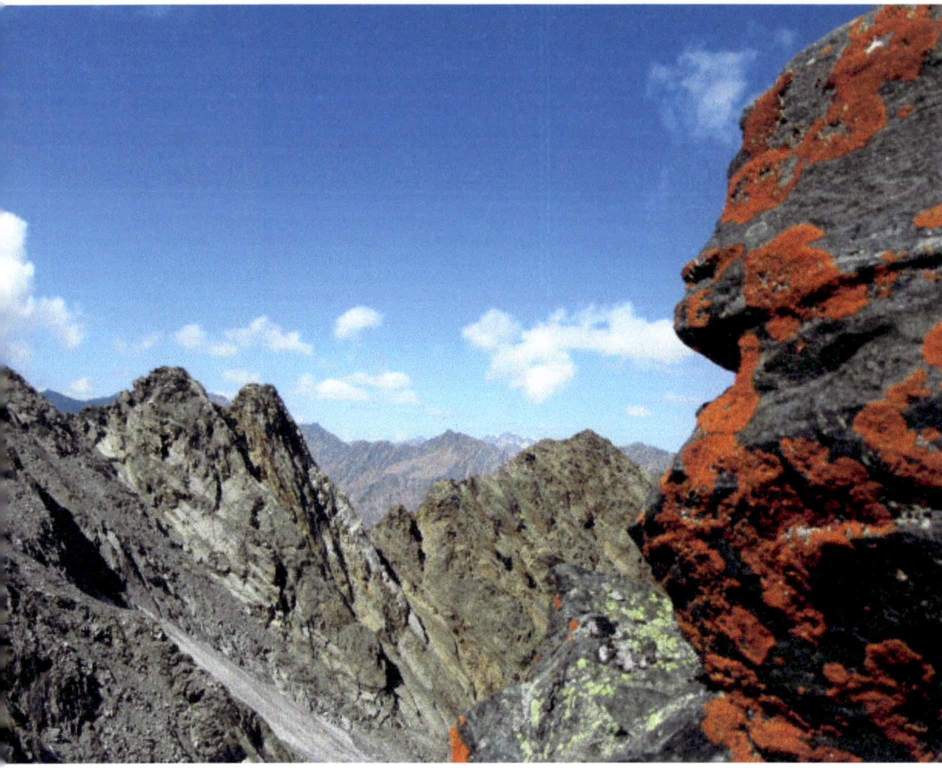

Kurz vor dem Roteck, Blick Richtung Schnals/Pfelders

Orgelspitze

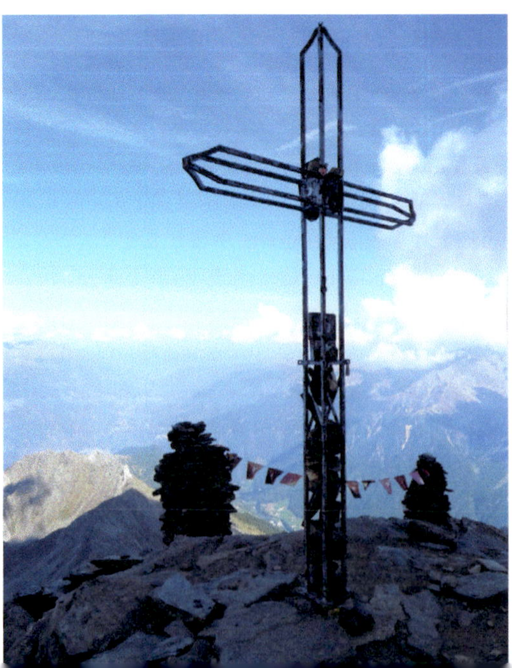

Übrigens: Die leise Sorge um einen lieben Menschen, der in die Welt zieht, sollte diesen nicht bedrücken, im Gegenteil wäre Ermutigung gefragt zur Erfüllung seiner individuellen Lebensinhalte. Nicht ihn ausbremsen oder internieren, damit die eigenen Pläne gewahrt und Erwartungen erfüllt werden. Oft steckt ein Partner voller Illusionen wie der zentralen: dass der andere Mensch, obwohl man ihn so, mit seinen Leidenschaften und Bestimmungen, ja bereits gut kennt, sich in diesem oder jenem Wesenspunkt vielleicht doch noch ändern würde oder ließe. Obwohl dies gänzlich seiner Natur zuwiderliefe. Vor allem werden, aus eigenen Defiziten oder unverwirklichtem Leben heraus, oft ganz unrealistische Erwartungen an den anderen gepflegt. Die aber nur durch Selbsterkenntnis/-erfüllung geheilt werden können. Diese emotionalen Löcher zu stopfen, ist eben nicht die Aufgabe des Partners, auch wenn es üblicherweise so gehandhabt wird.

Verantwortung für Entscheidungen, Sein, Handeln und dessen Konsequenzen trägt also jede/r Einzelne selbst, und wird mit offenen Karten gespielt, erübrigt sich auch die Frage nach Schuld oder Opfer.

auf der jagd

nach dem tod
ziehen die schatten
des lebens vorüber
ungefühlt
ungekostet
erst die liebe
zur ewigkeit
das wissen
um den zauber
wahrer macht
führen jenseits
des sündenfalls
der angst
in die freiheit

der tod

hat an die tür geklopft
zum verzweifeln furchterregend
wenn man das
sichvertrautmachen
versäumt
ehrfurchtgebietend brüderlich
wenn die liebe ihn
sanft umströmen darf
um das leben
sich selbst erkennen zu lassen
hinter seinen augen

Zurück in die Berge – Der Berg heilt

ARTIKEL VOM APRIL 2021

Spät aber doch ergatterte ich vor einiger Zeit (vor der Neuauflage 2021) noch ein Exemplar *Zurück in die Berge*. Unter diesem Titel veröffentlichte Reinhold Messner vor über 50 Jahren seine Gedanken rund um die Begegnung von Mensch und Berg, Nutzungsmöglichkeiten und –grenzen, Sinngebung, um natürliche Erfahrungsräume, ökonomische und soziale Werte – und weit darüber hinausreichende.

Vor allem aber enthält das Buch eine für mich ganz unvermutete Überraschung – eine im Grunde geradezu bahnbrechende, ebenso revolutionäre wie visionäre Idee: die Verknüpfung von Gesundheitspflege/-prävention incl. Ernährung mit dem „Gesundheitsraum Berg“. Gerade heute könnte sie ganzheitlich orientierten Ärzten, unserem Krankensystem sowie allen Berg-, Bergwander- und Wanderführern eine neue Richtung, ja ganz neue Betätigungsfelder eröffnen.

Auch aus persönlichem Erfahren kann ich guten Gewissens beipflichten: Der Berg heilt! Er klärt, stabilisiert physisch, psychisch und emotional, stärkt das Selbstvertrauen und die eigene Verortung in der Welt, fördert Kreativität, Sensibilität, Unterscheidungsvermögen, Selbstausdruck, Bescheidenheit und Wertschätzung, öffnet fürs Leise, Schöne, für Inspirationen, lehrt wieder Staunen und Einfachheit. Ob Lebens-/Sinnfragen, Beziehungskummer, Verlusterfahrungen, Müdigkeit, Selbstverlorenheit: Die Bewegung im offenen Raum, eingebunden in konkretes und gefühltes Dasein, trägt zu Neuausrichtung, tiefer Erholung und ganzheitlicher Gesundung bei.

Körperlich gefordert wird entgiftet und gereinigt, trainiert und vitalisiert, Spann- und Widerstandskraft erhöht, Lungen, Atmung, Muskeln, der ganze Bewegungsapparat gekräftigt und „geölt“, die Ausdauer und Konzentrationsfähigkeit gesteigert, einige Fähigkeiten des Jägers und Nomaden finden wieder Anwendungsraum, eine ganz neue Art der Zufriedenheit und Erfüllung mag sich entwickeln. Auch kann die „Kur am Berg“ helfen, emotional und körperlich schädliche Süchte zu entlarven und zu überwinden, sich selbst besser kennenzulernen und sich von übernommenen Denkmustern zu befreien.

Selbstverständlich gehören zu ganzheitlicher Gesundung essenziell auch andere Faktoren, vor allem eine gesunde, basische, an Gemüse und Grünpflanzen orientierte Ernährung. Was sich allein schon positiv auf Vitalität und Gemüt auswirkt, körperchemische und emotionale Spannungen minimiert, Zivilisationskrankheiten verhindern hilft.

Der Mensch ist eben nicht für das moderne Massenleben, für Käfighaltung und Fabrikarbeiterdasein geschaffen. Man möge mir verzeihen, doch unsere Gesellschaft hat ein System erschaffen, das wenige nährt und viele benutzt, ausbeutet, ihnen wider Willen Lebenszeit und -qualität stiehlt. Die Gefangenschaft in dieser Mühle scheint unausweichlich – bis immer mehr Menschen aufwachen werden und ein wieder selbstbestimmtes Leben, ihr Geburtsrecht, einfordern. Wie auch immer sich das Gesamtsystem in Wirtschaft und Logistik dann dereinst umstrukturieren wird: Nach uns Kommende, die sich schon heute immer weniger für die Interessen anderer einspannen lassen wollen, werden eine Lösung finden. Vielleicht ist das Ziel im Anfang verborgen.

Jedenfalls zahlen wir einen hohen Preis für die heutige, kaum menschengerechte Haltung: Explosion der physischen, psychischen und emotionalen/sozialen Krankheiten. Durch geistige und gesellschaftliche Enge, entsprechende Spannungen, Druck, Routinen, bequeme naturferne Ernährung, viel zu wenig Bewegung in frischer Luft und Stille, zu wenig reinigendes Alleinsein in der Natur.

Daher: Ja, der Berg heilt!

Gehen hat eine zentrale Bedeutung für unser Mensch-Sein seit Anbeginn – es hilft, Raum und Zeit, Innen und Außen zu ermessen – und darüber hinauszugehen. Gehen, bis der Kopf wieder frei ist und offen für die innere Stimme und Führung, für frische Ideen. Gehen und auf körperliche Rückmeldungen lauschen. Sich den inneren und äußeren Rhythmen wieder anvertrauen, aufs Leben vertrauen. Achtsamkeit und Empfindsamkeit wiederfinden, Mut, Selbstvertrauen und das Wissen um die eigenen Fähigkeiten stärken. Auf-Gehen in etwas Größerem, sich verbinden mit der Urkraft

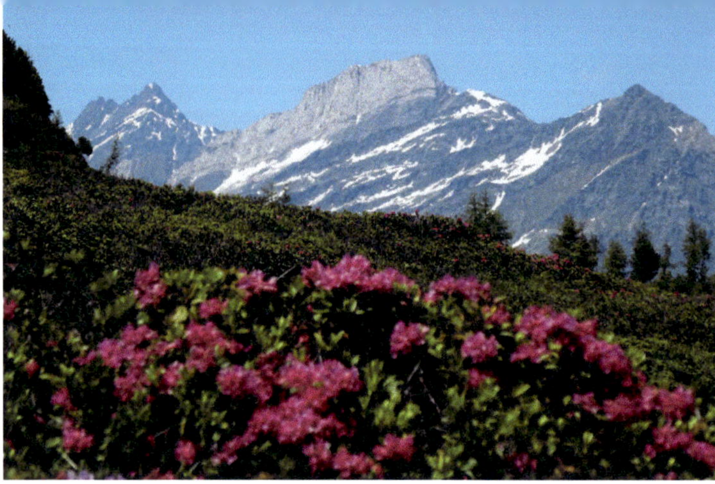

Lodner vom almrauschübersäten Rauhen Bühel aus

von Erde und Himmel, das sinnliche Erfahren der Elemente, Geräusche. Sich von Frieden und Stille erfüllen lassen. Und die wunderbare Kraft genießen, die einem von überall her zufließt, auch aus der Begegnung mit unseren kleinen Geschwistern, den Pflanzen und Tieren.

Der Gedanke also, all diese positiven Aspekte und Möglichkeiten ganz konkret, im Sinne kleiner, individuell ausgearbeiteter „Genesungs-Trainingseinheiten“ den Gesundungsbedürftigen – fachlich kompetent begleitet und in Absprache zwischen Arzt/Gesundheitstrainer und Bergkundigem – anzubieten ... genial! Natürlich nur unter sanfter, achtsamer Nutzung der erschlossenen und unerschlossen bleibenden Bergräume.

All das bereits 1970 formuliert! Wo könnten wir heute stehen, wenn dieses Neue damals schon Umsetzung gefunden hätte ... noch ist es nicht ganz zu spät.

Vereine und Gesundheitswesen brauchen und suchen Neuorientierung. Zudem war es in Südtirol jahrelang nicht wirklich gelungen, eine klare und konstante Bergwander-/Wanderführerausbildung im Dienstleistungsbereich auf die Beine zu stellen. Mit dem neuen Gesundheitsaspekt könnte man länderübergreifend Pionierarbeit leisten und langfristig Vorbildwirkung erzielen. Viel wäre zu bewegen und konkret für das Wohl der Menschen zu erreichen, dabei soziale Spannungsfelder und Krankensysteme zu entlasten, vielleicht sogar die Gesellschaft positiv zu verändern, würden sich Ärzte, AVS/Vereine, Wanderführer zusammensetzen.

Der Weg zur Erneuerung und in eine sinnerfüllte Zukunft ist gewiesen, nun sind Tat und Umsetzung gefragt ...

Vermüllte Seelen – eine Streitschrift

... UND EIN DAUERBRENNER-ARTIKEL

In dieser Betrachtung – eigentlich einem Aufruf! – dreht es sich um einen Dauerbrenner, der mich selbst sehr bewegt: Müll in freier, der Erholung und Erquickung dienender Natur, am Berg – und nicht nur dort. Ganz gewiss ist dies kein Thema, das man gern – mit der Gleichmäßigkeit tibetischer Gebetsmühlendrehungen wiederholt – immer und immer wieder aufgetischt bekommt. Doch leider scheint der Mensch in wesentlichsten Bereichen nur mäßig lernfähig. Vor allem in den eigentlich selbstverständlichsten Dingen: z. B. „Tu niemandem – weder Mensch, Tier noch Erde – etwas an, das du nicht selbst an dir und in deiner direkten Umgebung erfahren willst ...". Das betrifft Leib, Leben, Eigentum, physische und psychische Unversehrtheit, friedfertiges und freundliches Miteinander, ein menschengerechtes, der Entwicklung und dem Wohlbefinden dienliches System und noch viel mehr. Doch allerorten ist man offenbar stets bemüht, kurzsichtig und zugunsten endlichen Profits, die – letztlich auch eigenen – Lebensgrundlagen aufs Spiel zu setzen. Sodass der Allgemeinheit mehr und mehr „die Felle wegschwimmen". Und bemühte Gegenkräfte tun sich weiterhin reichlich schwer, durchsetzungsfähigen Wind in ihre Segel zu bekommen ...

Zur menschengemäßen, Wohlbefinden und Gesundheit fördernden „artgerechten Haltung" gehört ganz sicher auch das Draußen- und Mit-der-Natur-Sein, solange dies noch genießbar ist. Wer möchte also ernsthaft im erhofft erholsamen Draußensein überall die Hinterlassenschaften seiner „Zivilisation" sehen, vorfinden, riechen müssen? Ist es „Mensch" wirklich egal, wenn er im für Auge und Körper erfreulichen Freiraum all diese „Dekorationsobjekte" vorfindet? Die großteils auch noch wirklich eklig, überflüssig, immer jedoch gänzlich fehl am Platz sind?

Fällt jemandem einmal versehentlich etwas aus der Tasche – gut, kann passieren. Doch die Regelmäßigkeit, Masse oder auch Singularität der Objekte lässt pfeilgrad den Schluss zu, dass es sich keineswegs vorrangig um ein Versehen handelt, sondern um absichtliches, „mutwilliges", wiederholtes oder gewohnheitsmäßiges Tun. Das geächtet ist auf der Tafel der Zehn Gebote, durch gesunden Hausverstand, ethisch, moralisch, ökologisch und vor allem durch die Verankerung in gutem Benimm. Ok, nachdem daran offenbar Mangel herrscht, boomen derzeit ja auch wieder „Knigge"-Kurse und beginnen dabei mit einfachsten Kindererziehungsmaßnahmen. Wie traurig …

Was ist mit „Regelmäßigkeit" gemeint? Bonbonpapierl, Wasserflaschen und Riegelhüllen der gleichen Sorte in schöner Regelmäßigkeit über den Wegrand gezuckert, sodass der dort Gewanderte wie auf einer Schnitzeljagd verfolgbar wäre. Regelmäßig liegen natürlich auch herum:

Taschentücher: Diese kann man tatsächlich auch wieder in die Tasche stecken, erneut beschneuzen und wenn nicht, in einen mitgenommenen „Müllbeutel" im Rucksack entsorgen. Oder, wie schon einmal erwähnt, für „Klein" ein über den Tag hinweg wiederzuverwendendes Taschentuch, das eingesteckt wird. Für andere, wirklich unvermeidliche Geschäfte ein leicht zersetzbares, dünnes Recyclingpapier, Moos oder Blätter verwenden und alles gut eingraben/abdecken.

Zigarettenstummel, die von Mutter Erde ewig nicht „verdaut" werden und auch im Magen anderer Erdbewohner landen könnten, darüber hinaus das Wasser verseuchen. Gut, Rauchen am Berg, bei freier Bewegung, ist generell wieder ein anderes Thema.

In (nicht nur) tieferen Lagen die lästigen Hundekotbeutel, die auch gern dekorativ in Bäume/Büsche gehängt, am Weg liegen gelassen oder in Trockenmauern gestopft werden.

Die bisher genannten „Objekte" fallen ebenso in die Kategorie „Masse". Unter „Singularität" sind weitaus spannendere Artikel zu finden: Socken, Schuhe, Shirts, Sporthosen, Kopftücher, Handschuhe, Stirnbänder und -lampen, Solar-Taschenlampen, Trinkflaschen (weil der Saugstutzen abgebrochen ist), Bierflaschen, Dosen, Montageanleitungen (Radlzubehör), Reste von Flickzeug, Cellophan und Plastikhüllen … Der Phantasie sind wirklich keine Grenzen gesetzt.

Es wurde sogar ein Begriff für das Phänomen geprägt: „Alpen Littering". Littering ist der Fachbegriff für achtlose Müllentsorgung, ursprünglich bezogen auf menschliches Verhalten in Siedlungsgebieten. Das aber längst und zunehmend in den Naturraum expandierte. Sodass man sich genötigt sah, zum „Alpen Littering“ ein Projekt zu initiieren, dessen Ergebnisse dem *Handbuch für Saubere Berge* zu entnehmen sind (Alpenverein Österreich, Rubrik Natur & Umwelt, www.alpenverein.at).

Wirklich, ich frage mich immer: Sind die Leut‘ einfach so faultierfaul oder von ihrem Müll selbst so angeekelt, dass sie es nicht fertigbringen, den Mist einzustecken und sorgfältig bei sich zu behalten? Haben sie in ihrer Wohnung den gleichen ... Verhaltenskodex? Werfen sie dort auch alles einfach auf den Teppich und warten, dass der/die Liebste/Nächste vielleicht alles wieder aufsammelt? Gut, dort können sie ja machen, was sie wollen, nicht? Hier aber befinden sie sich in öffentlichem Raum, teilen ihn mit anderen Lebewesen. Da versagt dann wohl der sonst so vielgepriesene Altruismus, ebenso das soziale oder ökologische Gewissen. Erwarten sie auf fragilen Pfaden und Waldwegen die Kehrmaschinen städtischer Verwaltung? Oder was glauben sie, wie das Zeug sonst wieder aus diesem empfindlichen Lebensraum verschwinden soll? Von Zauberhand wohl ...

Unachtsamkeit und Gedankenlosigkeit werden oft sanft verteidigend ins Feld geführt. Aber bitteschön: Unachtsamkeit hängt zwingend am Denken. Ist Denken nicht mehr möglich, herrscht im Hirn Gedankenlosigkeit = Leere. Ist also das marginale Anhängsel „sapiens“ schon längst Geschichte, zumutbare Gehirnfunktion und jegliches Verantwortungsgefühl abgeschafft?

Seit 1970 gab es bereits unzählige Sensibilisierungs-Aktionen seitens der Bergsteigerorganisationen (DAV, AVS ...), der Grünen und sonstiger ökologisch engagierter Verbände. Immer wieder. Hartnäckig. Doch kommen die Appelle nicht wirklich an, werden verdrängt, die Inhalte auf „die anderen“ – je nach Standpunkt: Einheimische, Touristen – geschoben ... Daher, hier und heute: **schon wieder!**

Wie oft wünsche ich mir die Zeiten zurück, als Natur, Umwelt und alles sonst für den Menschen lebendig und beseelt war – ja selbst der Fels, der Boden unter den Füßen! Als man die Umgebung und alles Geschaffene wie einen Teil des eigenen Körpers empfand, das eigene Sein direkt damit verbunden. Man verehrte, behütete es, begegnete ihm zurückhaltend, mit

Achtsamkeit und Respekt. In welchem Zustand wäre heute unsere Welt, wenn wir es geschafft hätten, uns diese Unschuld und Achtung zu bewahren?! Wir hatten die Macht, etwas Gutes und Nachhaltiges zu schaffen, in dem alle gemeinsam gut leben können, doch was haben wir getan?! Die Heiligkeit der Natur ist seit Jahrhunderten passé, womit wir uns buchstäblich selbst das Wasser abgraben.

Nun, Müll ist ein allgemeines Problem und eher mehr als weniger augenfällig und präsent. Im Alltag, auf den Straßen, in Haus, Wiese und Wald. Es gibt keinen Ort, der davon unbefleckt bliebe, auch vor Denkmälern, historisch oder emotional Wertvollem wird nicht haltgemacht. Doch unser aller kurzfristiges, einziges Zuhause, von dem wir in jeder Hinsicht abhängen: Nahrung, Luft, Wasser, auch als Nahrung für Auge (Grün, Tiere), Ohr (Stille) und Seele (statt sie zuzumüllen, sie befreien und berühren lassen von dem Großartigen, in das wir eingebettet sind), wird am meisten und rücksichtslosesten traktiert. Es fehlt an Respekt und Verbundenheit. Die Natur, der Berg – sie sind kein Vergnügungspark in der Großstadt, und selbst dort gehört kein Müll auf den Platz!

Für Natur-, Wander- und Bergfreunde gilt also wieder einmal und ohne Ausnahme: Was raufgetragen oder sonstwie benutzt wurde, wird auch bitteschön wieder mit nach Hause genommen! Wer sich mit seinen sportlichen Taten, seiner Kraft, Fitness und Ausdauer rühmt, es jedoch nicht schafft, Müll wieder mitzunehmen … wäre wohl am Schreibtisch besser aufgehoben.

Fast jeder hat inzwischen mobiles Internet, kann sich überall umfassend zum Thema informieren: Apfelbutzen notfalls ok, Bananenschalen etc. nein; das grundsätzliche Streben nach Abfallvermeidung; wie lange braucht was, um zu verrotten (der Großteil unseres Plastik-/Metallmülls verrottet ohnehin nicht) etc.

Barbara Reitler vom Österreichischen Alpenverein fasst dazu ein paar Daten kurz wie folgt zusammen:

VERROTTUNGSZEITEN: MÜLL AM BERG

- Kaugummi: 5 Jahre
- Zigarettenstummel: 2 - 7 Jahre (Zigarettenfilter zersetzen sich erst nach 10 bis 15 Jahren. Das große Problem sind die giftigen Inhaltsstoffe in Filterzigaretten. Nach dem Rauchen sind Tabakreste und Filterkörper durchtränkt mit Teer, Nikotin und zahlreichen giftigen Schwelrückständen – in einem Zigarettenstummel sind bis zu 4.000 schädliche Stoffe zu finden. Über Boden und Wasser, Pflanzen und Tiere kommt das Problem durch die Nahrungskette wieder zurück zum Verursacher Mensch. Es gibt übrigens „(T)aschenbecher" zur sachgemäßen Entsorgung)
- Taschentuch: 1 - 5 Jahre
- Bananenschale: 1 - 3 Jahre
- Nylonfasern: 60 Jahre
- Plastiksack: 120 Jahre
- Blechdose: 500 Jahre
- Plastikflasche: 500 - 1.000 Jahre

Selbst Privathüttenbesitzer sind vor der Lust vorüberziehender Wanderer, ihren Müll mit Nachdruck loszuwerden, nicht gefeit: Rund um ihre Hütten, zwischen den Balken, auf Fensterbrettern, in ihrem zwanghaft zweckentfremdeten Eigentum (Milch- oder Putzeimer) oder den noch leeren Balkonkästen, in der Holzlege oder vor ihren Türen findet sich ein Sammelsurium, das dort nicht hingehört.

Ach, es wäre so schön, einfach freudig und genussvoll, mit Wonne und unbehelligtem Blick in der grandiosen Umgebung unterwegs sein zu können, ohne ständig von Herumliegendem aufgestört zu werden. Doch kann ich eben nicht einfach vorbeigehen, sondern mühe und überwinde mich, das unliebsame Problem zu lösen bzw. es zu „fischen", einzutüten und später zu entsorgen. Am besten wäre es natürlich, es gäbe gar nichts „Artfremdes" mehr aufzusammeln ...

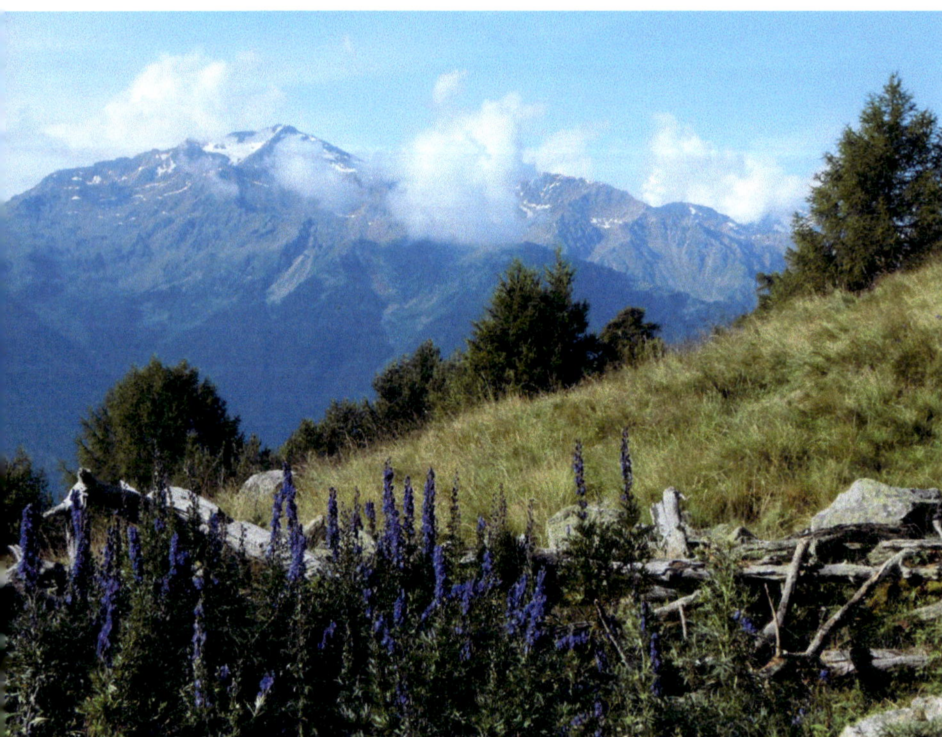

Hasenohr von der Trumsalm aus

Klimawandel

KLIMAWANDEL UND BERGAKTIVITÄTEN – VERLIEREN WIR DEN BODEN UNTER DEN FÜSSEN?

Claude Lorius, gern als Vater und Pionier der Klimaforschung zitiert, startete seine Forschungen bereits Mitte der 1950er-Jahre – bis zu seinem Erkenntnis-Durchbruch 30 Jahre später. Klar bewies er, dass der CO2-Anstieg der vergangenen 200 Jahre definitiv dem Menschen anzulasten ist. Die wichtigsten Fakten über die heraufziehende Katastrophe liegen also längst vor – doch es passiert nichts. Den Alpen bescherten die letzten 120 Jahre eine Erwärmung von 2 Grad, in den nächsten 40 Jahren erwartet man noch mal so viel.

Gier und Bequemlichkeit des Menschen sowie extrem fatale, wirtschaftlich-monetäre Interessen verhindern nachhaltig überlebensnotwendige Rettungsmaßnahmen. An ein Morgen denkt niemand, schon gar nicht an all das zunächst unerfreulich Einschränkende, das mit einer Kehrtwende einherginge. Komfort und Gewohntes, von dem man ungern lassen möchte, auch Privilegien, haben Vorrang.

Wer sich bis heute noch kein Bild von der Situation verschafft hat, findet eine recht kompetente, kurze und klare Zusammenfassung beispielsweise in den Artikeln von Wolfgang Platter „Ist das Klima noch zu retten?“ (Ausgabe Nr. 19/2019) oder „Klimawandel und Hochgebirge“ (Ausgabe Nr. 16/2019) für das Südtiroler Magazin *Vinschgerwind*.

Was nun unsere Bergwelt betrifft, erfahren wir die Veränderungen als aktiver Natur- und Bergfreund zunehmend und ganz direkt:

Flora und Fauna verändern sich, kälteliebende und hochspezialisierte Pflanzen und Tiere sind gezwungen, immer weiter nach oben auszuweichen – pro Grad etwa 200 Meter –, wer das nicht schafft, muss die Bühne dieser Welt verlassen. Auch viele Insekten, die an Bergquellen heimisch sind, die zunehmend versiegen. Murmeltiere können vielleicht noch ein Weilchen „umziehen“, bald ist die natürliche Grenze erreicht, lassen sich doch so weit oben keine Höhlen mehr graben. Es werden vermehrt Arten,

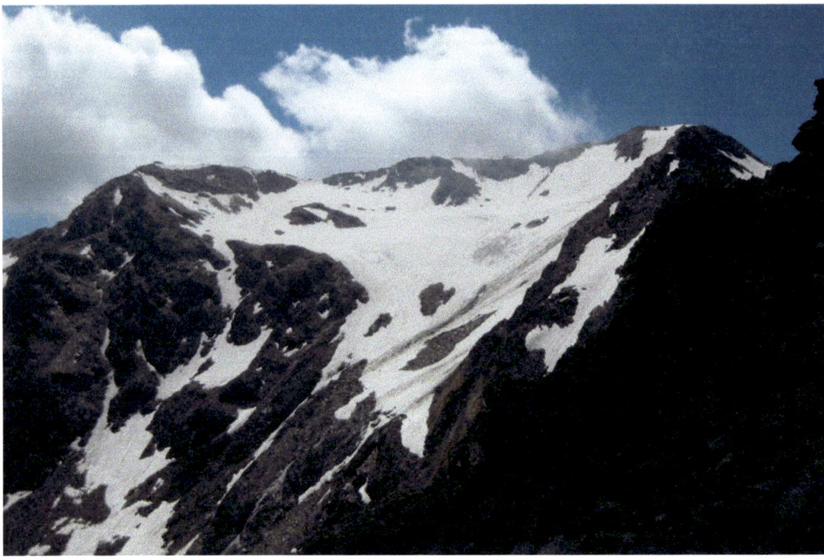

Hasenohr 2013

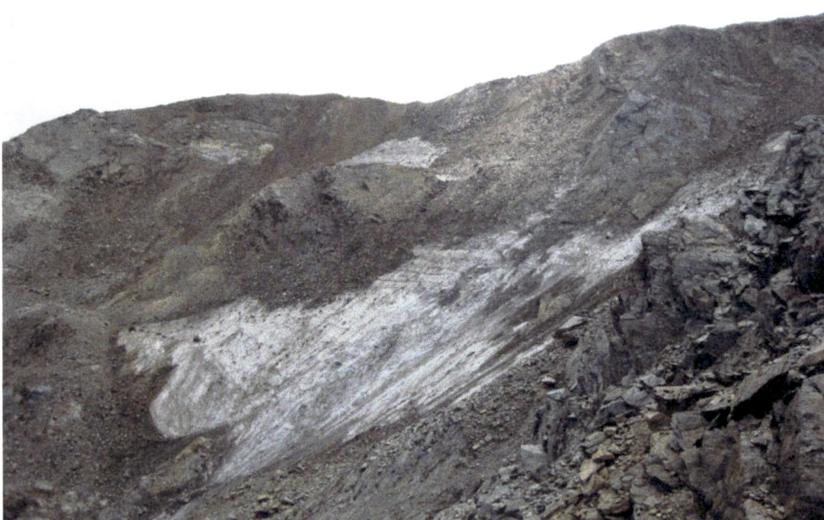

2022

denen es bisher bei uns zu kalt war, einwandern. Und wohl so manches auf den Kopf stellen oder verdrängen.

Wassersensible Bäume haben keine Überlebenschance – Fichte, Weißtanne, Kiefer, Lärche werden schwinden. Wir müssten dringend „umforsten". Umsteigen auf wärmeliebende und trockenheitsverträglichere Arten, die dennoch Nutzwert haben. Vielleicht sollte man dabei auch an Silberlinde, Hemlocktanne, Libanonzeder, Orientbuche denken. Zur Befestigung erosionsgefährdeter Hänge und Brachflächen wäre die heimische Kornelkirsche ideal geeignet – und hat auch noch Nährwert! Unsere wunderbaren Zirben bekommen zunehmend warme Füße, beginnen zu kränkeln. Die Vegetationsphase der Bäume verlängert sich immer mehr, die Winterruhe verkürzt sich oder entfällt, das kostet enorm viel Kraft, schwächt. Dazu kommt noch der Humusverlust für Gebirgswald und Almwiese. So vieles ist im Wandel!

Die Waldgrenze wird in 30 Jahren vielleicht um über 1000 Meter gestiegen sein, nach momentanen Schätzungen. Doch wissen wir nicht, wie sehr sich der laufende Prozess eventuell beschleunigt, hat er einmal einen bestimmten Punkt überschritten.

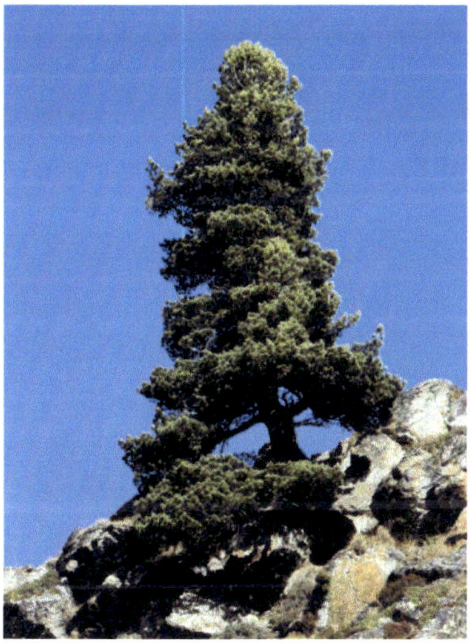

Gesunde Zirbe

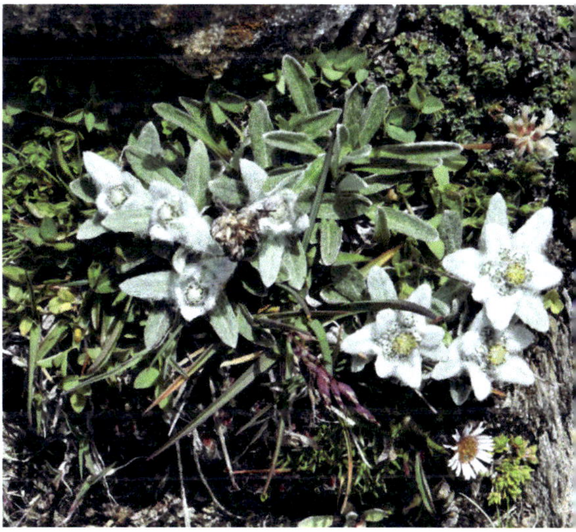

Edelweiß

Dass Permafrost und Gletscher sich verabschieden, weiß inzwischen jeder. Greif- und sichtbar wird das auch an immer stärker bröckelndem Fels, Abbrüchen, Steinschlag, Muren, Erosion. Der Berg rutscht uns buchstäblich unter Füßen und Händen weg! Für jeden, der über 2500 Metern unterwegs ist, ist das schon lange hautnah erfahrbar. Was natürlich für die Täler fatale Auswirkungen hat. Und inzwischen sind auch ganz normale Wander- und Höhenwege zunehmend steinschlaggefährdet und jeder Wanderer muss jederzeit darauf gefasst, ständig aufmerksam und auf der Hut sein! Nur ein Nebeneffekt: Auch die Wegewartung wird zunehmend aufwendiger und zeitintensiver.

Zudem erhöht sich – vor allem bei Hitze und Trockenheit, aber auch nach Regenfällen – immer mehr die Steinschlag- und Geröllawinengefahr. In hochgelegenen und Gletschergebieten schmilzt das Eis im Fels, füllt Hohlräume, der Druck sprengt das Ganze. In der Schweiz wird bereits davor gewarnt, an heißen Tagen die Normalrouten von Eiger, Mönch und Jungfrau zu begehen. Auch sonst sind viele Wege kaum noch begehbar, da Steinschläge im Stakkato donnern. Viel zu riskant, zu gefährlich! Bergführer forderten gar die Sperrung des Matterhorns. Was tun? Auf jeden Fall immer aufmerksam in alle Richtungen lauschen. Wenn irgendwo etwas poltert, sofort orten, abwarten, bis alles wieder ruhig ist oder versuchen, irgendwie Schutz zu finden. Nicht unter in der Felswand stehendem Vieh (oder auch Wildtieren) vorbeigehen: sie erschrecken, flüchten, schon sind Steine losgetreten. Vor allem auch selbst vermeiden, dass sich beim Auftreten Steine lockern oder lösen. Sollten gerade andere Bergsteiger unterhalb unterwegs sein, hat man sonst definitiv ein Problem.

Dann noch kurz zum Gletscherabbruch an der Marmolata: Bei dieser langanhaltenden, enormen Hitzewelle 2022 auf einem durchweichten Gletscher herumsteigen …? Da stellt man sich schon gewisse Fragen.

Bei akuter Gefahr ist jedenfalls zunehmend eine Schließung von Routen zu erwarten. Was direkte Auswirkung auf die Betätigungsfelder und Aktionsradien der Bergsteiger hat.

Dazu zeigt das Wetter sich immer labiler, instabiler, kaum noch einschätzbar. Es häufen sich unvorhergesehene Wetterphänomene, Hitzeereignisse, Stürme, Starkregen und –blitzschlag, Murenabgänge, markierte Wege sind immer häufiger von Gesteinslawinen verschüttet. Mutter Erde hat sicher noch weitere Überraschungen auf Lager, an die wir im Moment noch gar nicht denken. Doch erste Auswirkungen auf Freizeit- und Bergaktivitäten sind also bereits klar erkennbar.

Wir sitzen auf einer Lawine von Ereignissen, rauschen einer neuen Welt, unbekannten Herausforderungen entgegen – in atemberaubendem Tempo, ohne Sicherung.

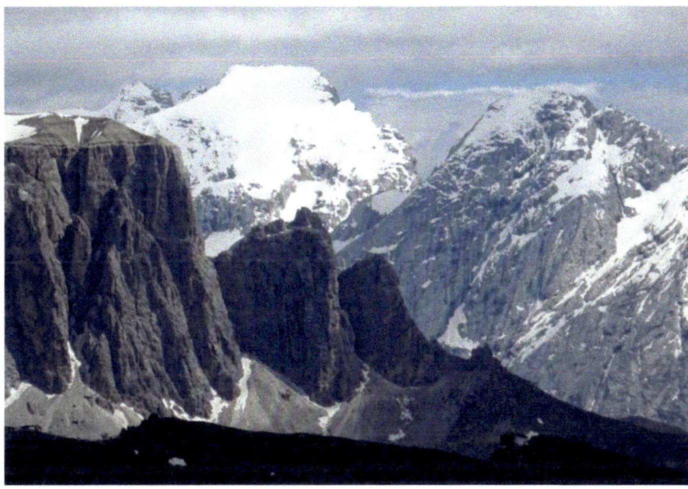

Marmolata / Gran Vernel

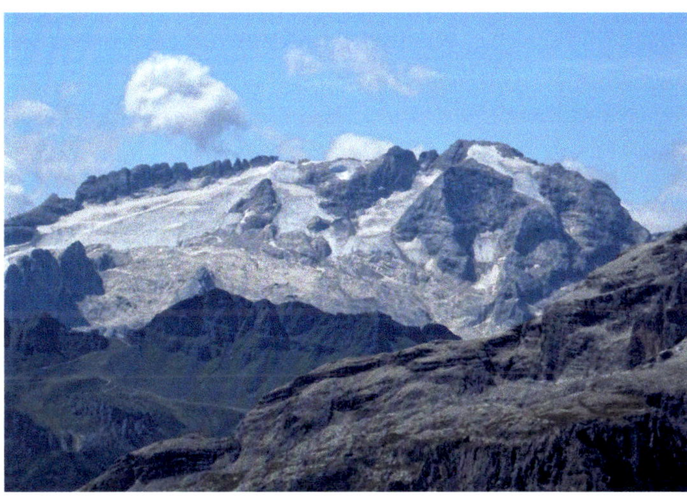

Marmolata

Hüttenleben

Wie eine Wurzelseppin hoch droben am Berg, fern der Welt, in einem kleinen Hütterl leben: das wär's! Zumindest lautet so meine ewige Sehnsucht. Ob das je etwas wird? Ob ich doch schon zu zivilisationsverdorben und bequem bin? Waschmaschine – da gibt es auch kleine handbetriebene. Dusche – ich komme auch gut mit einer Schüssel klar. Stromerzeugung fürs Nötigste sollte via Solar funktionieren. Holz machen – müsste ich eben lernen. Also – versuchen würde ich's gern, sonst bleibt immer diese zweifelige Ungewissheit ...

Die Ursprünge des Ganzen sind aber leicht auszumachen: Schon mein Vater scheint sich in die Hüttenidee verliebt zu haben und war dann in den Hüttenzeiten, so glaube ich, doch tatsächlich ziemlich glücklich.

Denn ja, wir hatten tatsächlich eine Hütte über Kitzbühel ...

Etwa drei Jahre war ich alt, als diese – zusammen mit zwei weiteren Parteien – über die Herbst-/Wintermonate gepachtet wurde. Im Sommer hauste dort der Hirt. Hundert Jahre hatte das Hütterl auf dem Buckel und überschaubar klein war es: Zwei Kammern, die von allen gemeinsam mit Betten und Kästen in Handarbeit ausgestattet wurden, dazu der Wohn-/Küchenraum, der Regale erhielt und zwei große Truhen als Sitzgelegenheit und Stauraum, die Fensterchen wurden mit almerischen Vorhängen geschmückt usw. Natürlich war alles recht mühsam, anstrengend, langwierig. Das Aufziehen im Herbst, das Ausräumen und Dichtmachen im Frühjahr. Stämme anschleppen, sägen, Holz hacken, einschlichten, Wasser holen vom Trog.

Und alles Notwendige musste teils im winzigen, windschief-wackeligen Transportlift (in dem verbotenerweise auch gern mal jemand mitfuhr und dabei nicht nur Nervenkitzel, sondern auch eine Mordsgaudi hatte) hinaufgeschafft oder großteils zu Fuß hochgeschleppt werden: jedes Tragl

Bier, jede Flasche Sirup, das Essen, die Ski, alles. Die Mittelstation der Gipfelbahn lag etwa auf gleicher Höhe eine knappe Stunde entfernt. Auch das Ankommen bei (fast) Nacht und durch tiefsten Schnee gab es oft genug.

Strom fürs Licht musste später erst gelegt werden, das Plumpsklo klebte gute zehn Meter unterhalb der Hütte am Stadel – die Märsche dorthin mitten in der Nacht und die Sitzungen im Winter bei wirbelnd-kristalligem Schneesturm am Allerwertesten ... das bleibt im Gedächtnis hängen 🙂. Fließend Wasser gab es draußen am Brunnen, gekocht wurde am Holzherd. So mancher Naturbursch wusch sich heldenhaft im Freien, ansonsten war das eine Aktion am Herd und im Wanndl stehend oder darübergebeugt.

Die Sylvester- und Faschingsfeiern dort oben sind legendär – eine Ahnung davon ist noch auf die alten Super 8-Filme gebannt, die ich mir immer wieder mal mit großem Vergnügen gönne. Unsere Nachbarn – die Bauersleute, bei denen wir Butter und Milch holen durften, und das Pärchen von der nächsten Hütte – kamen, neben Freunden, die ein wenig „Ursprünglichkeit“ suchten, auch immer gern vorbei. Da ging es dann auf und recht lustig zu. Es war ein ganz anderes Leben.

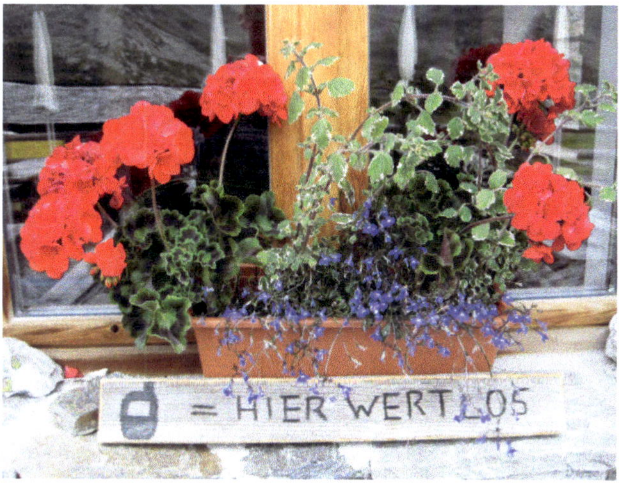

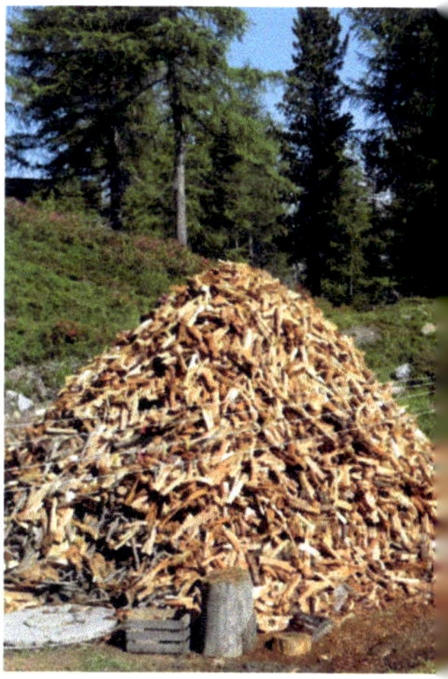

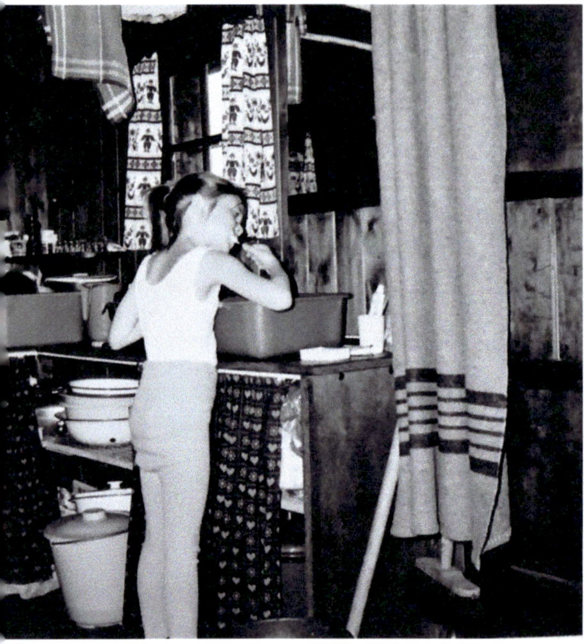

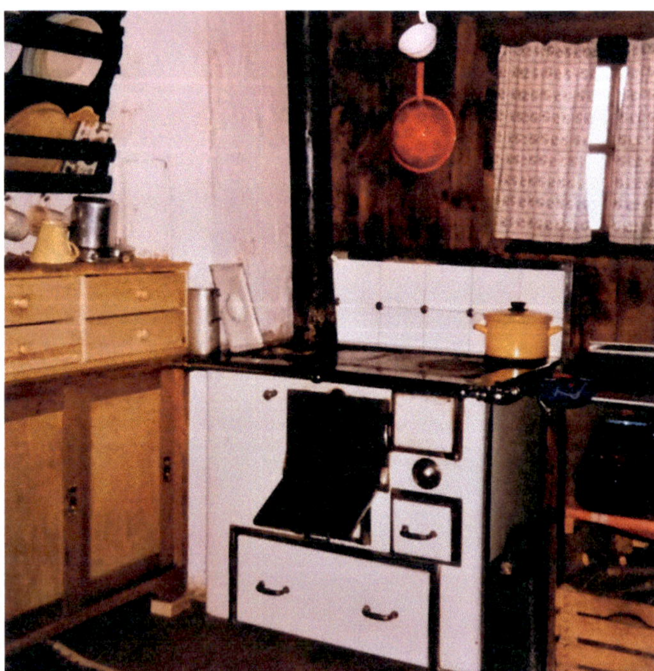

Außerdem wurde da gebastelt, gelesen, gespielt. Und abends am Herd bei zunehmender Affenhitze und abnehmender Bekleidung gekocht – Saunatime! Wenn dann später das Feuer allmählich herunterbrannte, vor sich hin gloste und knackte, sich allgemein wohlig-stilles Dösen ausbreitete und die plötzlich hyperaktiven Holzwürmer ihre Sägegesänge aufnahmen – das war dann fast wie der Himmel auf Erden und wohl das, was man unter Hüttenromantik versteht. Sofern alle Arbeiten erledigt waren.

Und dann ab in die eisigen Zimmer, unters klamme Federbett. Es kam schon vor, dass in den kältesten Nächten kleine Eiszapfen an den Nasenhaaren hingen. Trotzdem: Am Morgen auch mal als Erste hinaus und Feuer machen, damit die Stube warm wäre bis zum Frühstück. Herrlich ...

Für mich war es das Paradies, vor allem, wenn ich in der Umgebung oder am Waldrand herumbuddelte, Tannenzapfen sammelte, manchmal einen Sämling ausgrub, um zu Hause einen Bonsai daraus zu züchten, und einfach mal eine Weile unbehelligt unterwegs sein konnte. Irgendwo ganz still zwischen den Bäumen. Lauschen, entdecken, in trautem Zusammensein mit der Natur schweigen.

Über 20 Jahre lang war dies mein ganz besonderer Platz und die Zeit erfüllt von Geschichten und Erinnerungen. Bis der Eigentümer irgendwann mehr Einnahmen wollte, die „Großen" aufgaben und die Hütte letztendlich auf frevelhafte Weise „modernisiert" und an „Geldige" vermietet wurde. Wie schade!

Gelegentlich frage ich mich, ob sich mein Berggehen reduzieren würde, fände ich am Berg ein Leben. Ich weiß es nicht. Vielleicht will ich ja deshalb immer wieder hinauf – und eigentlich nie mehr hinunter –, weil ich vor allem die Stille will, diese besonders inspirierende und beruhigende Atmosphäre dort oben und die reine Luft mit ihren besonderen Gerüchen.

Das Buch *Märzengrund* von Felix Mitterer – und auch die Verfilmung – hat mich tief berührt und bewegt. Es drückt aus, was auch in mir lebt und mich umtreibt. Nicht einverstanden sein mit dem Weg, den die Gesellschaft gewählt hat und damit, wie Menschen miteinander und mit Natur und Tieren umgehen. Seinen eigenen Weg suchen und gehen, auch wenn er noch so unkonform ist. Seinen Platz finden, auch wenn dieser sich in großem Abstand zur oder gar außerhalb der Gesellschaft befindet. Sein Glück finden in der Freiheit und Geborgenheit der Natur und in ihrer Ursprünglichkeit, dafür auch Gefahren und Unbequemlichkeiten auf sich nehmen. Der Protagonist lebte all das in den 60er-Jahren mit einer bewundernswerten Konsequenz, die ich so wohl nicht (mehr) aufbringen würde. Auch wenn ich oft genug darüber nachdenke und davon träume.

Hüttenübernachtungen während meiner Unternehmungen haben mit dem Hüttenleben von damals natürlich gar nichts zu tun. Viele Hütten sind inzwischen Häuser, Großbetriebe. Und so manche sind reine Touristenziele mit musikalischen und sonstigen Events, Gourmet-Kulinarik, Radiolärm, Halligalli. Schockierend, den Trubel und Wahn des Tales, die man für ein paar Stunden hinter sich lassen möchte, nach einem Tag der Stille dann irgendwo in der Bergeinsamkeit wieder aufgetischt zu bekommen. Und so manche Hüttenwirte sind reine Gastronomen, die nicht wirklich wissen, was ein Bergsteiger nach einem langen Tag, vielleicht auch gerade bis auf die Haut nass, erst einmal braucht. Meist kommt das Essen ausschließlich zu einer bestimmten Zeit auf den Tisch (das kann zu früh oder auch relativ spät sein), die Gäste werden ohne Not in ein Zimmer gepfercht und immer gibt es jemanden, der luftscheu ist und jedes Fenster verriegelt. Solche Nächte sind mehrheitlich grauenvoll, weil Luft fehlt, es zu warm und stickig ist und selbstverständlich immer geschnarcht wird. Es ist immer nur eine Notlösung. Ein Dankeschön an Irmi von der Flatschbergalm, die sich immer so liebevoll kümmert!

Purer Luxus ist, wenn wenig los ist und ich einen Platz oder gar ein Zimmer allein für mich bekomme. Hammer.

Dann gibt es natürlich auch die „Freiluft“-Übernachtung. Nachteil: Ich muss zusätzlich Schlafsack, Matte und eine Kleinigkeit zum Essen mitschleppen. An sich nicht gravierend, doch auch die Leichtversionen bremsen und belasten enorm, schon nach den ersten paar Stunden. Außerdem rutsche ich ständig von der Matte, im Biwaksack wird es tropfnass – kurz, es begeistert mich nicht wirklich. Manchmal winkt mir das Glück und lässt mich einen Unterschlupf (meist für Hirten) entdecken, den ich dann voller Dankbarkeit nutze.

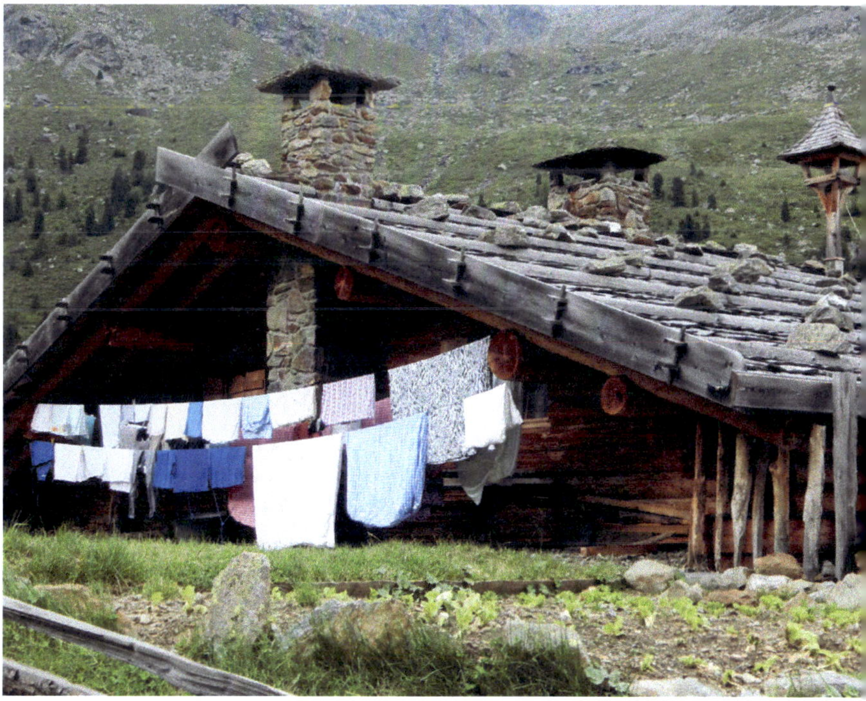

Flatschbergalm

Oberetteshütte

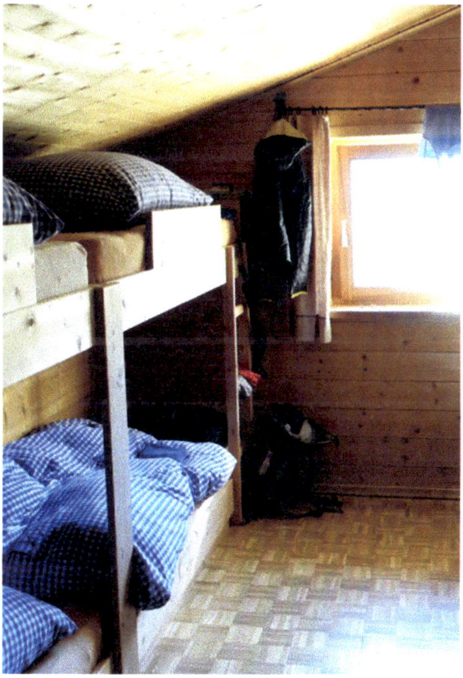

Kräutergarten Eden

Die Lehre als Drogistin und von Kindesbeinen an ein Interesse an Botanik, Pflanzen und Gärtnern mag für die Freude an Wildkräutern Basis sein. Dazu kommt, mich immer natürlicher, lebendiger und voll-wertiger ernähren zu wollen. Deshalb ist jede Gelegenheit recht, um an das lebendigste und nahrhafteste Gut zu kommen, das wir haben: die Schätze der Natur. So wird immer wieder Neues ausprobiert, Kenntnisse und Wissen erweitert (bitte immer zuerst jedes Pflanzerl genau bestimmen!) – und natürlich gibt es dabei Favoriten.

Wie die Brennnesseln, denen schon von Weitem dieser besonders magische, kraftvoll-würzige Duft entströmt. Sie würden als einzige Nahrung vollkommen ausreichen – mehr an wertvollen Nähr- und Inhaltsstoffen, an gesundem Eiweiß und Reinigungskräften geht kaum.

Dann der intensiv-mediterrane Wilde Dost (Oregano), der ein einzigartiges Aroma hat, ebenso die Wilde Möhre: so kräftig karottig! Gänsefuß – auf den stehe ich total 🙂, kann gar nicht genug davon bekommen. So sahnig sanft-aromatisch – hmmm … Oder junge Lindenblätter, frisch vom Baum – einfach lecker!

Ein weiteres Highlight ist der Wiesenkerbel, der ein wenig farnartig wirkt – so zart und lieblich, dabei unglaublich würzig. Man muss ihn gekostet haben: eine wahre Geschmacksexplosion! Oder die erbsenartig duftenden und schmeckenden Fiederblätter der Zaun-Wicke. Dazu kommen natürlich Lärchen- und Zirbennadeln, ein wenig Lärchenblüten, nussiges Hirtentäschel und viele Blüten: Huflattich, Primeln, Veilchen, Storchenschnabel, Wiesensalbei, Teufelskralle, Glockenblumen und viele andere. Aus den Blütenknospen und jungen Blättern des Beifußes lässt sich ein „Kaugummi"-Kügelchen formen, das wunderbar erfrischt und gut schmeckt.

Der Wermut wurde bereits als natürliches „Riechfläschchen" erwähnt, um Energie und Lebensgeister zu wecken. In geringer Menge bereite ich

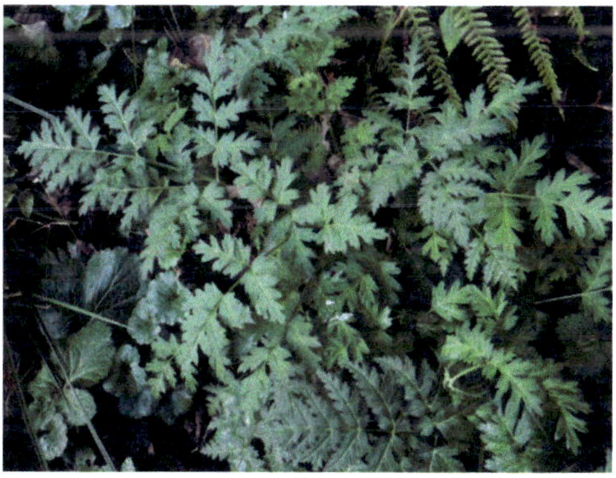

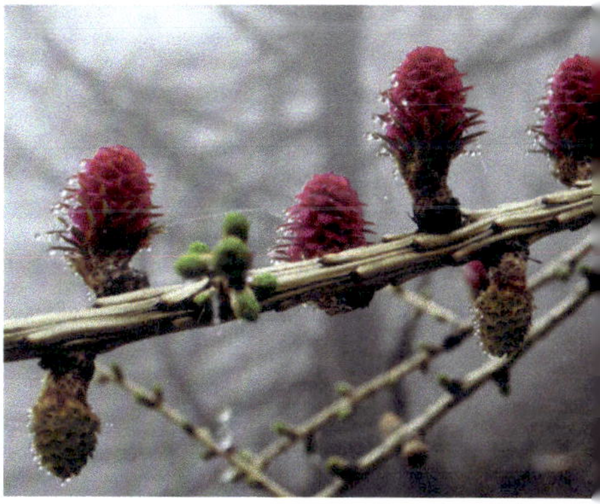

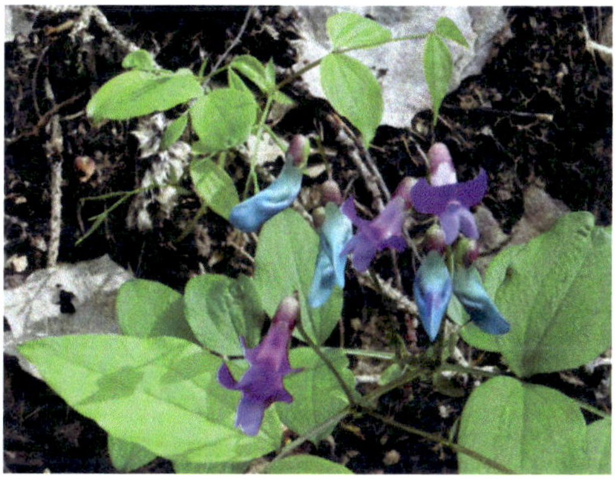

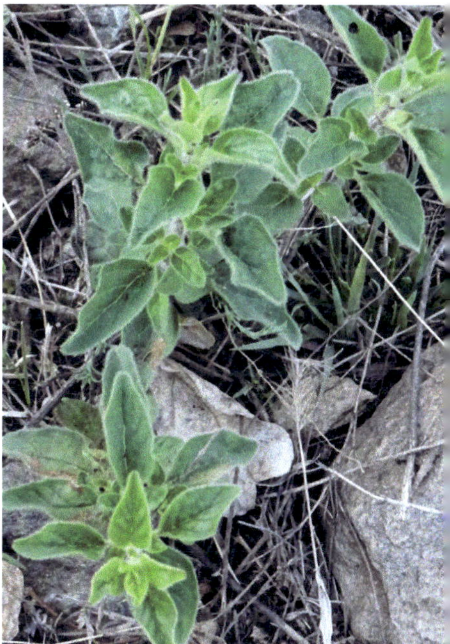

links oben: Wiesenkerbel
rechts oben: Lärchenblüten

links unten: Frühlings-Platterbse
(nur ganz geringe Mengen probieren!)
rechts unten: Wilder Dost

mir aus dem frischen Kraut ab und zu eine Tasse Tee. Das klassische Amarum (Bittermittel) ist gut für Leber und Galle und bringt die Verdauungssäfte auf Trab.

Der winzige Quendel, Wilder Thymian, ist samt seinen Blüten ein duftendes und delikates Erlebnis. Giersch ist ebenfalls ein besonders wohlschmeckendes Kraut und Erdbeerspinat ein exotisches – und dabei eigentlich so altbekanntes – Vergnügen. Eine ganze Schüssel voll würde ich immer gern vom Alpen-Löwenzahn vertilgen, schon der Duft ist so verlockend und sein unwahrscheinlich köstlicher, leicht herber Geschmack eine echte Bereicherung.

All die Kräutlein und Blüten werden entweder sofort verspeist oder sie landen in einer farbenfrohen Salat-Bowl, einer feinen Soße für die Zucchini-Spaghetti, in mit gekeimten Linsen gefüllten Tomaten oder einem cremigen Gemüsesüppchen.

Die mittleren Bergregionen beschenken mit Himbeeren von einer Süße und einem langsam gereiften, vollendeten Aroma, wie man sie sonst nirgends finden kann. Gleiches gilt für Heidelbeeren, Brombeeren und besonders Preiselbeeren, die an versteckten Standorten oft ungewohnte Größe erreichen.

Der Herbst bietet in den Wäldern dann noch Hagebutten, Bucheckern und frische Walnüsse zum Knabbern. Und Maroni, die nach zwei-drei Tagen Liegezeit gut verdaulich und ebenfalls roh zu genießen sind: Energie und Protein pur!

Welch ein Reichtum!

Wetter und Intuition

Über das allmähliche Erlernen der Kunst, das Wetter zu „lesen“, zu erfühlen, gab es bereits einige Anklänge. Und ich betonte, wie wichtig eine sorgfältige Tourenplanung ist, vor allem hinsichtlich der Wetterentwicklung. Natürlich ist der lokale Wetterdienst dafür die Grundlage. Doch wir alle wissen, wie oft er völlig danebenliegt mit seinen Prognosen. Also sind Beobachtungsgabe, die richtige Interpretation des Geschehens und die Schulung dieser Fähigkeiten gefragt.

Doch da gibt es noch den Instinkt anhand dessen, was beim Körper ankommt und von ihm interpretiert wird: Luftdruckveränderungen, Elektrizität und Feuchtigkeit in der Luft, Veränderung von Gerüchen und sonstige subtile Phänomene eines Wetterumschwunges. Diese Informationen landen im Unterbewusstsein, im Bauchgefühl.

Und darüber schwebt die Intuition, die alles berücksichtigt: die Rückmeldungen aller Sinne, die Interpretationen des Verstandes, das Bauchgefühl. Und die ihre Eingebung aus höheren Sphären, ihr Seelen- und Herzenswissen dazugibt.

Genau das ist es, was mich immer wieder von Neuem verblüfft, überwältigt und mir zeigt, wie wenig wir eigentlich über uns selbst und unsere wahren Möglichkeiten und Kapazitäten wissen. Wir fordern sie im Allgemeinen auch nicht, sind zufrieden mit einem verschwindend geringen Anteil, der im geschützten Alltagsleben vor sich hindümpelt.

Wenn es bereits am Morgen regnet oder es wirklich nach einem Tag mit Regen, Schnee, Gewitter oder schwerem Sturm aussieht, lasse ich es sein. Ansonsten: ein früher Blick in den (meist noch Nacht-) Himmel, entscheiden und los. Üben lässt sich mit allen Touren, bei denen es nicht so zwingend wichtig ist, dass es trocken bleibt. Sollte es dann doch einmal schauern, vor sich hintröpfeln oder mal gewittern – was soll‘s. Dann wird eben

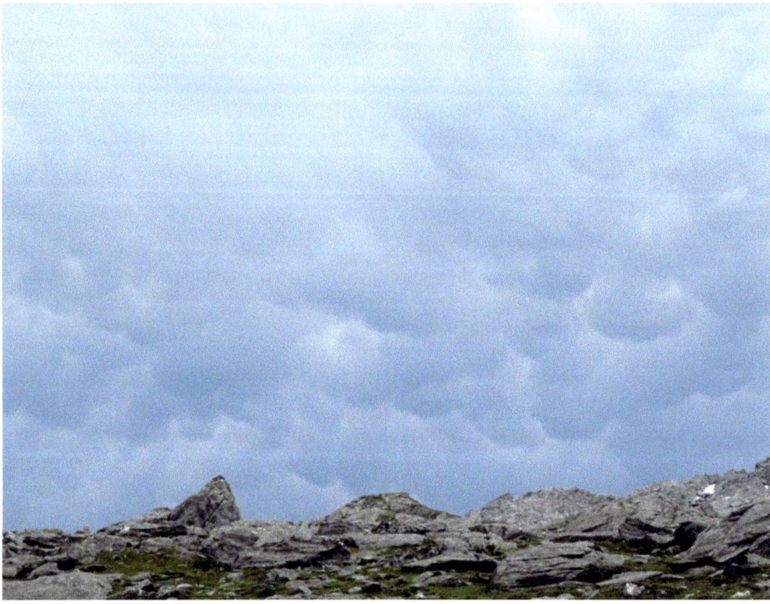

Mammatus-Wolken

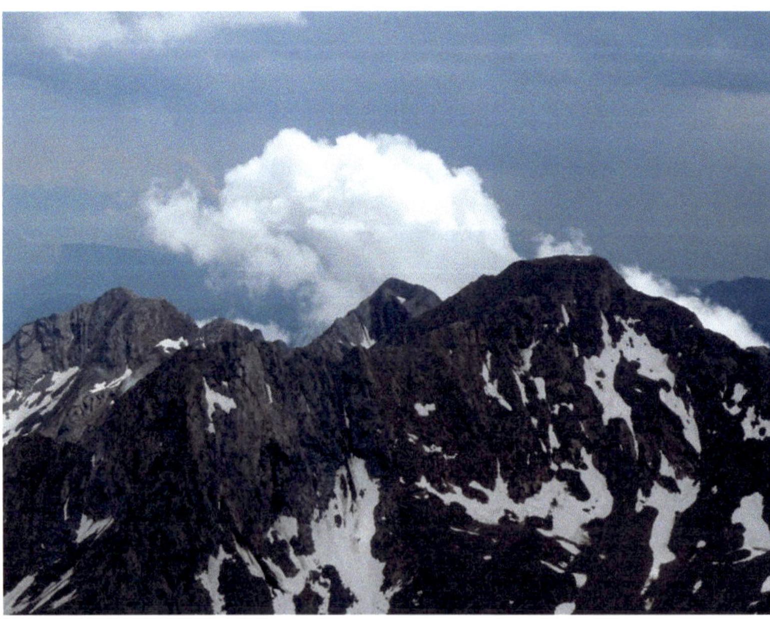

Gewitterstimmung

Regenhose und -cape ausgepackt oder der Schirm. Regenjacken bringen nichts, bald sickert Wasser durch – da hilft wirklich nur Ölzeug. Zu bedenken ist auch, dass das Wetterverhalten in Südtirol (vor allem die meist wesentlich kürzere Dauer von Störphänomenen) ein ganz anderes ist als beispielsweise in Garmisch! Dazu gibt es noch die Möglichkeit von sehr lokal stattfindenden Wetterphänomenen.

Wolken oder Nebel sind an sich noch kein Problem. Doch sind sie genau im Auge zu behalten. Wie entwickeln sie sich? In welche Richtung treiben welche Schichtungen und was kommt nach? Bauschen sie sich zu Gewitterwolken auf? Verändern sie ihre Farbe? Ziehen sie immer mehr zu? Wird es schwarz? In welchen Schichten kommt verstärkt Wind auf? Gibt es schon irgendwo Wetterleuchten, ein Grollen oder einen Blitz? Wird es irgendwo in der Wolkendecke schon wieder heller oder zeigt sich schon erstes Blau? Die Beobachtungen richtig zu interpretieren ist der nächste Schritt: In welche Richtung entwickelt sich das Ganze?

Wie gesagt, der Wetterbericht ist nur ein Anhaltspunkt, eine Empfehlung. Es kann ganz anders laufen – in jede Richtung. Viel schöner und trockener oder auch überraschend schlechter. Darauf verlassen darf man sich nie. Und für alles muss man gerüstet sein, eine Strategie haben, wissen, wie man sich im Notfall verhält. Für jeden Bergfreund ist eine Wetterschulung beim Alpenverein als Basis ideal. Und dann: lernen!

Den richtigen „Riecher“ und die Intuition gewinnt man nur allmählich, durch viel Erfahrung. Die größten Wunder erlebe ich, wenn ich der inneren Stimme folge. Wie neulich. Da wallten die Wolken um mich, es wurde ganz finster im Nachbartal, donnerte hie und da, ein Blitz nicht weit entfernt. Doch hatte ich noch ein Gipfelchen auf der Agenda, bevor es an den Abstieg gehen sollte. An meinem Ziel für die Nacht regnete es bereits. Und doch „wusste“ ich, es würde sich für mich ausgehen. Und tatsächlich befand ich mich in einem trockenen Fenster.

Oft verhandle ich, wenn das Wetter umschlagen könnte, einen „Deal“, der fast immer, oft sogar auf die Minute, funktioniert. Klingt jetzt irgendwie blöd, ist aber so. Denn ich stehe in einer Art Dialog mit den Kräften. Ich sage, auch wenn es gerade nicht so ideal aussieht: Bis dann und dann sollte es bitte mindestens halten, können wir darüber reden? Und dann einigen wir uns. Manchmal verzieht sich alles wieder, fast immer ist alles ruhig bis zur vereinbarten Zeit. Sagenhaft …

Nur ein Beispiel. Sommer. Eine labile Wetterphase, eher gewittrig. Lange Tour. Aus der Haustür, Naturns, Obere Mairalm, Katharinaberg, rein ins Pfossental. Schon ab Vorderkaser beginnt es zu dräuen, finstere Wolken, Wind. Ups. Doch ich höre: gegen 16 Uhr. Keine Ahnung, wie lange ich noch brauchen werde bis zur Stettiner Hütte. Es wird immer finsterer, die Wolken treiben eilig dahin, es grollt hinterm Roteck. Gelegentlich ein kurzer Lichtblick, dann wieder ein paar Tröpferl, die es von irgendwo herüberweht. Im Rücken erste Schauerschleier am Taleingang. So geht es dahin. Am Eisjöchl, 15.45 Uhr, beginnt es zu regnen, in Sekundenschnelle zu schütten und zu stürmen. 15.55 Uhr rutsche ich durch die Eingangstür.

Der Verstand ist ein Versuch, das Unbekannte zu erkennen,
und Intuition ist das Nicht-Erkennbare, das geschieht.
Es ist möglich, in das Nicht-Erkennbare vorzudringen,
doch es ist nicht möglich, es zu erklären.
Es wahrzunehmen ist möglich,
es zu erklären dagegen nicht.

Das Nicht-Erkennbare macht die Schönheit, den Sinn,
das Streben, das Ziel aus. Das Nicht-Erkennbare gibt
dem Leben eine Bedeutung. Das Nicht-Erkennbare
ist das Geheimnis, es ist das Leben selbst.

Osho

Bergpartner

Ein recht kurzes Kapitel 🙂. Denn bei dem, was ich da mit Hingabe betreibe, liegt es in der Natur der Sache, dass das niemand mitmacht. Die Dauer, die Höhenmeter, Schweigen, keine Einkehr, kein „Genusswandern" – zumindest nicht im bequemen Sinn, nichts Gemütlich-Kuschliges. Und ich möchte das auch gar nicht. Der Allein-Gang ist mein essenzielles Lebenselixier. Voller Reichtümer, Wunder, Schönheit und Stille.

Bin ich mit jemandem unterwegs, sind Konzentration und Aufmerksamkeit ganz bei meiner Begleitung; deren „Aura" – geistig, emotional und physisch – ist da so nah, sie durchdringt und überlagert mich. Da ich keine Filter habe und daher, was in der Öffentlichkeit immer nötig ist, als Notfallfilter meine Wahrnehmungssysteme massiv dimmen bis abschalten muss – wofür ich einen hohen Preis zahle, bin ich doch dann eigentlich kaum noch lebendig –, liegt nun dort mein Fokus; die Umgebung nehme ich dann kaum noch wahr. Damit entgeht mir das einzigartig intensive Erleben während des Alleingangs und die ganz besondere Erfahrung des Einsseins mit dem Allumfassenden fast komplett.

Dennoch wollte ich es wissen und startete vor wenigen Jahren mit ziemlichem Magenknödeln einen Test, für meine Sektion des AVS (Südtiroler Alpenverein) eine meiner Touren „geführt" anzubieten. Eine Teilnehmerin meldete sich. Und wie es der sagenhafte Zufall wollte, harmonierten wir sogar recht gut. Das Schicksal hatte wohl ein Einsehen mit mir. Dennoch verfolgte ich dann die Sache nicht weiter. Auch nicht die Ausbildung zum Bergwanderführer. Denn der wahre Genuss liegt für mich nun einmal im Alleingang. Er ermöglicht eine ganze besondere Intimität zwischen mir, dem Berg, dem Universum. Und eine gesteigerte Sensibilität und Wahrnehmungsfähigkeit, vollkommen im Hier und Jetzt, ohne Vergangenheit, ohne Zukunft. Ganz im Moment.

In den Jahren, in denen ich auch mal zu zweit unterwegs sein konnte, waren diese gelegentlichen Ausflüge zwar „niedriger“ als meine üblichen Touren, maximal 1400 Höhenmeter, doch für mich fast anstrengender. Die Begleitung Sprinter, ich ein Marathonläufer. Doch ging es ja bei unseren Unternehmungen um das Zusammensein, um unser Miteinander – der Rest war da eher Nebensache. Und ich wurde zu vielen neuen Orten und Gipfeln geführt – eine schöne Zusatzausbildung in Geographie, Landes- und Heimatkunde. Stunden voller Lebensgeschichten, fröhlicher Heiterkeit und Unbeschwertheit, generationenübergreifendem Austausch und inniger Verbundenheit.

Wenn sich bei mir doch einmal Besuch ankündigt, der mit mir eine Bergfahrt unternehmen bzw. wandern möchte, wähle ich natürlich etwas, das dem Möglichen entspricht. Für mich ist es dann zwar nur ein Schaufensterbummel oder Spaziergang, fällt aber in die Rubrik „Soziales Event“. Unter diesem Vorzeichen arrangiere ich mich damit einigermaßen. Und bin dann auch voll auf den anderen eingestellt und präsent.

Nur im Alleinsein können wir uns selber finden.
Alleinsein ist nicht Einsamkeit;
es ist das größte Abenteuer!
HERMANN HESSE

bei solchen individualisten

wie wir es sind
so heißt es
müsste einer nachgeben
sich anpassen
in größerem umfang
doch wie
soll das möglich sein
weil ja gerade
das besondere gefällt
weil das eigenwillige herz
geliebt wird
gerade das exzentrische
entlockt mir
heillose faszination
man sollte sich lassen
wie man ist
doch einen
harmonischen tanzstil finden

dich halten wollen

an mein herz
in meiner seele
für menschliche ewigkeiten
im leben
an meiner haut
und mit ihr
dich an mich halten wollen
zigeuner auf der
durchreise
wie ich
endlich gefunden
und schon wieder
halb verloren
zeitenwanderer
auf der suche nacheinander
im wartesaal des lebens uns
in die augen gefallen
und direkt
ins herz

Freiheit

Ein großes Wort. Manchmal glaube ich, kaum jemand in unserer heutigen Welt weiß wirklich noch, was wahre Freiheit ist – uns allen ist sie mehr oder weniger aberzogen worden. Freiheit des Selbst-Denkens, der Meinungsbildung und unbehelligten Äußerung, persönliche und natürliche Freiheit, die anderen nichts nimmt oder vorenthält, niemandem an Leib und Leben schadet. Freiheit von falscher und unnatürlicher Moral, von Gier und Beherrschenwollen, von vorgegebenen Willkürlichkeiten und Pflichten. Unsere Gesellschaft hat ihr Joch, unter dem zumindest „das Volk" ächzt, selbst etabliert. Und es sich etablieren lassen.

Dass kaum noch jemand Zeit zum Leben hat angesichts dessen, was alles getan, erworben und verdient werden muss – das ist ganz sicher keine Freiheit. Die geistigen und Entscheidungs-Freiheiten eng begrenzt, die Möglichkeiten in vielen Dingen begrenzt, der Frei- und Lebensraum begrenzt. Viele scheint das nicht zu stören oder sie nehmen es eben hin und geben auf die eine oder andere Weise auf. Ihr Leben, ihre Träume, ihre Schönheit, ihre Fähigkeiten, die sie der Welt zu geben hätten. Andere suchen nach Alternativen, Schleichwegen, Hintertüren, nach Machbarem, erschaffen ihre eigene kleine Welt und tun, was möglich scheint.

Die unsägliche C-Zeit, in der wir hier über Monate, fast zwei Jahre, massiv bedrängt, gezwungen, überwacht (per Hubschrauber, Drohnen, Polizeiaufgebot, Nachbarn und drakonische Strafen), eingesperrt (200 Meter ums Haus, nicht über die kleinräumigen Gemeindegrenzen usw.), erpresst (keine Arbeit und keine Mobilität ohne Gehorsam) und um viel Geld erleichtert wurden (Tests), uns das Recht auf Selbstbestimmung, Eigenverantwortung, freie Meinungsäußerung und körperliche Unversehrtheit genommen wurde ... die hat noch einmal mehr verändert. Und mir, Freigeist der ich bin, erst richtig bewusst werden lassen, wie viel mir die Freiheit in und von dieser Welt tatsächlich bedeutet, und dass ich – wenn auch mit meinen äußerst geringen Mitteln – dafür zu kämpfen bereit bin.

Freiheit. Im Herzen, in der Seele – auch wenn man von Vergangenheit und Gegenwart manchmal wie von Tentakeln umschlungen wird. Dass jeder die Verantwortung für sich, sein Leben und Wohlergehen bestmöglich selbst trägt, für sich selbst entscheidet und dies auch anderen zugesteht, das würde ich mir wünschen. Dass wir nicht hoffen, sondern tun und aufstehen. Dass wir leben und leben lassen, niemanden über den Tisch ziehen, uns nicht an ihm bereichern, ihn ausbeuten, ihm schaden wollen, ihn weder körperlich noch psychisch verletzen, seinen Besitz unangetastet lassen, der Umwelt und anderen friedlich und mit Respekt begegnen, dass wir lieben, hegen und pflegen. Und nichts tun, was wir selbst nicht an uns erleben möchten. Dass wir einfach freundlich miteinander umgehen!

Offenbar ist diese einfache Sache das Schwerste für die Menschheit.

Die Freiheit am Berg ist wohl, dass man einmal alles Alltägliche hinter sich lassen kann, dass man nur ganz wenige Dinge wirklich braucht und die Chance bekommt, sich selbst und dem Größeren, in das man gebettet ist, bewusst wieder ganz nahe zu sein. Freiheit ist auch zu wissen, welche Verantwortung wir tragen und dass die Natur, unser aller Mutter, uns nährt, Frieden und Angenommensein schenkt.

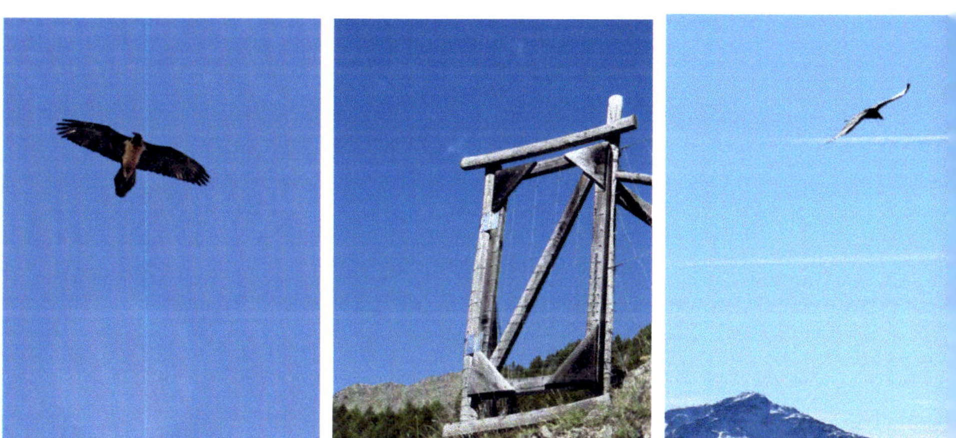

Bartgeier und das „Tor zum Himmel“

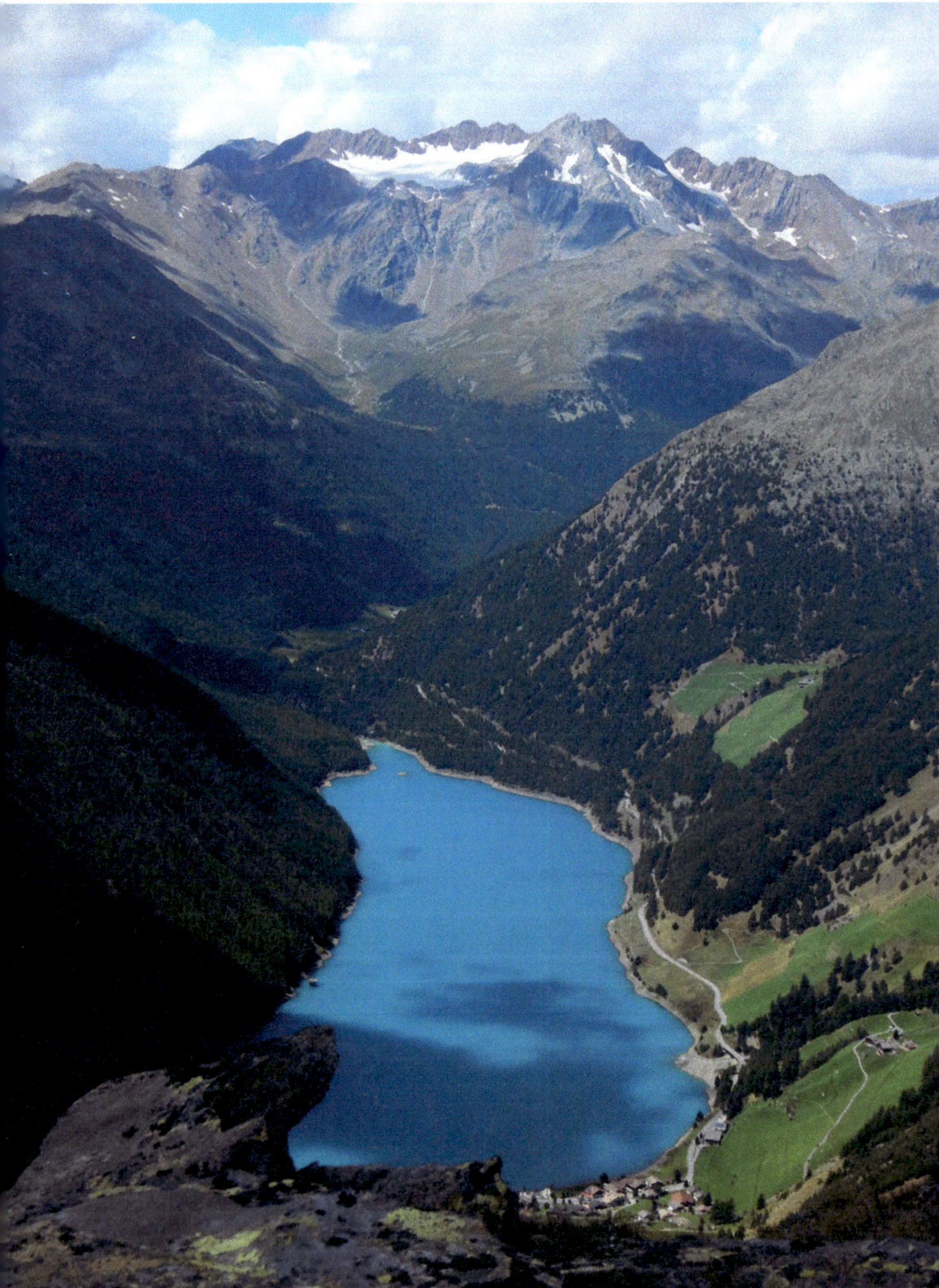

Vernagt-Stausee, Schnalstal

solch einen
ursprungstiefen frieden

in der seele zu finden
der sich ausbreitet
wie das wissende schmunzeln
eines tiefsmargdenen gletschersees
das ist heimkehren und
willkommen sein.
wenn nicht der tod –
die scheinbare endlichkeit –
in jedem atemzug das leben kostet
mit staunenden augen
all das wunderbare
wahrnimmt und behütet
mit zärtlichem blick
all das kleine, strebende umfängt
vor der mächtigen kulisse
der zeitlosigkeit
dann ist jeder moment
nichts
andernfalls jedoch
die einzig existente wirklichkeit

wenn ich die zeit

in ihrer unendlichkeit
auf mich wirken lasse
führt sie mich in räume
die der verstand sich weigert
zu betreten
aus furcht
die kontrolle zu verlieren
doch in seltnen augenblicken
ist er zu überrascht
um gleich wieder halt zu finden
dann bleibt ein gefühl
der auflösung und größe

im hyperraum der muße

in dem wir
unsere kräfte lagern
das eigentliche
unserer seele
unserer herzen
den schlüssel
den geifernden händen
des gemusterten
verstandes entreißen
endlich wieder
in dem licht
sich erheben
den zauberstab
des eigenen lebens
schwingen und
wesentlich sein

Luis

Mit seinem Vater bestieg Luis Trenker im Jahr 1900 als Achtjähriger den Sassongher, wurde mit 20 Bergführer und suchte auch als Erstbegeher seine Abenteuer. Als jungem Mann kam ihm der Erste Weltkrieg in die Quere; er hat ihn überlebt – *Alles gut gegangen* (Titel seiner Autobiographie von 1965). Dass der tollkühne Bergfex bereits viele Jahre als Bergführer und Skilehrer unterwegs gewesen war, kam ihm im Stellungskrieg in den Dolomiten zugute. Nach Kriegsende versuchte er sich als Kaufmann, beendete dann jedoch sein begonnenes Architekturstudium und machte sich selbstständig.

Arnold Fanck engagierte ihn 1923 als Bergführer für den Film *Berg des Schicksals*. Als sich aber der eigentliche Hauptdarsteller als ungeeignet erwies, sprang Trenker ein und präsentierte sich damit erstmals dem Publikum – flott nahm seine Karriere Fahrt auf. Und schon bald wurde er selbst zum Drehbuchautor, Regisseur, Filmemacher. Das Windelkind des Genres „Bergfilm“ wurde von ihm erst so richtig zum Laufen gebracht und in die Kinos. Damit erreichte er Kultstatus, könnte man sagen. Der Berg ruft!

Trenker machte sich zur Marke, zum Botschafter für seine geliebte Bergwelt. Vor allem denke ich dabei auch an seine ab 1959 in 50 Folgen ausgestrahlte Fernsehserie *Luis Trenker erzählt* im Bayerischen Fernsehen. Wo er mit meist bergwärts strebenden Haaren und seinen typischen, weit ausholenden Gesten enthusiastisch und schwungvoll, mit enormer Fabulierkunst, aus seinem reichen Leben, von seinen Abenteuern spricht. Vor allem aber mit tiefer Liebe und Begeisterung von den Bergen und den Schönheiten der Natur erzählt.

Besucht man in seinem Heimatort Urtijëi (St. Ulrich) das absolut sehenswerte Ladinische Museum Gherdëina, landet man sozusagen mitten in Tren-

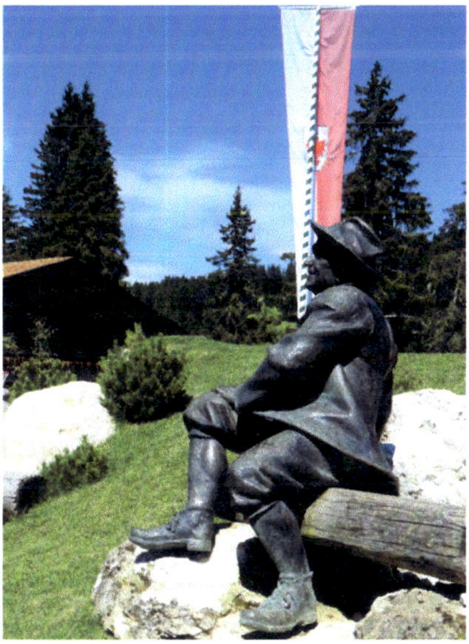

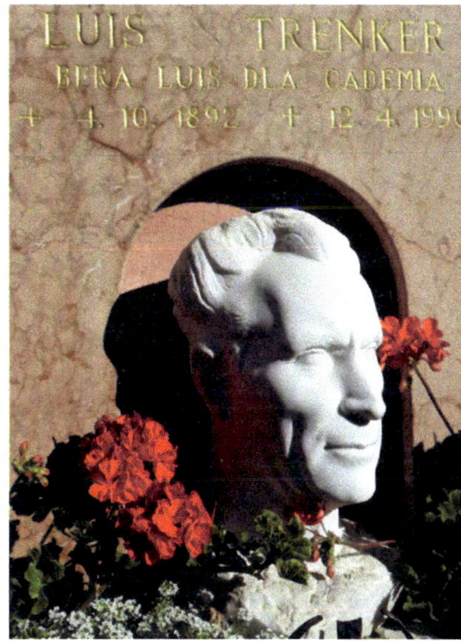
LUIS TRENKER
BERA LUIS DLA CADEMIA
+ 4. 10. 1892 + 12. 4. 1990

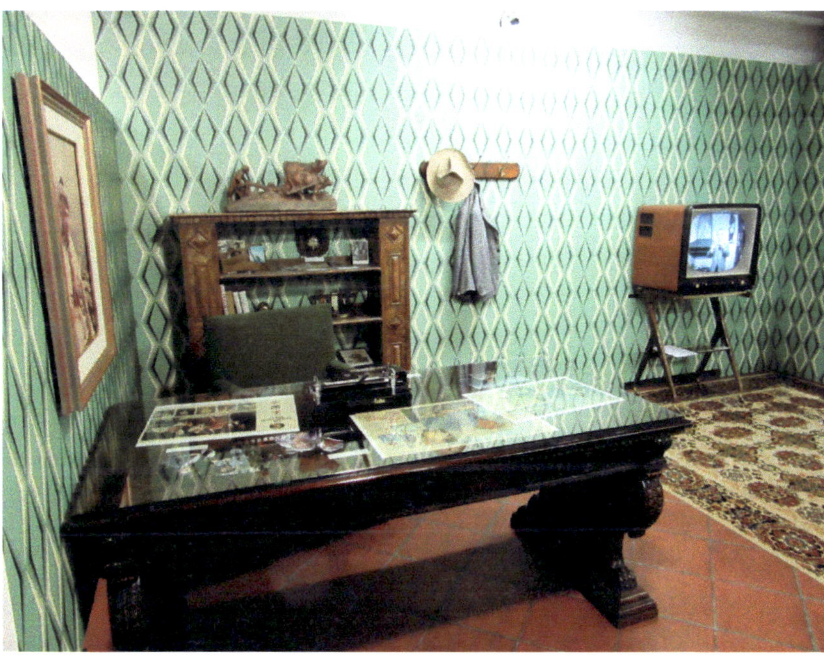

kers Wohnzimmer – eingerichtet im damaligen Stil. Die erwähnte Serie läuft im Original-Fernsehgerät in Dauerschleife, und es gibt eine Menge Devotionalien aus seiner Bergzeit und dem filmischen Schaffen zu bestaunen.

Umrahmt ist das Ganze von geologischen Exponaten, Fossilien, Tierpräparaten, vielen einzigartigen Kuriositäten, den wundervollen Grödner Trachtengewändern, herrlichen Gemälden und natürlich mit den Beweisen Grödner Schnitzkunst.

Ja, die Grödner sind schon eine besondere Spezies: künstlerisch veranlagt, wendig, erfinderisch, ungeheuer zäh, humorvoll, weltoffen, schlitzohrig, sprach- und ökonomisch begabt, innovativ, phantasievoll, wagemutig, pragmatisch, eigenwillig, lebensfreudig.

Die erfolgreiche Findigkeit der Gründer des Modelabels „Luis Trenker“ hätte ihn bestimmt gefreut. Ob ihm aber diese Luxusvariante, die ihm da übergestülpt wird, geheuer gewesen wäre? Er selbst war im Business ja meist schlicht und leger-schick gekleidet, ansonsten aber vor allem – und wohl bevorzugt – einfach, zünftig, berglerisch.

Die für mich bewegendste Entdeckung in einer kleinen Schrift über Luis Trenker (Herausgeber ist das Museum Gherdëina in St. Ulrich) waren übrigens die 10 Berggebote in gekürzter Version. In seinem Buch *Meine Berge,* das er unter Mitarbeit des deutschen Verlegers und Alpinschriftstellers Walter Schmidkunz 1931 veröffentlichte, sind sie gleich auf den ersten Seiten in voller Länge verewigt. Dass die Autorenschaft ausschließlich ihm zugesprochen wird, ist allerdings ein weitverbreiteter Irrtum. Initiatoren und Urheber sind Carl Arnold (Chemieprofessor, Alpinist, Alpenvereinsaktivist) und Ferdinand Friedensburg (Geologe, Politiker, stellv. Oberbürgermeister Groß-Berlins 1946-50). In den *Mitteilungen des Deutschen und Österreichischen Alpenvereins* Nr. 3/1907 erscheinen *Die zehn Gebote des Bergsteigers,* eingebettet in einen absolut lesenswerten und beherzten Text, der zeigt, dass sich in gut 115 Jahren an den „Zuständen“ im Kern nichts geändert hat. Traurige Wahrheit. Die Textversionen ähneln sich in fünf Punkten sehr bzw. wortwörtlich, die übrigen jedoch unterscheiden sich. Trenker hat also übernommen, aber auch weggelassen und ergänzt. Nachfolgend beziehe ich mich auf die Trenker‘sche Version, füge ihr jedoch das Original in Klammern bei, und die von ihm nicht genannten

3 Gebote des Originals folgen. Eines davon betrifft noch einmal (wie Nr. 5) die Regelung der Führer-Kunden-Beziehung, das nächste Tiere und Pflanzen, das letzte widmet sich der Beziehung Bergtourist – Bergbewohner.

Den Geboten kann ich nur zustimmen – vor allem Nr. 4 und 7 – und möchte an sie erinnern, sie weitergeben und erhalten:

1. Unternimm keine Bergfahrt, der du nicht gewachsen bist; du musst dem Berg überlegen sein und nicht der Berg dir.
   (Du sollst keine Bergfahrt unternehmen, der du nicht gewachsen bist; denn es ist schimpflich, in fremde Hand gegeben zu sein. Original Nr. 2)
2. Du sollst jede Bergfahrt mit Kopf und Hand sorgfältig vorbereiten.
   (Du sollst jede Bergfahrt sorgfältig vorbereiten, gleichviel ob du allein, mit Freunden oder mit einem Führer gehst. Deine Kenntnis, wo, wie und wie lange du zu gehen hast, sei ebenso vollkommen wie deine Ausrüstung. Original Nr. 3)
3. Du sollst in den Bergen deine Erziehung und Bildung nicht vergessen.
   (Du sollst auf der Wanderung deine Erziehung und Bildung nicht von dir tun; Unart und Roheit sind nicht dasselbe wie Freudigkeit und Kraft. Original Nr. 1)
4. Du sollst die Gegend, die du durchwanderst, nicht mit Flaschenscherben, Eierschalen, Obstabfällen, Papierfetzen, Sardinenbüchsen und Unrat verschönern.
   (Du sollst die Gegend, in der du wanderst, nicht verunehren. Darum sollst du keine Scherben und keinen Unrat umherstreuen, keine Gattertür offenlassen, keine Einfriedung überschreiten, keine Quelle verunreinigen, keinen Wegweiser beschädigen. Original Nr. 8)
5. Du sollst die Bergkameradschaft in hohen Ehren halten.
6. Du sollst die Schutzhütte würdigen, als wäre es dein Haus und Heim.
   (Du sollst dich in der Hütte bescheiden betragen und sollst keine Ansprüche machen, die sich nur in einem Großstadthotel verwirklichen lassen. Denn du wirst nicht deines Geldes wegen aufgenommen. Original Nr. 6. Erstaunlich: heute aktueller denn je!
   Nr. 7 des Originals bezieht sich ebenfalls auf das Verhalten in der Hütte: Du sollst die Hütte nicht zur Kneipe herabwürdigen. Alkohol ist der übelste Wandergefährte, die Hütten aber sind zur Erholung der Bergsteiger da und die Nacht zum Schlafen)

7. Du sollst nicht stehlen! Sollst anderen nicht die Ruhe und den Bergfrieden stehlen und nicht die Einsamkeit und die Gipfelaussicht.
8. Du sollst nicht lügen, prahlen, aufschneiden. Auch die schwerste Bergfahrt ist ein Geringes, wenn du sie an anderen menschlichen Leistungen misst.
   (Du sollst deinem Führer ein kurzes und wahrhaftiges Zeugnis schreiben. Die übertriebene Verherrlichung einer nicht außergewöhnlichen Bergfahrt macht dich lächerlich, den Führer eingebildet. Bei schwereren Verfehlungen mußt du auch den Mut der Anzeige haben. Original Nr. 5)
9. Du sollst die Ehre deines Vereins wahren (und) die Ehre der großen Gemeinschaft, die dir die Berge erschloss.
10. Du sollst die Berge nicht durch Rekordsucht entweihen. Du sollst ihre Seele suchen.

Gebot 4 des Originals lautet:
Du sollst deinen Führer geziemend behandeln. Du brauchst dich nicht herrisch zu gehaben, aber du darfst dich auch nicht gemein machen.

Gebot 9 des Originals lautet:
Du sollst die Alpenblumen schonen und Vieh und Wild nicht beunruhigen. Auch die Pflanzen und Tiere sind Gottes Geschöpfe und sie tragen ihr Teil dazu bei, die Berge für dich zu schmücken.

Gebot 10 des Originals lautet:
Du sollst des Bergvolks Glauben und Sitten nicht bewitzeln noch verbessern wollen. Der unberufene Apostel der Aufklärung schadet der Sache des Alpenvereins und wird ausgelacht, wenn ihm nichts Schlimmeres widerfährt.

Nicht zu vergessen das ungeschriebene Berggesetz, dem Hinaufsteigenden, der gerade so schön „im Zug“ ist, die Vorfahrt zu überlassen, falls der Weg zu schmal ist. Auch diese schöne Geste wird inzwischen leider kaum noch gepflegt …

Der Meister

Jemandin meinte neulich, seine Leistungen und das sonst Erreichte wären ja durchaus anerkennenswert, aber – besonders schön fände sie ihn nicht. Ich schmunzelte nur darüber …

Denn ganz grundsätzlich liegt Schönheit ja im Auge des Betrachters, Schönheit wird auch völlig unterschiedlich erlebt und ist ein Zusammenspiel von Aussehen und Ausstrahlung. Was menschliche optische Schönheit betrifft, wurde erforscht, dass empfundene Schönheit auch immer eine gewisse Unvollkommenheit, Asymmetrie, Disharmonie einschließt. Und ich finde, so ist es auch mit dem Innenleben. Am interessantesten sind Menschen mit Ecken und Kanten, Leute die nicht der Norm entsprechen, die Unangepassten, Kreativ-Schöpferischen, die Lebendigen, die zu Licht und Schatten stehen.

Was nun die Messners betrifft ... jeder hatte einen unbedingten Willen, etwas aus sich zu machen, herauszukommen aus der Enge des Tales – und sieht auch noch gut aus. Hubert beispielsweise, den engagierten Kinderarzt, empfinde ich auf sanft-verwegene Art durchaus als „schön“ – seine lebendigen, sprechenden Augen, dazu hat er ein angenehmes, charaktervolles Äußeres und eine starke Ausstrahlung, die tiefe Erfahrungen widerspiegelt.

Diese tiefen Erfahrungen, starke Ausstrahlung, das Charisma – das alles hat Bruder Reinhold natürlich auch im Überfluss. Und besonders auf der Bühne, sobald er spricht. Ja, er ist inzwischen ein älterer Herr geworden, die Haltung ändert sich, manchmal ist er bestimmt auch einfach erschöpft von seinem Programm. Aber es gibt viele Momente – auch abseits der Bühne –, wo er blendend strahlt wie ein junger Gott und wie Sonnenlicht ist. Und, glaubt mir, er hat wunderschöne Hände! Erstaunlich, bei der ungeheuren Beanspruchung. Die Finger sind außerdem vollzählig, da schreibt Michael Wachtler im Messner-Kapitel seiner *Tirol-Saga* auch nicht so ganz die Wahrheit.

Man muss sich vor Augen führen, was dieser Mensch alles erlebt hat, unglaubliche Dinge, unfassbare (auch Innen-) Welten und so vieles, was ein „Normalo“ sich nicht einmal ansatzweise vorstellen kann. Welche Herausforderungen er in allen Bereichen konfrontiert und gemeistert hat, was er aus dem Nichts heraus alles geschaffen hat – auch Dinge von Wert für andere, für die Öffentlichkeit, sogar für den Staat und das Land letztlich, das davon ebenfalls profitiert. Mit seinen Unternehmen schafft er Arbeitsplätze, gibt Menschen in seinem Universum eine Chance – oft genug auf ein neues Leben – und bietet ungeahnte Möglichkeiten. Was für ein sagenhafter, starker Kämpfer er ist, welch unauslöschliches Feuer in ihm brennt und ihn antreibt. Er lebt sein Menschsein vollkommen, brennt an zwei Enden gleichzeitig. Es ist unglaublich und ziemlich einzigartig, was dieser Mann kreiert, in die Welt bringt, beherrscht und vermag. Dafür bewundere ich ihn ohne Einschränkung.

Und wie bei allen solchen Geistern hat da auch selbstverständlich der geringe Prozentsatz an möglicherweise Unverständlichem oder schwer Nachvollziehbarem Platz, den man ihm nachsagt. Ich halte diesen Anteil für ziemlich marginal, und den Großteil seines Wesens kann ich gut verstehen und nachempfinden, wenn man seine Struktur und Werte etwas kennt, und doch kann es auch einmal danebengehen. Mir gegenüber war er immer gut gelaunt, heiter, zuvorkommend und, ja, nett eigentlich. Und er ist verdientermaßen durchaus eine Art Idol, eine Leitfigur, die vielleicht auch Bereiche in den Menschen anspricht, die sie selbst nicht oder nicht genug leben oder entwickelt haben.

Schon recht früh, viele Jahre vor dem Ausbruch meines Bergfiebers, las ich einen guten Teil seiner Bücher und besuchte möglichst jeden seiner Vorträge, die er in der Münchner Philharmonie (und anderswo) hielt. Als begnadeter Erzähler schaffte er es locker, dass die fast 2500 Menschen mucksmäuschenstill an seinen Lippen hingen – und das bis heute.

Dann, als wieder einmal jemand glaubte, erneut die Anschuldigungen bezüglich seines verunglückten Bruders Günther ausgraben zu müssen, hielt ich dagegen.

01.11.2005 – Meine Antwort an den Verfasser diverser Artikel in der Süddeutschen Zeitung, Dr. Achim Zons:

Geradezu mit Spannung und – ja – einem gewissen Vergnügen konsumierte ich die bezeichneten Artikel. „Konsumieren“, da sie auf den Geschmack und das Verständnis eines Sensations-Durchschnittslesers zugeschnitten sind, was mehr über die Menschen aussagt, die jene Artikel lesen sollen, als über den, der dort berichtet wird. Also ein absolut zeitgemäßes Vorgehen.

Natürlich bin ich nicht sicher, ob der Autor des Artikels in der Süddeutschen (Anm.: Dr. Achim Zons) auch nur halb so viele Jahre hat, wie der von ihm Beschriebene. Was mir aber gewiss scheint bei allen Autoren, die um das Thema „Messner“ kreisen: niemand von diesen war dabei (auch nicht am Nanga Parbat, um den es hier vorrangig geht), niemand ist je einige Schritte in „seinen“ Schuhen gegangen (wie es die Indianer empfehlen, bevor auch nur irgendeine Art der Beurteilung versucht wird) und die Allerwenigsten gehören zu einer ähnlich „gestrickten“ Art von Menschen wie „er“.

Absolut der Überzeugung, dass es seit Urzeiten „die Wenigen“ (Künstler, Freigeister, Vordenker – die nicht dem Mainstream entsprechen, was ganz in der Natur der Dinge liegt. Liegen muss. Und wo jeder auf seine Art in Extremen lebt) und „die Vielen“ gab und gibt, ist auch ganz eindeutig, dass „er“ zu den Wenigen gehört. Eine derartige Persona, ein solches Wesen, kann – wenn überhaupt – nur ein halbwegs Gleichgearteter „verstehen“ bzw. nachvollziehen. Jedes Menschen Welt ist verschieden von der eines anderen. Aber die Welt der Wenigen ist noch ein bisschen anders anders. Wer eine gewisse Seelen- und Artverwandtschaft empfindet, wenn es um Menschen wie Reinhold Messner und weitere aus dem Pool der „Wenigen“ geht, hat mit Sicherheit einen zu klaren Blick, um sich in solche unsinnigen Scharmützel hineinziehen zu lassen, wie sie seit Jahren und Jahrzehnten um „ihn“ toben (und er sei hier nur ein Beispiel). Dass er heißblütig zornentbrannt manchmal nicht sehr weise – und natürlich auch nicht überlegt – falsche Worte oder Vergleiche wählt (auch wenn man mit etwas Einfühlungsvermögen zu entschlüsseln fähig ist, was letztlich wirklich gemeint war), um sich zu erwehren, ist einfach menschlich. Und im Ausgrenzen und Mitsteinenbewerfen von allem, was fremd und anders scheint, haben die meisten Erfahrung. Dass ein solches Verhalten keine Freude erweckt auf der Gegenseite, ist in beiden Richtungen klar.

Mit absoluter innerer Gewissheit bin ich von Messners Darstellung des Geschehens im Fall des Dramas am Nanga Parbat überzeugt und sehe keinen Grund, warum hier Lügen erzählt werden sollten. Ich halte ihn für so authentisch, reif und mit seinen Lieben verbunden, dass er Letztere nicht seinem angeblich unmäßigen Ehrgeiz opfern würde. Dann ist da noch der freie Wille des Beteiligten (wider die Anweisung und auf absolut eigenes Risiko nachgestiegen, sich der Gefahren bewusst). Ich bin sicher, dass Entscheidungen nicht in geistiger Umnachtung und fahrlässig, sondern aufgrund erfahrener Überlegung und im Sinne des Besten in jenem Worst Case getroffen wurden. Es ist Zeit für ein Ende der Diskussionen. Es kann auch nicht angehen, eine Sache niemals ruhen lassen zu können. Es gab wohl in all den Jahrzehnten kaum ein Interview, kaum einen Auftritt, nichts, was ohne das „Drama“ im Hintergrund abgelaufen wäre.

Reinhold Messner ist gewiss nicht (ebenso wie alle anderen der „Wenigen“) mit den üblichen Maßstäben zu messen. Niemand kann ermessen, wie es ist, diese Leistungen, Erfahrungen und Erlebnisse zu durchleben, wie er es tat. Es kann sich auch kein Durchschnitts-Sterblicher vorstellen, wie ein solches Leben sein mag, welche Konsequenzen man zu tragen bereit und fähig ist. Kaum einer kann sich die Struktur, die Antriebe und Sehnsüchte einer solchen Seele vorstellen. Niemand hat das Recht, über ein solches Leben (genau wie über jedes andere auch) ein Urteil zu fällen.

Doch zurück zu den Artikeln: sie zeigen mir wesentlich mehr, ja geradezu wie ein Röntgenbild genau, welch eine Person der Mensch ist, der diese Artikel verfasste. Mehr darüber, in welchen Denk- und Verhaltensmustern dieser gefangen ist, wie er wohl sein eigenes Leben lebt, wie er über sich und andere denkt, als über den, der eigentlich besprochen werden sollte. Auf diesen wird zwar vermeintlich mit gestrecktem Finger gezeigt, aber letztlich erscheint nur das Abbild dessen, der als verlängerten Zeigefinger die Feder hält.

05.11.2005

Lieber Herr Zons, danke für Ihre Antwort! Nun, in einem solchen Fall „überzeichne“ ich auch gern ein wenig, um so das Reflektieren mehr anzuregen. Es liegt mir fern, „Recht“ haben zu wollen mit meinen Beobachtungen, ich bin nur angezogen von Menschen, über die „geredet wird“ und das auch noch widerstreitend oder verurteilend. Da werde ich hellhörig, sehe mir die Sache genauer an, beschäftige mich mit der Person, wie und wo sie lebt, was sie antreibt, wie sie denken und fühlen mag, gehe auf Vorträge, lese von und über jene Person und versuche unter Ausschöpfung der zur Verfügung stehenden Möglichkeiten, mir ein eigenes Bild zu verschaffen. Und da gab und gibt es einige Personen, nicht nur Messner. Die Wahrheit selbst liegt nur in einer Person und dahinter, jeder Außenstehende sieht immer nur durch die eigene Brille seiner eigenen Welt (und davon gibt's einige Milliarden).

Es besteht auch kein Grund, in diesem oder irgendeinem anderen speziellen Fall etwas „beweisen" zu wollen.

Das Messner-Drama ist wohl kaum erst kürzlich wieder „nach 30 Jahren Ruhe" ins Bewusstsein der Öffentlichkeit gezerrt worden, wie Sie schreiben. Eine derartige Ruhe gab es nie und ich bin sicher, Sie wissen das.

Wenn ein Mensch des Brudermordes und der vorsätzlichen Fahrlässigkeit beschuldigt wird, ohne wirkliches Wissen über die Vorgänge, dann könnte man durchaus von einer Art Rufmord und Lüge sprechen. Vielleicht würden Sie in ähnlicher Lage auch in dieser Weise fühlen. Wenn einer kämpft, mag er dafür seine Gründe haben, man muss aber nicht immer mit gleichem Geschütz auffahren.

Sie sprechen davon, dass Messners Klage auf unterlassene Hilfeleistung seiner „Bergkameraden" (die, so weit ich weiß, gerichtlich bestätigt wurde) „nachweislich" unberechtigt ist. Aufgrund welchen Beweises? Haben Sie die Vorgänge selbst beobachtet? Oder verlassen Sie sich dabei auf die Aussagen der Gegenseite, die definitiv nicht glaubwürdiger ist und möglicherweise auch vernebelt von seltsamen Wirrungen eines persönlichen Kleinkrieges zwischen den Protagonisten des Schauspiels?

Messner kann möglicherweise tatsächlich nicht genau sagen (nur innerhalb eines vagen Zeitraumes), wann und wo exakt sein Bruder verschwunden war und auch nicht wie (Lawine, Gletscherspalte?). Versucht man sich in die ganze Situation eines solchen Bergdramas hineinzuversetzen, könnte man dafür Verständnis entwickeln.

Die aufgezählten „Fakten" sind eine Mischung aus wenigen (greifbaren) Tatsachen, vielen Fragezeichen, Vermutungen, Annahmen, Auslegungen, Unterstellungen. Alles andere als objektiv. Und selbst ein Augenzeuge könnte nur gefärbt durch seine eigene Wahrnehmung und Konditionierung berichten.

Artikel wie dieser bauen sich ausschließlich aus bereits bekannten Meinungen anderer auf, es ist kein eigenes Profil erkennbar, keine wirklich eigene, unabhängige Meinungsbildung – man läuft mit der Masse. Das

Geschriebene ist altbekannt und tausendmal gehört. Es wird be- und verurteilt, ohne sich wirklich in die Schuhe der Betroffenen (versuchsweise) einzufühlen, was möglicherweise neue Erkenntnisse bringen könnte (so unvorstellbar eine solche Situation für Nichtbergsteiger ist: Was würde ich selbst in einer solchen Lage versuchen?). Der Wille, sich gegen den Strom der Massen zu stellen und für sich selbst zu forschen, scheint zu fehlen. Man vermisst etwas Echtes, Eigenes, Starkes.

Auch die angesprochenen „alternativen Hypothesen“ der Gegenseite sind möglicherweise von deren Eigeninteressen gefärbt und sollen ja vielleicht etwas verschleiern, wie z. B. das Wissen um eigenes Fehlverhalten oder eine daraus entstandene Art Schuldgefühl.

Meines Wissens hatte Günther sich Anweisungen widersetzt, folgte auf eigene Verantwortung zum Gipfel, hatte sich überschätzt und hätte dort oben wohl einen weiteren Tag Abwarten ohnehin nicht überstanden. Der Versuch, allein zurückzugehen, wäre angesichts seines Zustandes nicht infrage gekommen – nur DIESE Entscheidung wäre einzig unverantwortlich gewesen, sofern man das überhaupt sagen kann. Zu zweit den gleichen Weg zurückzugehen aus verschiedenen Gründen (ist nachzulesen) auch nicht. Die Entscheidung eines erfahrenen Profis in einer solchen Notsituation, der auch noch ein persönlich-emotionales Interesse an einem guten Ausgang der ganzen Sache hat, sollte akzeptiert werden.

Messners Äußerungen sind vielleicht gelegentlich nichts für zartbesaitete Gemüter. Sie entsprechen seinem Empfinden und sind wohl seine Art der Abwehr und des versuchten Selbstschutzes. Auch irgendwie verständlich, wenn man jahrzehntelang von Anschuldigungen und Vermutungen bombardiert wird und bei jedem Auftauchen auch gleich wieder das alte Drama mitschwingt und angesprochen wird. In der Geschichte und in unserer Zeit ist schon wesentlich Schrecklicheres geäußert worden, und in den wenigsten Fällen von „Helden“ – in sportlicher Hinsicht mag Messner zweifellos ein Held sein, in emotionaler/sozialer hat er in den Augen der Masse offenbar eher ein gegenteiliges Image, obwohl ihn kaum jemand davon näher kennt. Sie werden wohl nicht ernsthaft behaupten wollen, dass es heute noch IRGENDETWAS gibt, das NICHT gesagt werden dürfte, ob nun von Helden oder Normalos. Die Toleranzschwelle für geäußerte Dummheiten und Ignorantien ist bei der Masse offenbar wesentlich höher als für geäußerte (persönliche) Krafteruptionen.

Es ist schade, dass auch mit diesem Artikel nur Gehörtes, Aufgeschnapptes und Vermutetes heruntergebetet wird, nicht anders als während der vergangenen Jahrzehnte. Hätte, wollte, könnte. Wie unsinnig, wenn Leute, die sich nie in einer derartigen Lage befanden – und vor allem wie in diesem Fall auch nicht einmal in jeder Sekunde DABEI waren –, sich am Wirtshaus- oder Redaktionstisch die Köpfe anqualmen. Nur EIN Mensch kennt die ganze (Vor-) Geschichte bis zum Zeitpunkt des Unglücks. Besser, man hat zumindest etwas (berechtigtes) Vertrauen in dessen Darstellung.

Diese Stellungnahmen brachten mir per E-Mail ein Dankeschön des Verteidigten ein. Und inzwischen ist ohnehin allgemein bekannt und bestätigt, dass – selbst wenn noch Detail-Unklarheiten verblieben sein sollten – seine Darstellung des Wesentlichen des Geschehens zutreffend war.

Als ich 2017 nach Südtirol zog und auf Stellensuche ging, klopfte ich auch auf die Anzeige „Schlossführer für Juval gesucht" an. Der Posten war zu dieser Zeit zwar schon besetzt, man hielt aber Ausschau nach jemandem, der Schreibarbeiten für den Chef übernehmen könnte. Perfekt! Schon rein ehrenhalber hätte ich diese übernommen. Es verging eine Weile, man wolle sich melden.

Im Brief an eine Freundin berichte ich von meinem ersten persönlichen Kontakt am 30. Oktober 2017:

Gestern Vormittag hatte ich, gänzlich unvorbereitet und spontan, mit Reinhold Messner zu telefonieren (weil mich seine Sekretärin kurzerhand und ohne Vorwarnung an ihn weiterreichte. Aufregung!!). Und mir dann später noch aufgrund der Dringlichkeit nach der Büroarbeit schnellschnell die Fahrt nach Meran aus dem Ärmel zu leiern, um Manuskripte abzuholen. Ein ganzes Buch, hieß es – Briefe, Textausschnitte, Handschriftliches und private Tagebücher.

Glücklicherweise hatte mir Magdalena (Messner) kurzfristig noch die „Wegbeschreibung" zur Wohnung gewhatsappt, so fand ich den Zugang schneller. Gut, das Gebäude selbst kenne ich ja schon lange und hatte auch noch im Hinterkopf gespeichert, dass im obersten Stock die Wohnung sei. Aber es gibt viele verschiedene Zugänge an dem großen Komplex und am Klingelschild steht der Name seiner Frau.

Jedenfalls gefunden und gut pünktlich geläutet, hinauf in den obersten Stock, oben angekommen erwartete er mich schon, hinein in die Wohnung, schmaler Flur, endshohe Decke und gleich die Öffnung ins riesige Wohnzimmer. Die Heizung funktioniert (im Gegensatz zu meiner ...). Ohne Umschweife ging es gleich in medias res. Beklommen neben ihm Platz nehmen auf dem Sofa, den mitgebrachten Rotwein aus der Toskana überreichen und los ging's. Den ganzen Packen Stück für Stück kurz durchfieseln, dabei grob umrissen erläutern, noch mal die zeitliche Abfolge sortieren mit Grundsatzanweisungen zu Gerüst und Form. Mit der ausdrücklichen Anmerkung, ich dürfe gern gleich korrigieren/redigieren und so gut wie möglich Zusammenhang und Sinn in die Fragmente und entstehende Sache bringen.

Es war mir gar nicht bewusst, wie zierlich er eigentlich ist, drahtig natürlich. Ein schöner Mann, was auch durch einen besonderen und eigenwilligen Charakter ausgebildet wird. Die Mähne ist einfach sagenhaft, doch seit ich ihn zuletzt irgendwo in den Medien sah, wirkt er fast etwas ausgezehrt, obwohl das auch nicht der treffende Begriff ist. Wer weiß, was ihn gerade so mitnimmt. Und: Erstmals im Anflug spür- und sichtbar das Alter, auch das keine äußerliche Frage und auch keine geistige. Eher atmosphärisch in kleinen Dingen, eine leise Art ... Unsicherheit, auf bestimmte Weise Fadenverlieren, mal ein Blick, der ein inneres Fragezeichen enthält, eine winzige Spur Müdigkeit. DAS sind in meinem Erleben Zeichen ersten stillen Altersfrostes – und sie sind auch nicht ausschließlich an biologisches Alter gebunden. Bei seinen Leistungen, noch immer, kein Wunder. Wirkliche Erholungsphasen sind sicher selten. (Anmerkung: Später wurde klar, dass sich zu dieser Zeit wohl bereits größere persönliche Veränderungen abzeichneten. Verständlich, dass das schlaucht.)

Für mich persönlich gibt es heutzutage nur noch ganz, ganz wenige Exemplare, die ich wirklich als Mann wahrnehme. In eher archetypischem Sinne. Es ist etwas Urtümliches, verbunden mit Erlebtem, sich Gefahren und Widrigkeiten aussetzen, eine unglaubliche geistige und körperliche Kraft und Zähigkeit, Eigenwille und Kantigkeit, Überraschendes, Leistungs- und Leidensfähigkeit, im Grunde, ja, eine Kriegernatur. Das schätze und respektiere ich sehr. Ein solcher Mann und reine Weiblichkeit (die dann meist auch viel Ungelebtes enthält) ist möglich, aber wohl Verschwendung

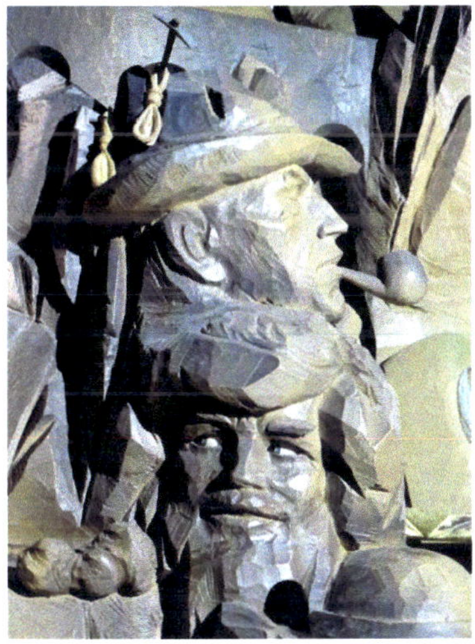

Zu finden im Touriseum Meran
(Trenker + Messner)

für beide, nervtötend und ein reines Arrangement für Alltäglichkeiten. Eine Frau, die ihren eigenen männlichen Anteil bewusst akzeptiert, mag und lebt, kommt damit vielleicht einigermaßen zurecht, dann ist auch eine Gefährtenschaft möglich, eine wirkliche Verbindung. Und das ist etwas besonders Schönes, wie ich ja selbst erfahren durfte. Und so etwas auch zu erleben, das wünsche ich ihm von Herzen. Dennoch braucht es wohl in manchen Fällen stattdessen jemanden, der sich „drumherumdrapiert", sich selbst völlig zurückstellt und mit dem Wirken und Wollen des anderen verschmilzt.

Zum Abschluss dieser ersten Begegnung erkundigte er sich noch ganz kurz, wie er mich einordnen müsse (was wir nicht weiterverfolgten, ist ja auch nichts auf die Schnelle und wenn, wird er's sicher selbst herausfinden, dachte ich mir), wo und was ich gerade arbeite. Er meinte noch, dass „die Mädels" (in Sigmundskron) diese Schreibarbeiten nicht mehr machen könnten oder wollten. Und wenn es mit mir klappe, er dafür quasi längerfristig auf mich zugreifen würde. Na wunderbar, das würde mich natürlich sehr freuen.

Nun, selbst wenn ich frei hätte, bräuchte ich wohl einige Wochen für dieses Pensum, doch es soll schon Mitte Dezember fertig sein. Großartig.

Es sind definitiv viel Zeit, Kraft, Ausdauer und volle Konzentration nötig für die oft komplizierte Umstrukturierung, die Erfassung der gewünschten Aussage, Faktencheck. Und vor allem bräuchte ich auch einen schönen warmen Platz. Vermutlich der schwierigste Teil bei meiner kalten Wohnung. Als ich zu Hause alle Unterlagen auspackte und zurechtlegte, hatte ich große Freude an seiner Handschrift, formschön und wunderbar zu lesen.

Dies war das erste von mehreren Projekten, auf die ich mich mit viel Energie, Einsatz, Freude und Durchhaltevermögen stürzen durfte. Und mit nicht wenig Stolz. Jederzeit bereit, alles liegen und stehen zu lassen, wenn der Meister rief, Telefonate, Übergaben, Absprachen. Er ist das Zentrum, um das in seinem Universum alles kreist, alles, was auch nur ansatzweise mit seinem Spezialgebiet zu tun hat. Natürlich lernte ich auch eine ganze Menge dabei. Nicht nur, meine Arbeit und Methodik weiter zu verfeinern, sondern in Sachen Alpingeschichte, erfuhr lesend Lebensläufe großer Bergsteiger und Pioniere, Fachbegrifflich- und Örtlichkeiten und einige seiner ganz persönlichen Erinnerungen und Empfindungen auf Expeditionen. Die Faszination, in all diese Abenteuer und Ereignisse ganz und gar einzutauchen, beinahe live dabei zu sein, war einfach enorm. Besondere Freude hatte ich an dem schmalen Bändchen *Rettet die Berge,* weil seine Botschaften auch mir so sehr am Herzen liegen. Ich finde, es gehört in jeden Rucksack, in jedes Natur- und Bergfreundes Tasche 🙂.

Neu war mir beispielsweise, dass ein „Gendarm“ in der Alpinistensprache ein auf dem Bergrücken aufsitzender Felsturm ist, auch diverse Begriffe aus dem Equipmentbereich kannte ich nicht. Es dauerte eine Weile, bis ich erstens entziffert und zweitens herausgefunden hatte, was eine Whillans-Box ist – ein von Don Whillans in den 60ern entwickeltes Expeditionszelt in Würfelform. Orographisch (in Fließrichtung) war mir bekannt, aber nicht dem Malik-Verlagslektor, der die korrekte Formulierung in ein haarsträubend falsches „ortographisch“ umkorrigierte – gänzlich sinnfrei! Mit dem Südtiroler Wort „antrisch“ konnte ich zunächst nicht wirklich etwas anfangen, obwohl die ungefähre Bedeutung dem Kontext zu entnehmen war. Inzwischen ist es eines meiner Lieblingswörter – unheimlich, eigenartig, seltsam, nicht ganz geheuer.

Meine Befangenheit während Treffen, Besprechungen, Unterlagenaustausch hat sich leider nie gelöst, zu groß ist einfach der Respekt. Auch bin

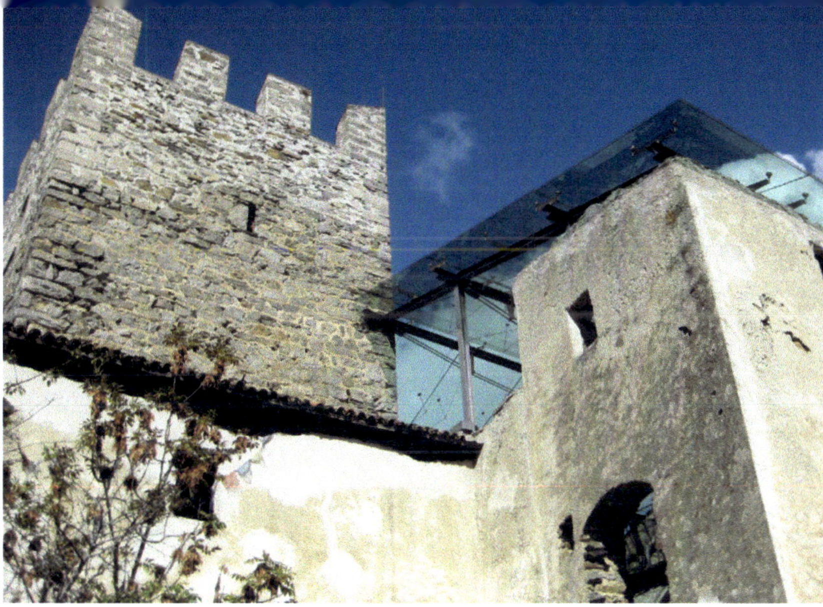

Juval

ich nicht gerade jemand, der gerne spricht. Soziale Events sind daher immer eine Herausforderung. Nun ja. Und doch: Nachdem ich wieder einmal Manuskripte abgegeben hatte, fragte er später nach, warum ich nicht hereingekommen sei. Oh, das hätte ich nie gewagt, einfach so hereinzuplatzen. Angesichts seines Arbeitspensums, und Familie und ein Privatleben hat er ja auch noch.

Bei einem Abendessen-Arbeitstreffen in der wunderschönen, uralten Stube des Gstirnerhofes – die ihm, ich war so erleichtert!, offenbar richtig gut gefiel – hörte ich ihn mit der Wirtin erstmals Dialekt sprechen. Das war wirklich überraschend und meine Überraschung eigentlich komisch. Aber nun, in der Öffentlichkeit hört man ihn ja fast ausschließlich hochdeutsch. Im Gedächtnis und ein Rätsel blieben mir, als er das Du anbot, auch die kryptischen Worte, dass alles Weitere sonst schwierig würde. Jedenfalls: Vielleicht ist es durch meine Begeisterung dafür ja tatsächlich gelungen, bei diesem Anlass die Neuauflage von *Zurück in die Berge* anzustoßen, die ich für so wichtig hielt. Auch die fröhliche Mitarbeiter-Runde, für die er, ganz Gastgeber, auch die Rolle des Mundschenks übernahm, bleibt in Erinnerung – als des Schlossgeistleins Otto Mairs Geburtstag gefeiert wurde. Der ein wirkliches Original ist und mit Herzblut und seinem reichen Wissen seit

1995 besonders kurzweilige, spannende Schlossführungen voller Anekdoten und erstaunlicher Details bietet. Er ist Juval so zugetan und mit diesem verwachsen, dass eines vom anderen kaum zu trennen ist.

Das Angebot, mich auf Juval, einem der schönsten Plätze auf Erden, um Garten und Museumsgäste zu kümmern (für mich dachte ich: und die Bibliothek zu katalogisieren, das wäre echt ein Highlight!), lehnte ich sehr schweren Herzens dann doch ab. Für ein solches Projekt schien es mir angesichts meiner Aktivitäten und Lebenspläne zu früh, ohne Auto wäre ich kaum noch irgendwohin gekommen – was meinem ökologischen Gewissen widerspricht –, vor allem aber hätte ich nicht mehr genug Zeit für mein in Vollbrand stehendes Bergleben gehabt und fürchtete ein wenig um meine relativ freie Unabhängigkeit. Richtig oder falsch? Wer weiß das schon.

Jedenfalls wünsche ich ihm und Diane bei dem engagierten und umfangreichen Projekt, sich der Bewahrung des Traditionellen Alpinismus mit allen Kräften zu widmen und diesen als Botschafter zu vertreten, großen Erfolg! Dies wird der Bergnatur zumindest in dieser Hinsicht einen kleinen Spielraum bewahren und ebenso den kommenden Alpinisten-Generationen. Möge es gelingen!

Julius Payer

Im März 2019 konnte ich meine Münchner Freundin bewegen, mit mir nach Sulden zu gondeln. Mein erster Besuch dort, endlich auch im „Eis"-Museum Ortles. Kompakt, intensiv, für Geister, die Schnee und Eis lieben, voller Gefahren und Wagemut. Ganz besonders nahmen mich Comptons und vor allem ... Payers ... Bilder gefangen. Vor allem dessen außerordentliche Gabe, dieses atmosphärische Licht des hohen Nordens einzufangen auf eine Art, die einen gewissermaßen selbst mit Leuchten erfüllt ... faszinierend ...

Nun, die Payerhütte am Ortler, die zunächst als kleine Selbstversorgerhütte von der Prager Sektion des Deutschen und Österreichischen Alpenvereins erbaut worden war, kennen wohl die meisten. Rundherum sind Payerspitze, Payerferner, Payerjoch zu finden. Julius von Payer, geboren 1841, ist untrennbar mit dem Ortlergebiet verbunden. Als Erschließer, als Kartograph. Er kannte es wie seine Westentasche.

Königspitze – Zebrù – Ortler

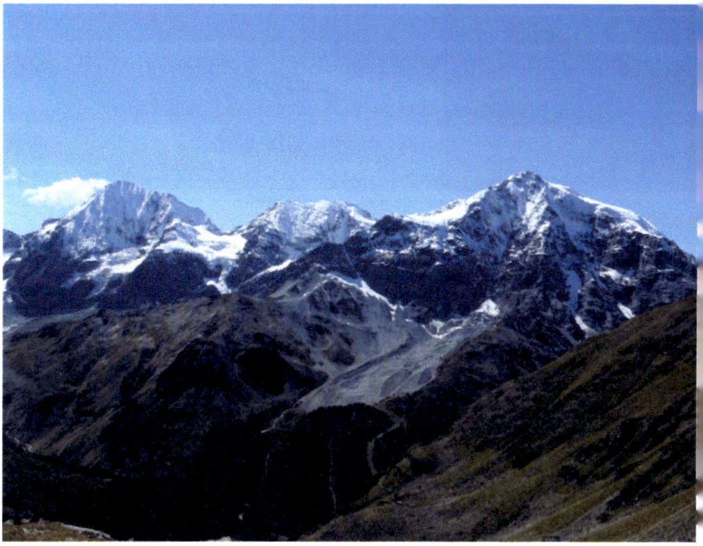

Als Leutnant war er 1860 in Verona stationiert und entdeckte bei seinen Ausflügen in die Lessinischen Alpen, dass das Kartenmaterial unzureichend und falsch war. Sein Forscherdrang war geweckt. So fand er zu einer neuen Berufung, die bald darauf dem Militär sehr willkommen und entsprechende Besoldung des Generalstabsoffiziers wert war. Er studierte in Frankfurt und München Malerei – ein hervorragendes Rüstzeug dafür. Als erfahrener, unerschrockener Alpinist hatte er in kurzer Zeit weit über 50 Erstbesteigungen in der Adamello- und Presanellagruppe und dem Ortlergebiet vorzuweisen. Dr. A. Dreyer schrieb in einem Nachruf, Payer habe „unverwelkliche Bergsteigerlorbeeren gepflückt". 1869 führte ihn eine erste Expedition nach Ostgrönland, seine zweite 1871 nach Spitzbergen und 1872 weiter: auf die Tegetthoff als Kommandant (an Land) der Österreichisch-Ungarischen Nordpolarexpedition. Diese brachte ihm danach seine Erhebung in den Ritterstand ein.

Noch ganz im Bann seiner Bilder, folgte ich so weit möglich seinen Spuren. Völlig überrascht entdeckte ich, dass sein Vater Franz (und wiederum dessen Vorfahren) im böhmischen Kriegern geboren worden war, 1791. Was für mich eine sehr aufregende Neuigkeit darstellte, da meine Vaterlinie aus diesem kleinen Dorf (und der umliegenden Nachbarschaft) in Böhmen stammt. Im Bereich des Bahnhofsviertels müssten die Payers ursprünglich gewohnt haben, meinte meine Tante. Doch inzwischen konnte ich herausfinden, wo genau in Kriegern das Payer-Haus Nr. 86 stand: direkt gegenüber dem alten Rat-/Gasthaus, das mein Ugroßvater später gekauft hatte. Leider wurde, als man Zufahrt und neue Schule baute (eingeweiht am 27.5.1912), dieses Payer-Haus 1909 abgerissen. Payers Vater Franz Anton war im Haus Nr. 111 geboren worden, das sich schräg gegenüber der Kirche befand, die heute – leider völlig verfallen – unter Denkmalschutz steht. Recherchen, das Beschaffen und Studieren alter Pläne und ein Telefonat mit der ältesten noch lebenden Kriegenerin – diese Nachforschungen machten einfach unglaublich viel Freude.

Julius wurde nur deshalb in Teplitz-Schönau (gut 70 Kilometer nordöstlich von Kriegern) geboren, weil sein Vater, der auch schon Kartograph und Zeichner war, nach dem Militärdienst sich anderweitig nach einem „Alters"-Ruhesitz umsah und dort dann seine Zukünftige traf.

Um 1520 riet ein Dr. Wenzel Payer (* 1488) erstmals, die Karlsbader Quellen als Trinkkur zu verwenden und erstellte 1522 die erste medizinische Abhandlung dazu. Julius' UrUrUrUrgroßvater Simon Payer (1612-1689) muss in Kriegern Bürgermeister gewesen sein. Es folgten dessen Sohn Johann, dessen Sohn Adam Wenzel Payer (* 1677), dann der Urgroßvater (auch ein) Franz Anton Payer, und der Großvater – mir noch unbekannten Namens – der wohl als Straßenkommissär in Kriegern fungierte. Und dann kam Julius' Vater Franz.

Bei meiner Tante stieß ich auf ein schönes Portrait meines Urgroßvaters, das er im Fotoatelier eines Chr. C. Payer in Joachimsthal/Erzgebirge (Bergbaustadt, in der Agricola einst Stadtarzt war und die Nutzung von Mineralien für medizinische Zwecke vorantrieb) hatte anfertigen lassen. Julius Payer hatte also Kartographie, Forschergeist, Mineralogie, Fotografie usw. schon in den Genen und scheint ja auch eine hochinteressante, komplexe und discokugelartig facettenreiche Persönlichkeit gewesen zu sein ... Es heißt, die Payers wären, ursprünglich aus B(P)ayern stammend, über Eger nach Kriegern eingewandert (1437 erstmals erwähnt). Eine naheliegende Erklärung.

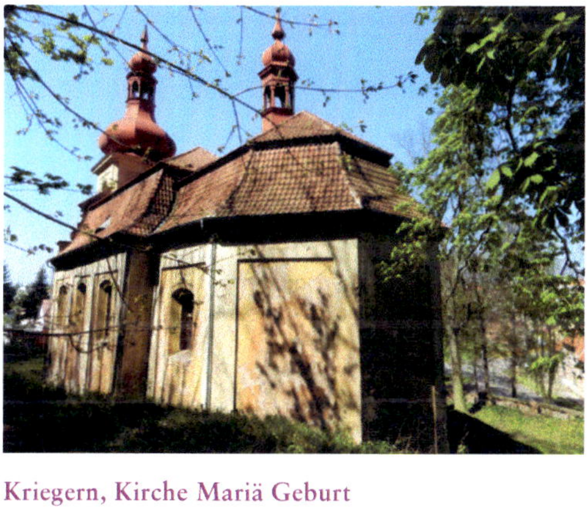

Kriegern, Kirche Mariä Geburt

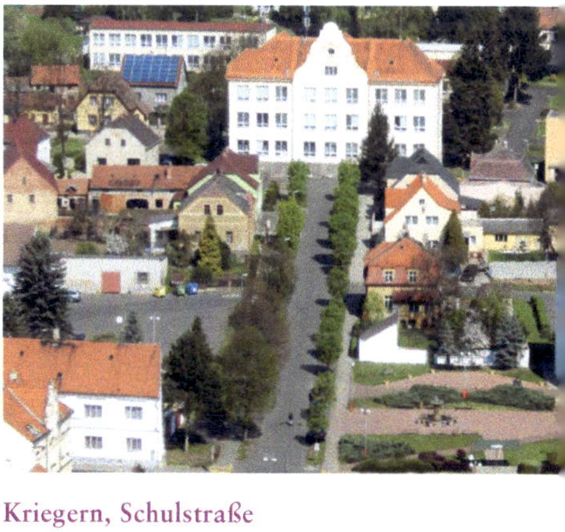

Kriegern, Schulstraße

Auf Flurnamenjagd mit Johannes Ortner

Johannes Ortner ist studierter Ethnologe, Kultur- und Sozialanthropologe. Und ungemein rührig und engagiert: im Heimatschutzverein Meran und dem Heimatpflegeverein Südtirol sowie ökologisch und politisch. Vor allem aber ist er aus vielen Sendungen, Artikeln und Vorträgen bekannt als Experte für die Flurnamenforschung und –sammlung. Diese Aufgabe wurde ihm auch vom Land Südtirol übertragen.

Egal ob Straßen und Wege, Berge, hervorstechende Geländemarken, Gewässer, Höfe, Felder, Äcker, Wiesen – die Menschen haben fast alles mit meist sehr (ent-) sprechenden oder bestimmte Eigenschaften oder Ereignisse verewigenden Namen versehen.

Auf seinen hurtig dahineilenden Beinen, unermüdlich auf Entdeckungstouren, ist Johannes Ortner eine wandelnde Enzyklopädie. Er hat ein solch enormes Ortskunde- und etymologisches Wissen gespeichert – ich kann es immer wieder kaum fassen. Sein Gedächtnis muss über das Speichervermögen eines Großrechenzentrums verfügen.

Ob nun eine Flurbezeichnung prähistorischen, keltischen, rätischen, alpenromanischen, bairischen, vorrömischen, indogermanischen oder sonstigen Ursprungs ist (und die Etrusker waren wohl auch mal hier) – er weiß es. Oder er forscht und gräbt immer weiter. Voller Enthusiasmus und Erzählfreude.

Ein Bauer überhalb meines Dorfes wollte das Wissen, das er von seinen Vorfahren übernommen hat, für die Nachwelt erhalten. Also bewaffnete ich mich mit Schreibzeug und Fotoapparat und machte mich auf, um mit ihm einen auf seinem Grund befindlichen Weg, den heute kaum noch jemand kennt, abzugehen. Und dabei dessen Verlauf, seine Umgebung und Gelände- oder Felsformen, die überlieferten Bezeichnungen für dieses oder

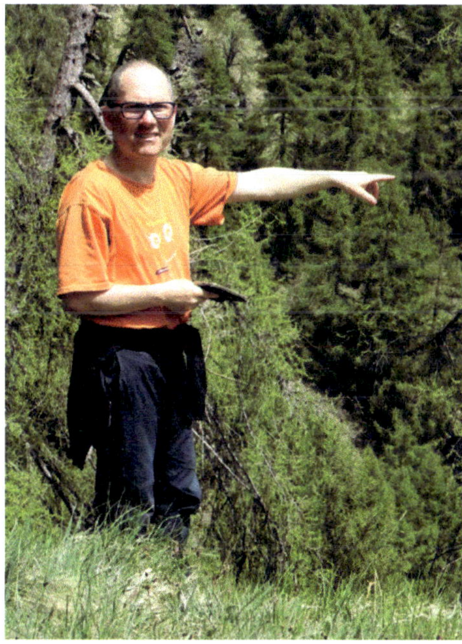

jenes Fleckchen und besondere mit persönlichen Erinnerungen und Geschichten verknüpfte Stellen zu dokumentieren, aufzuzeichnen und im Bild festzuhalten.

Als die Arbeit getan war, kontaktierte ich Johannes Ortner, damit er mit dem vorhandenen Material vergleichen und eventuelle Lücken füllen könne. Er war positiv überrascht von meinen Bemühungen und meinte, er wolle sich die Sache gerne noch selbst ansehen und überprüfen, ob er alles korrekt eingetragen hätte.

Eines Tages brachen wir dann zusammen auf, um meine Vorarbeiten zu verifizieren. Und so weist nun die Flurnamensammlung wieder ein paar weiße Fleckchen weniger auf.

Während des Rückweges noch einkehrend beim Initiator der Flurnamentour erzählte dieser, dass er und seine Mutter vor vielen, vielen Jahren unabhängig voneinander – und nicht nur einmal – unterhalb einer Felswand, wo es einen Ort namens Vermplatt (falls ich's richtig verstanden habe) gibt, dem Tatzelwurm begegnet sind (ca. 50 cm lang, ca. 10 cm

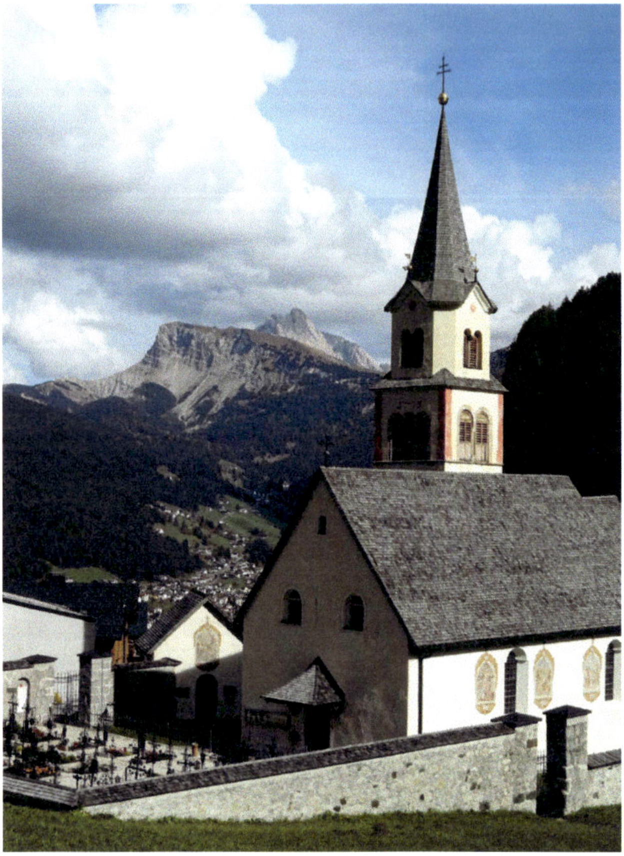

Kirche in Pufels, Blick auf St. Ulrich und Secëda

Durchmesser, Füße vorne, Kopf, stachelbewehrt, die eine Art, evtl. das Männchen, mit längeren Stacheln, die andere mit kürzeren), meist um die Nach-Mittags-Zeit. Für einen Dampfplauderer halte ich ihn eigentlich nicht und bin ohnehin der Überzeugung, dass jede Legende einen wahren Kern hat … Vielleicht ist mir eine solch außergewöhnliche Begegnung auch einmal beschieden …

Als Flurnamen-Beispiele nachfolgend Johannes Ortners Antworten zu meiner Frage nach Bezeichnungen in Gröden.

Kastelruth: Das „ruth“ bedeutet klassisch lateinisch -ruptu(s), vulgärlateinisch -ruttu und alpenromanisch -rotto; und dies bedeutet „gebrochen“, es ist die „gebrochene Burg“ (castellu ruttu). Das ist der sogenannte Kofel oberhalb des Ortskerns (Kalvarienberg). Die Ladiner bezeichnen den Ort übrigens als Ciastel (also Burg, aber nicht „gebrochen“).

Pufels: Ladinisch Bula, stammt laut traditioneller Forschung von *bovile „Rinderstall“ (doch mir scheint diese Herkunft wegen der Erstbetonung zweifelhaft). Puflatsch bedeutet jedenfalls „Großer Weideberg von Pufels“ (bovulatschja).

Schgagul: wird von K. Finsterwalder als romanisch *sub cucullo > s‘gagul > Sch-gagul „unterhalb der Berghaube“ übersetzt. Die „Haube“ erblickt er im Kofel von Kastelruth, auch hier sind Zweifel angebracht ...

Oswald, Gröden und die Gherdenacia

Wer in Gröden auf Entdeckungsreise geht, kommt weder um Luis Trenker noch um Oswald von Wolkenstein herum, nach dem (landesweit) Straßen, Plätze, Wege und das große Reitturnier benannt sind. Es ist eigentlich gar nicht so recht zu sagen, warum alles, was mit Oswald zu tun hat, eine unbestimmte Sehnsucht in mir auslöst. Besonders hat mich die Ruine Wolkenstein, eine Lehnsburg seines Vaters, im gleichnamigen Ort mit ihrem Zauber belegt, die wie ein Kloster im Himalaya an der Felswand klebt. Und in deren Mauern noch immer ein besonders inspirierender Geist zu wirken scheint. Direkt blickt man hinüber auf den herrlichen, aus jeder Perspektive wieder neuen „Wolkenstein“ (Langkofel). In einem Buch las ich einmal, dass der Langkofel – der übrigens nur aus Richtung St. Ulrich als langer = hoher Kofel erscheint – ursprünglich einmal Wolkenstein genannt wurde. Ein passender Name, der mir absolut plausibel erscheint: ein großer Stein, meist von Wolken umkränzt. Und entsprechend Namensgeber war für den Ort zu Füßen des Felsbrockens und das Adelsgeschlecht derer von Wolkenstein.

Auch die Burg Hauenstein, in den Wäldern über Seis gelegen und überragt von der Santnerspitze, umgibt etwas Mystisches. 1367 lebte Eckhard von Villanders dort, sein Enkel Oswald erbte ein Drittel davon (zwei Drittel fielen Anna von Hauenstein zu, Ehefrau des Ritters Martin Jäger).

Mit etwa 40 Jahren war Oswald frisch verheiratet mit Margareta von Schwangau. Das junge Paar wohnte möglicherweise zunächst mit Bruder bzw. Schwager Michael auf der Trostburg. Bevor Oswald Hauenstein kurzerhand besetzte. Hart und viele Jahre stritt er erbittert darum. Er stattete es standesgemäß und elegant aus und lebte dort zusammen mit seiner schwäbischen Ehefrau und den sieben Kindern. Die ihn – der ohnehin selten genug zu Hause war – mit ihrem unaufhörlichen Gelärm schon mal zur Verzweiflung treiben konnten.

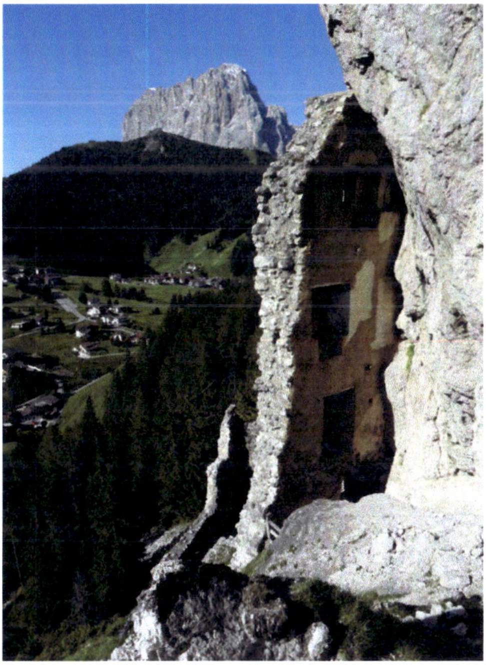 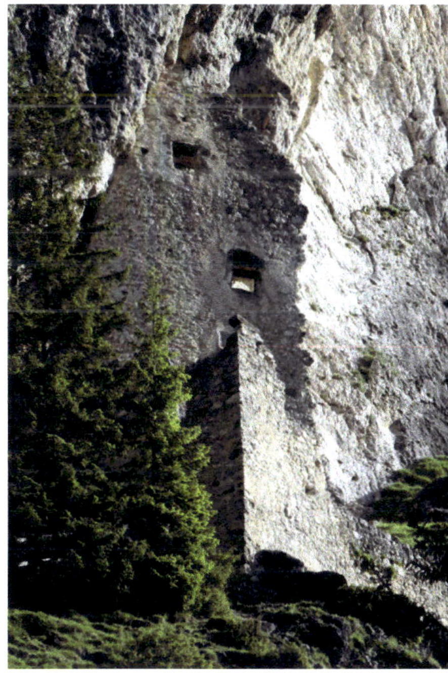

Ruine Wolkenstein mit Blick auf Langkofel

Die Verbindung mit seiner Frau muss jedoch wirklich eine recht innige gewesen sein: so manch ein Liebeslied zeugt davon, sinnlich und lebensvoll. Beispielsweise sitzen die beiden im Freien badend im Zuber, lachen, scherzen, sind übermütig. Er bewunderte in vielen Zeilen ihre Schönheit, und sie war klug, gebildet, kundig des Lesens und Schreibens und verfügte über eine schöne Stimme.

Natürlich gab es da auch noch eine fatale Liebe, die Oswald wohl sein ganzes Leben lang nicht ganz losgelassen hat, selbst dann nicht, als sie sich im Zuge des Erbschaftsstreites um Hauenstein sogar gegen ihn verbündete, ihn mit der Aussicht auf Liebesfreuden oder Versöhnung wohl in einen Hinterhalt lockte und nach seiner Festsetzung möglicherweise auch bei seiner Folterung anwesend war. Hubert Mumelter schrieb über diese Liebschaft sein *Oswalt und Sabina*. Im wirklichen Leben allerdings hieß sie

Anna Hausmann – eine Brixner Schulmeisterstochter, die er etwa acht Jahre vor seiner Heirat kennengelernt hatte.

Oswald (1377 – 1445) war eine wahrlich schillernde Persönlichkeit: als Reisender, der viel von der Welt gesehen hat – bereits mit zehn Jahren verließ er im Dienst eines fahrenden Ritters das Elternhaus! –, als Dichter, Sänger und Musiker, Ritter, Soldat und Haudegen, der keinen Händeln aus dem Weg ging, als Grundherr, Gefolgsmann und Gesandter von Kaisern, Königen und Fürsten, Stifter (Oswald-Kapelle in Brixen), Hauptmann des Domes, als Rebell, der sich gegen eingefahrene Geleise und Zwänge aller Art auflehnte, als politischer Berater und sogar Richter. In zehn Sprachen konnte er sich ausdrücken, darunter Russisch, Latein, Maurisch und Französisch. Erspart blieb ihm kaum etwas, weder in den Gefechten noch in den Auseinandersetzungen mit Familie und König. Auch Gefangennahme und Folter musste er sicher nicht nur ein Mal erdulden. Er war der bedeutendste deutsche Lyriker des Spätmittelalters, ein Erneuerer des alten Stils und beeinflusste damit die Musikgeschichte. Seine oft biographischen Lieder mit ihren kreativen Texten, mitten aus dem Leben gegriffen, sich mit der aktuellen Politik, sozialen Missständen und selbst Erlebtem befassend, ließ er (vorsichtshalber) zwei Mal verewigen. Das hatte es zuvor noch nie gegeben und es zeigt, wie viel ihm seine Kunst und ihr Erhalt für die Nachwelt bedeuteten.

Melodien variierte er vortrefflich, dichtete mit sicherem formalem Können, widmete sich einem breiten Spektrum an Themen und war nicht nur im Parodieren ein Meister.

Die Legende erzählt, dass eine Wahrsagerin, von Oswalds Mutter zum Schicksal ihres Kindes befragt, weissagte: Sollte der Sohn das Harfenspiel erlernen, würde er ein großer Sänger und Musikant. Er hätte aber wenig Frieden, Glück und finanziellen Erfolg im Leben. Die Mutter wollte jedoch einen Sohn, der mann- und glückhaft im Leben stünde und etwas „Rechtes“ werden und darstellen sollte. So ließ sie seine Hände verzaubern, auf dass sie zu grob und unbeholfen seien, um sanfte Töne auf welchem Instrument auch immer zu produzieren. Am besten sollten sie nur für das Ritterleben geeignet sein, für Schwert und Lanze. Und so kam es. Denn er musste schmerzlich erfahren, dass seine Begeisterung fürs Musizieren jedem Instrument durch seine ungeschickten Hände ein frühes Ende bereitete.

Als aber nun Oswald eines Tages Richtung Molignon aufstieg, einem Berg südlich der Rosszähne, die an der Seiser Alm liegen, kam er an eine magische Bergwiese, auf der eine zarte Elfe wunderschön Harfe spielte und sang. Verliebt lauschte er gebannt, bis das Idyll sich abends auflöste, tagelang kehrte er immer wieder zurück.

Als er rein zufällig endlich ihren Namen erfuhr und bei ihrem nächsten Treffen verbotenerweise aussprach, versank der ganze Zauber im sich bildenden Antermoiasee. In seiner Trauer nahm er ihre Harfe und begann zu spielen. Der Zauber war wundersam durch sein Leid gebrochen. Ab da stand seiner von Herzen gewünschten Karriere nichts mehr im Wege. Auch wenn in seinem Leben für ihn nicht immer alles zum Besten stand, es viele Rückschläge und Kämpfe gab, er ruhelos umherzog, so wird ihn sein Tun sicher mit viel Freude und einigem Stolz erfüllt und ihm zusätzlich Ansehen und Bedeutung verliehen haben.

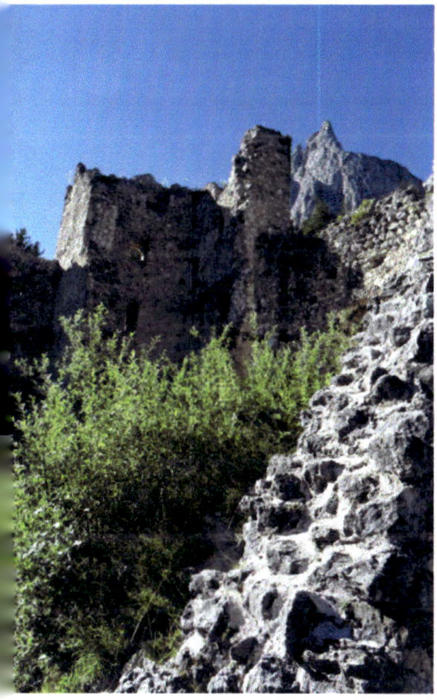

Burg Hauenstein

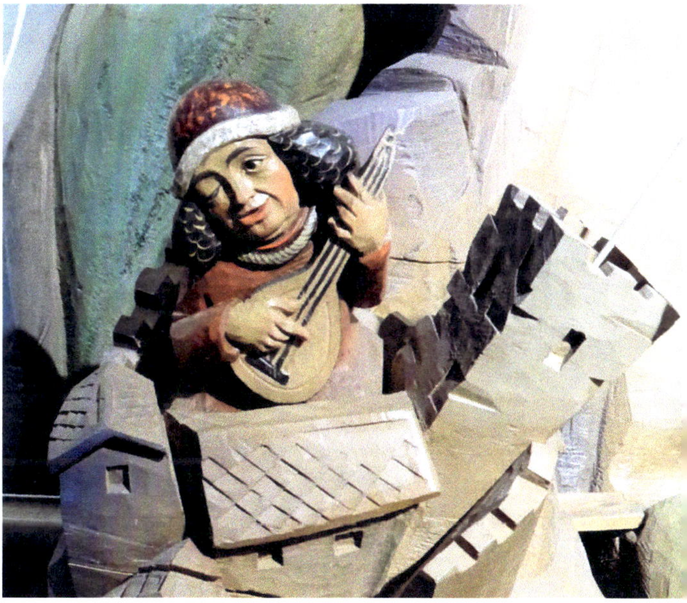

Oswald – zu finden im Touriseum Meran

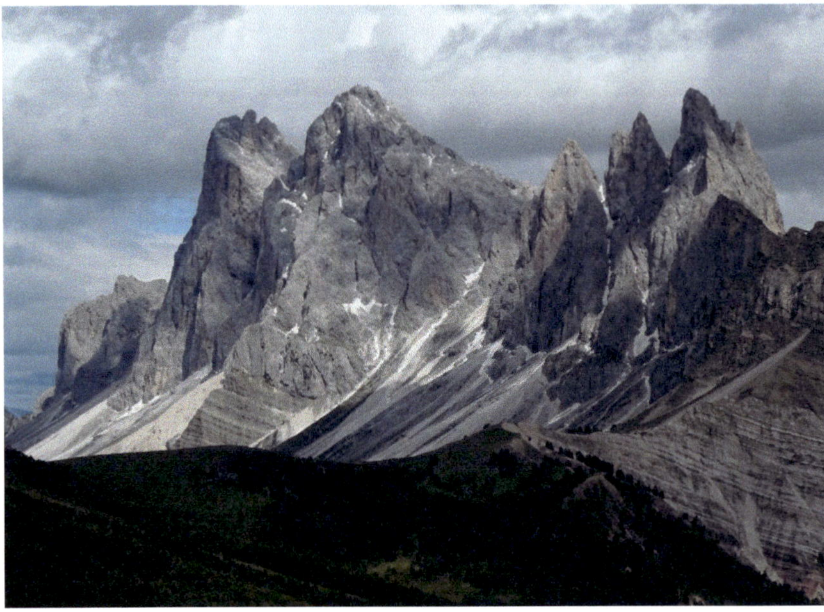

Die Geislerspitzen

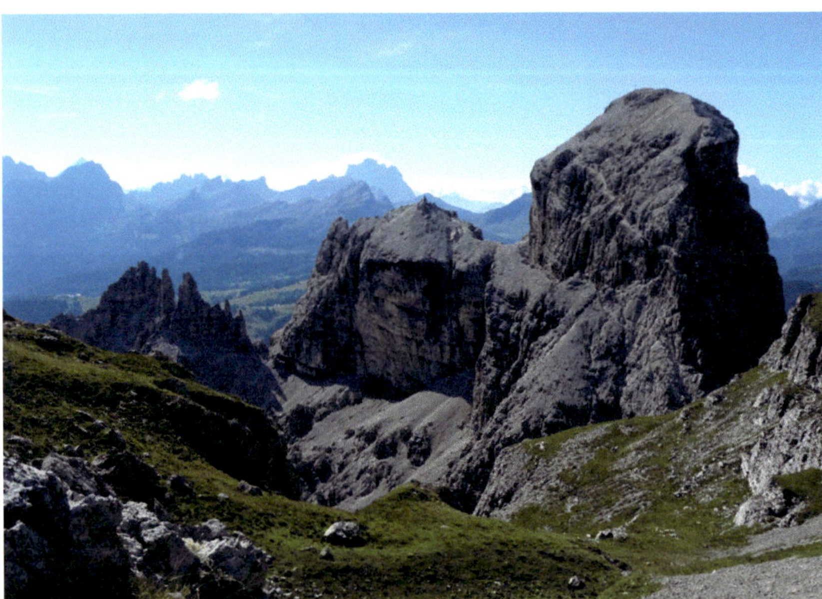

Sassongher

Dramatische Kulissen, Felsformen der Superlative, ungeheure Vielfalt und Gegensätze auf kleinstem Raum: Gröden ist ein sensationelles Fleckchen Erde, das seine ganz eigene Magie und Faszination auf mich ausübt. Und den besonderen Charakter seiner Bewohner – im besten Sinne wahre Croderes (Felsenmenschen) – versteht man besser, hat man seine Natur und Ausstrahlung erlebt. Das einzigartige Grödner Ladinisch – im Gegensatz zum Gadertaler Ladinisch, das sich heute so in den Vordergrund drängt und meist mit „Ladinisch" gleichgesetzt wird – ist obendrein für mich einfach die allerschönste Sprache der Welt und vielleicht eine der am schwersten verständlichen. Sie klingt unwahrscheinlich melodiös, rätselhaft, heiter, urtümlich, lustig, sanftmütig und hell, ich fühle mich darin einfach geborgen. Oft genug springen daraus auch Bestandteile des Spanischen (y = und, el = er, nos = uns), Rumänischen (mistèr = Geheimnis), Französischen (vert = Grün), und im Klangbild könnte man manchmal sogar Anklänge des Ungarischen und Asiatischen (wie das gesprochene Tschauzei = Schuhe) vermuten. Eine wirklich wilde Mixtur. Genau wie Berge und Landschaft.

Ein hochgelegenes Geheimnis Grödens ist die Gherdenacia, zu der optisch auch schon die Crespëina-Hochebene gehört. Insgesamt eine Hochebene, die sich zwischen Crespëinajoch, Ciampac, Para Dai Giai, Col Plö Alt und Col dla Muntijela ausbreitet. Vollkommen überwältigt war ich beim ersten Anblick: Aus dem Grün des Tales aufsteigend, am weißen Fels der Cirspitzen und den „amerikanisch" gelb-rötlichen Canyonwänden des Mont Dessëura vorbei, stand ich plötzlich vor einem riesigen Suppenteller, der wie von einem anderen Stern zu sein scheint.

Ganz andere Farben und Formen, vorwiegend schwarz-weiß gesprenkelt, flach und von Rissen durchzogen, im Sommer etwas Grün hie und da. In der Mitte erhebt sich mein Traumberg in all seiner unbegreiflichen Unwirklichkeit. Er strahlt eine sagenhafte, fesselnde Magie aus, dieser Berg (korrekt: Hügel) des Tönens, der Col dala Sunela.

4.10.2019, erster Kurzurlaub in Gröden

Sonntagnachmittag richtete ich mich in meinem kleinen Zimmerl im Planlim ein, solche Garnis gibt's wohl nur noch wenige. Im Stil so aus den frühen 60er-Jahren, seitdem hat man sicher nichts mehr verändert. Aber ich mag das. Erinnert ein bisschen an Frau Mitterhofers Pension früher.

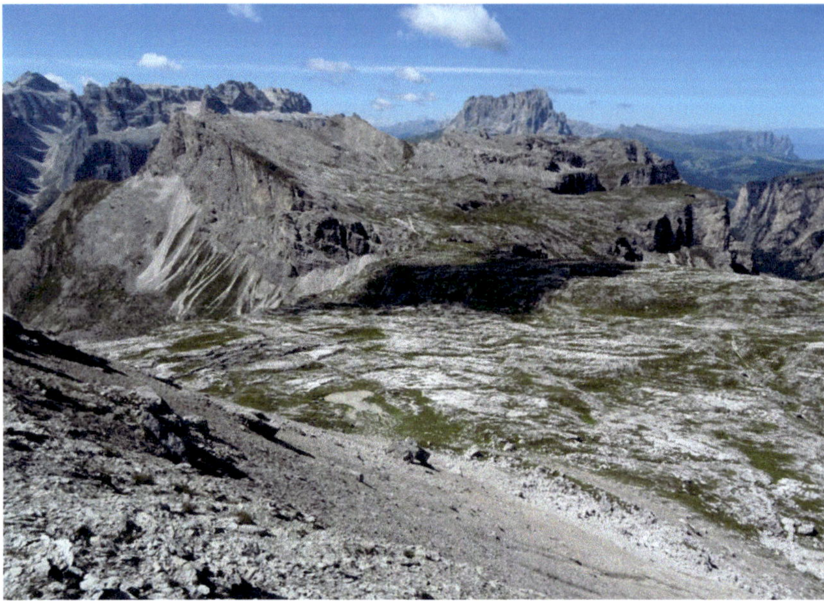

Blick über die Gherdenacia Richtung Langkofel

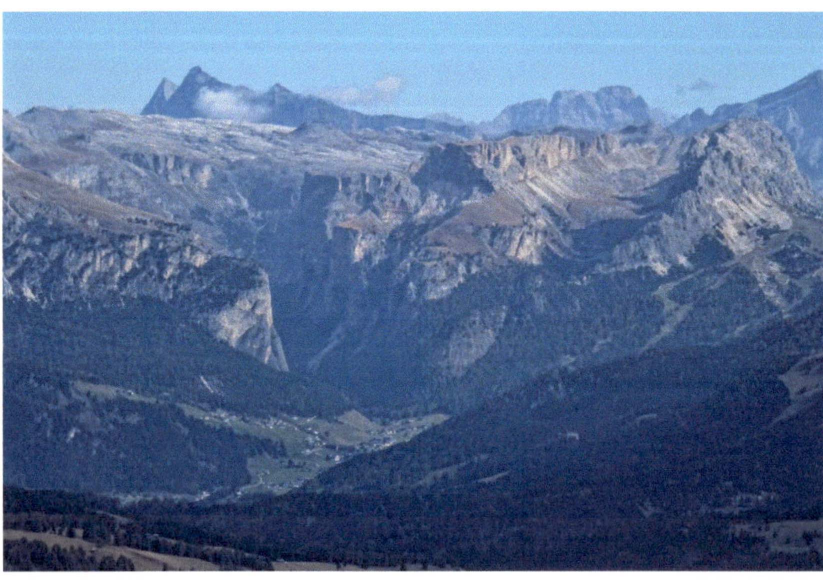

Gherdenacia bis Chedultal/Cirspitzen von der Seiser Alm aus

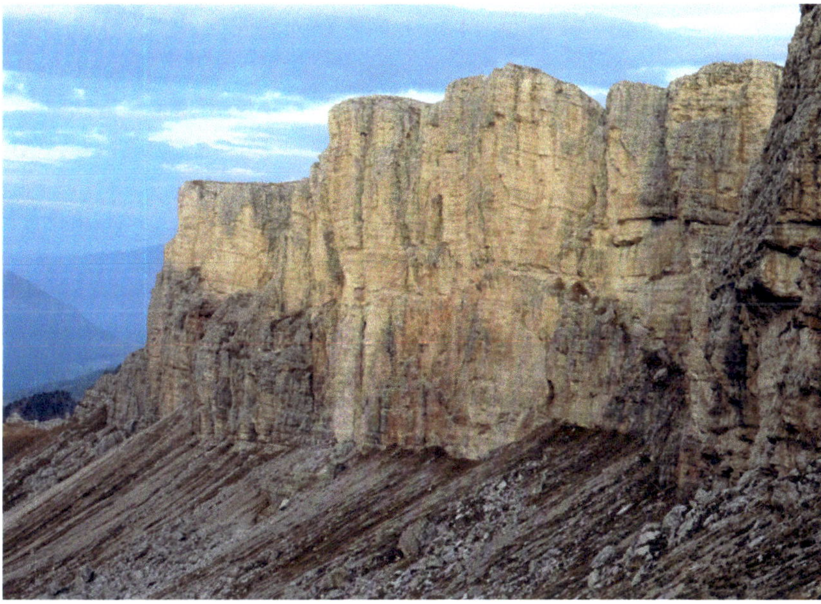

Mont Dessëura, Chedultal

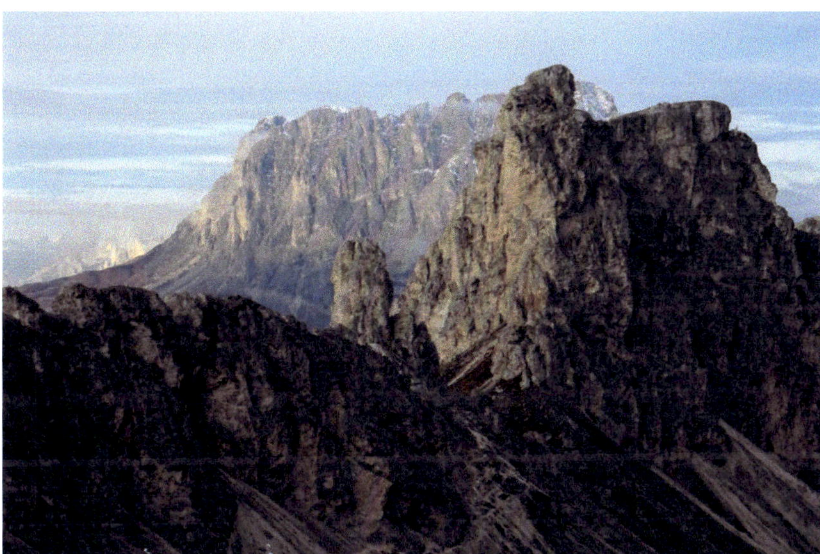

Cirspitzen, dahinter Langkofel

Abends noch zum Essen, erfreulicherweise entdeckte ich ein Restaurant, das bei vertretbaren Preisen absolut vorzügliche Küche bietet und ein angenehmes Plätzchen zum Kartenschreiben – Mauriz-Keller. Sehr empfehlenswert, auch ein netter Service. Zu nett vielleicht, denn der Kellner wollte mir unbedingt Istrien (und sich) schmackhaft machen.

Montagfrüh erlebte ich das allmähliche Tagwerden noch in tiefer Ruhe überm Tal. Die Bauarbeiter hatten ihr Tagwerk noch nicht begonnen, Touristen kommen meist ohnehin vor halb zehn nicht aus dem Haus, auf den Straßen war's noch ruhig. Ganz leise schälte sich der Langkofel aus den Decken, badete aber noch ein Weilchen in seiner Morgenmilch. Der Tag entwickelte sich nach dem frühen Gewölk einfach herrlich, mit zartdunstigem aber leidlich klarem Panorama. In einem der letzten Häuser überhalb St. Ulrich saß schon vor halb sieben ein Tischler/Schreiner in seiner hellerleuchteten Werkstatt über die Arbeit gebeugt …

Um gleich möglichst viel zu sehen und mir einen Überblick zu verschaffen (bald schon war die „Karte" im Kopf, sodass ich mich jetzt kaum noch verlaufen könnte), wählte ich die Runde über Broglessattel/-alm mit erstem Blick ins Villnößtal und hinüber zur Mittagsscharte. Dort wo die komplette Seilversicherung auf den Sass Rigais beginnt, drehte ich, ohne Klettergurt und ich kenne ja die Strecke noch nicht, schweren Herzens um, es wäre nicht mehr weit gewesen. Die Cislesalpe bietet wieder ganz eigene Eindrücke, fast ein wenig westernmäßig. Recht schmunzeln musste ich, als die besondere Felsformation der Piera Longia (langer Stein) sichtbar wurde – ein erheiternder Anblick. Weiter ging es zur Secëda. Allein für die Abfahrt 24 €! Beinahe Zugspitzverhältnisse … Ich kann nur hoffen, dass Einheimische deutlich weniger zahlen, sonst ist das kaum öfters leistbar. Übrigens war bis zur Mittagsscharte kein Mensch unterwegs. Es gab nur den wunderbaren Wald, den Blick zur Gschnagenhardtalm, gar nicht weit weg sang wunderbar und ausdauernd ein Hirsch, ich konnte ihn auch riechen. Herrlich!

Und natürlich diese gewaltigen Silhouetten einer gigantisch erscheinenden Bergwelt. Die meisten Gipfel erreichen zwar kaum/gerade 3000 Meter und der Talgrund liegt mindestens bei 1250 Metern, dennoch wirkt ihre kahle Schroffheit besonders imposant. Wirklich ein Paradies für Klettermaxln. Dass man auf Riffen herumsteigt, die einst von Meer und entsprechendem

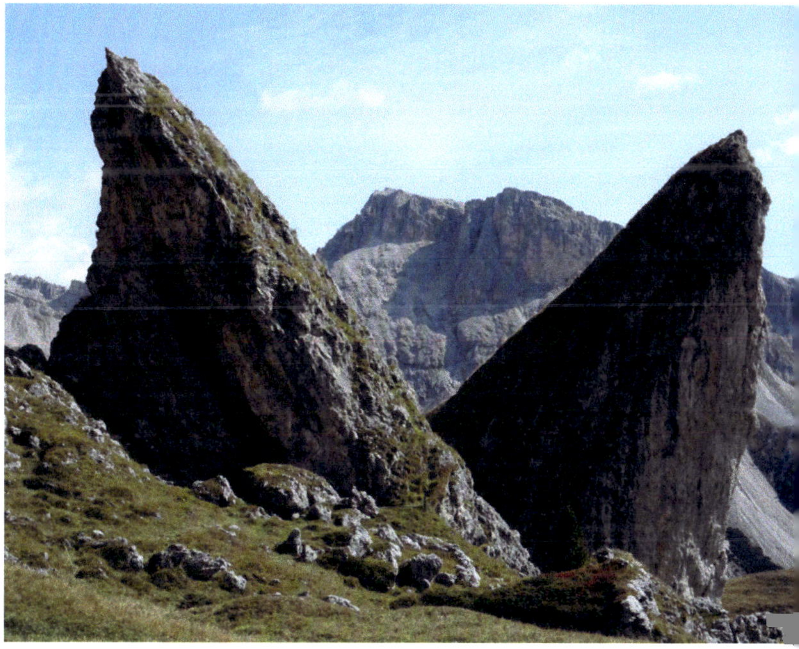

Piera Longia

Getier umspült waren, ist irgendwie fühlbar präsent.

Dienstag wurde eröffnet mit einem Gang auf dem Weg des Dialogs, der mir sehr gut gefiel. Schöne Gedanken, ein angenehmes Wegerl, niemand unterwegs. Dann über St. Jakob, Balest. Fleißig wurden Zirbennüsse gesammelt. Mir scheint, als sei die Zirbe wirklich der vorherrschende Baum dort und noch in relativ gutem Zustand. Vollkommen gesund sind sie jedenfalls auf Villnößer Seite.

Es ging weiter zur Curonahütte und Panascharte. In der Rinne hat man recht abenteuerliche Befestigungen, Treppen und Stufen gezimmert, eine Konstruktion, die fast asiatisch anmutet. Als würde man tausend Treppen zu einem indischen Tempel vor sich haben. Aufwärts ist das Steigen darauf ganz sicher nicht lustig. Und leider: Sobald Bergtouristen auftauchen, bringen sie ihren Lärm mit, verhalten sich, als wären sie in einem Vergnügungspark und empfinden angesichts der grandiosen, übermächtigen Bergwelt null Respekt. Pinkeln vor meinen Augen und knapp drei Meter davor ans schöne Gipfelkreuz (Raschötz), lassen ihre (neuer Höhepunkt gräßlicher und unerwünschter Belästigungen) Drohnen mit aggressivem, die Stille nachhaltig störendem Gesumm fliegen, müssen selbst auf den zartesten und schmalsten Bergpfaden mit dem Radl brettern ... usw.

Von der Brogleshütte dann den Grödner Höhenweg entlang, der weit, weit hinausführt zu Außerraschötz, immer halb am Kamm dieser wundervollen Weiten. Man könnte sich vorstellen, wie vor Urzeiten das Meer sich gegen die Klippen „La Gran Costa“ warf, an deren Fuß sich heute St. Peter und St. Magdalena befinden. Wunderbar, immer mit dem mystisch umwölkten Panorama. Manchmal wirkte die Kulisse wie der Hintergrund zu einem Bild von Caspar David Friedrich. Zum krönenden Abschluss die vergnügliche Fahrt mit der „Funicolare“, der ferrariroten Standseilbahn, wieder hinunter ins Dorf.

Nachdem es dann Mittwoch gleich so schüttete, vergällte es mir den Gedanken, St. Christina und Wolkenstein einen Vormittagsbesuch abzustatten, auch war die Bus-/Zugverbindung um halb neun am günstigsten und so kehrte ich wieder heim.

Im Juni 2020 berichte ich von meinem ersten ausführlicheren Gröden-Rendezvous:

Sonntag startete ich gleich nach der Anreise um zehn noch auf die Seiser Alm, das schöne 15er-Wegerl hinauf bis zur „Sonne“. Es war den ganzen Tag eher bedeckt-licht, manchmal so schwarzwolkig, dass man Gewitter vermutet hätte. Dass die Seiser Alm derart lieblich-zauberhaft ist, hätte ich nicht vermutet, sogar Flüsschen eilen hindurch und man wandert bis Saltria sanft hügelan, hügelab. Und erst die Kulisse! Die Rosszähne, der Schlernrücken ... Eigentlich wollte ich den Weg der Ladiner gehen bis zur Steinernen Stadt oder Wolkenstein. Konnte aber die Distanzen und Zeiten noch nicht recht einschätzen und wanderte weiter – immer hautnah am Fuß des Platt- und Langkofels, die eine enorme Ausstrahlung haben – unterhalb des Monte Pana hinaus bis zur Fischburg der Wolkensteiner, die ich endlich einmal von Nahem begutachten wollte.

Montag über Brogles nach St. Magdalena in Villnöß, ein Blick auf das entzückende Kirchlein Ranui und dann ging es über die Petererscharte hinauf nach Innerraschötz. Bei zum Niederknien überwältigendem Panorama (und auch Wetter inzwischen) hinunter zur Standseilbahn nach St. Ulrich. Ahhh ... wie glücklich fühlte ich mich da droben, wie an jedem Tag, der am Berg verbracht werden kann. Allerdings haben die Grödner noch mal eine ganz anders griffige Bergluft, die stete Nähe zu den Zirben ist spürbar, und die Optik dieser bleichen Berge hat einen ganz besonderen, knochig-ätherischen Zauber. Überall fällt auf, dass man zu großen Teilen auf rotem Porphyr sitzt: Erde, Felsen – dieses wunderbare Rot.

Für Dienstag hätte ich mir den Sas Rigais eingebildet, mir am Vorabend bei den Catores einen Klettergurt ausgeliehen. Sah aber am Sonntag noch einige Schneefleckerl darauf und in der Mittagsscharte war, wie ich dann feststellte, auch noch gut Schnee. Also beschloss ich, mir das nicht unbedingt geben zu müssen. Ist auch fraglich, ob es der brüchige Schutthaufen wirklich sein soll. Später im Jahr ganz gewiss einmal!

So plante ich um, fiel etwas zu spät aus dem Bett, war ja auch auf den Bus angewiesen, und entschied mich – glücklicherweise! – für die „Wolkenstein-Tour". Das gesamte Areal unterhalb und um die Wolkensteiner Kirche wird derzeit komplett umgegraben, sodass man kaum noch einen Durchgang findet. Kämpfte mich aber doch bis zum Kreuzweg hinauf, dann ging es frohgemut zur Wolkenstein-Ruine. Niemals hätte ich erwartet, wie tief diese mich im Herzen trifft und bewegt … Die Atmosphäre, der Geist, der dort noch immer weht … Da muss jemand die Einsamkeit und das Fern-der-Welt-Sein sehr geliebt haben, so wie die Burg – beinahe unsichtbar – über dem Tal am Fels klebt, fast wie ein tibetisches Drachenkloster. Viel Zeit habe ich darin verbracht, jeden Winkel erkundet.

Dann weiter zur kleinen Kapelle St. Silvester mit ihren wunderschönen Fresken und zum Einstieg (endlich, um neun Uhr) ins Chedultal. Da wusste ich noch nicht, was mich erwartet … Fortschreitend komplett überwältigt von der monumentalen Wucht vor meinen Augen: rechts die Sägezähne des Cir-Massivs, links der ewiglange, rötlich-sandfarbene Rücken des „Monument Valley". So habe ich's genannt – was soll man in die USA reisen wollen, wenn solche Schätze direkt vor der Haustür liegen! Man fühlt sich wie in einem Western, und der Wortschatz versagt vor dieser erhabenen Größe und Schönheit … Am Crespëinajoch angekommen, öffnet sich der Blick dann plötzlich auf ein ganz neues Wunder, gegensätzlicher schwer denkbar: eine weite, flache Schüssel grau-weißer Mondlandschaft, ein kleines, smaragdgrünes See-Auge mittendrin, bizarr-spektakuläre Gipfelpersönlichkeiten rundherum.

Gegenüber die im Licht unwirklich flirrenden Puezspitzen. Ein klein

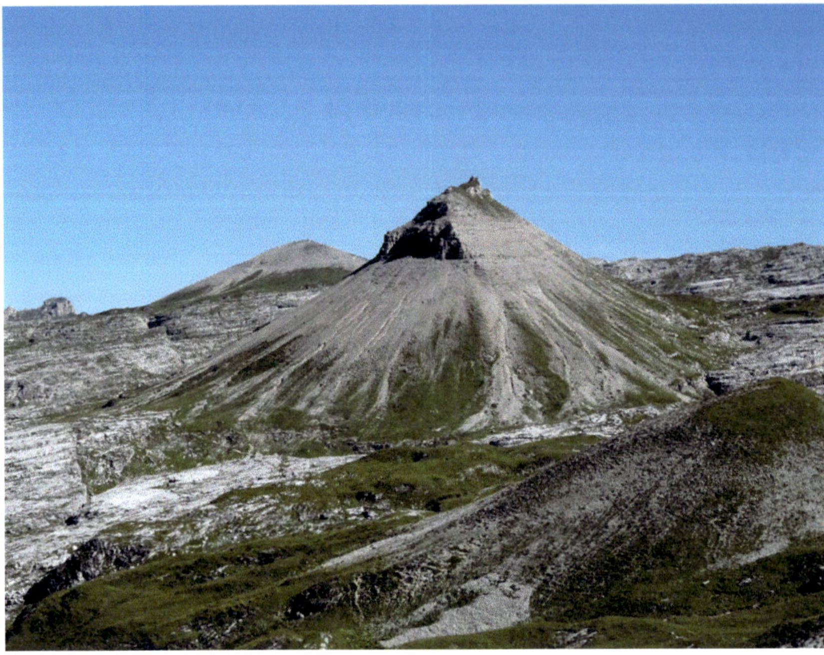

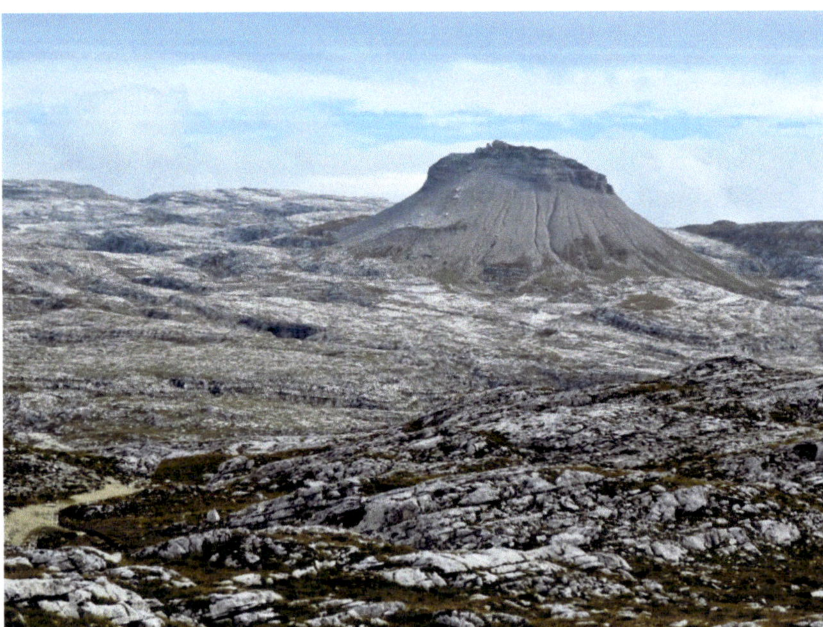

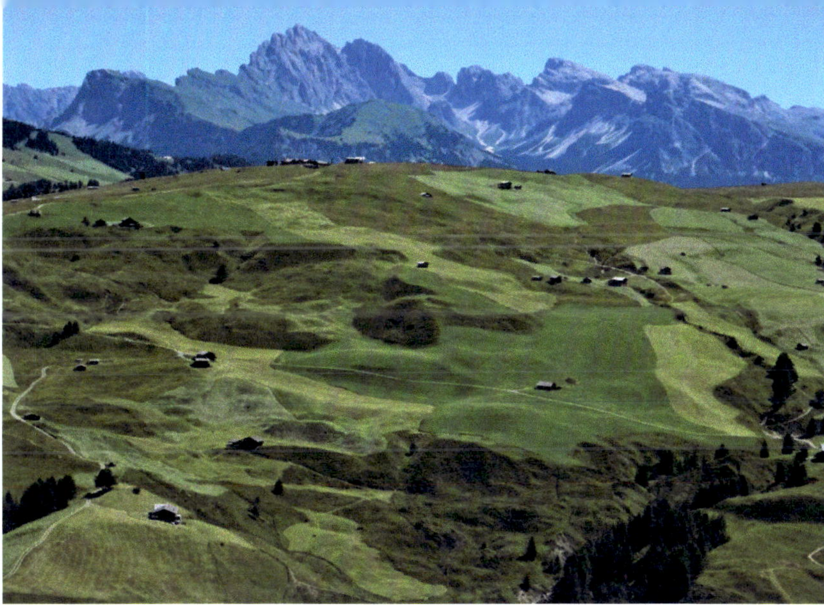

Seiser Alm, im Hintergrund Secëda und Geisler mit ihren Nachbarn

wenig zwinkern Odles, Fermedes, Rigais, Furchetta herüber ... Der Abzweig nach Kolfuschg hinunter wird links flankiert von einem besonders markanten Turm, dem unübersehbar formschönen Sassongher. Und auch in der Ferne ein ganz ungewöhnlich geformter Berg, der Monte Pelmo ...

Aus dem Staunen und Genießen kam ich gar nicht mehr heraus ... Was mich dann nochmals total gefangen nahm, bereits aus der Ferne, ist dieser wie nicht dorthin gehörende, violett-rötliche Sand-und-Fels-Hutberg. Als sei er – einem kleinen Ayers-Rock gleich – einfach vom Himmel gestürzt, mitten in diese Hochebene. Inzwischen weiß ich: der Col de la Soné bzw. Col dala Sunela, der tönende Hügel.

Schiere Seligkeit, Augen und Herz weit offen, die Seele jubiliert – beim frohen Marsch durch diese Kargheit, die alle nur denkbare Fülle offenbart! Leider waren bereits zu viele Leute unterwegs, zwei schütteten mir dann vollends das Kraut aus, ständig an meinen Fersen und ununterbrochen weithin lautstark ratschend, immer nur auf den Weg blickend. Da blieb ich dann entnervt stehen und brachte den Mut auf, den Vorüberziehenden zu sagen, sie würden einen solchen Lärm veranstalten, dass ich sie lieber vorausgehen ließe. Wartete dann auch eine ganze Weile, bis der Krach irgendwann verebbte. Angesichts all dieser herrlichen Heiligkeit einfach ein Unding.

Noch vor der Puezhütte bietet sich ein unglaublicher Blick durch die U-förmige Felsenenge am Ende des Langentals über Wolkenstein hinweg zur Seiser Alm, zum Schlern ... Und mächtig rückt der Langkofel ins Bild.

Dann ging es über Weg 16 und 14 ins Langental, wo schöne Liegeplätzchen zu finden sind abseits des Pfades, doch nach einer Viertelstunde Sonnenversuch kapitulierte ich vor den Ameisen und spazierte hinaus nach Wolkenstein.

Zurück in St. Ulrich kam ich gerade noch rechtzeitig für einige Orgelklänge des probenden Organisten. Und konnte endlich in einem Laden an der Antoniuskirche bei Sara von De Cater, dem Grödner Viergesang, zwei CDs abholen.

Gröden nimmt auch in dem Roman *Bauernsilber* von Heidrun Harteck, der hoffentlich bald wieder in Neuauflage erhältlich sein wird, einen besonderen Platz ein. Dieses schmale Büchlein fängt den ganzen noch recht ursprünglichen Charme und Zauber Südtirols der 80er-Jahre ein, bietet einen unglaublichen Reichtum an besuchten Orten und kulturellen Schätzen des Landes. Umrahmt von einer halb autobiographischen Handlung zwischen Wunsch und Wirklichkeit. Ein herzenswarmer Reiseführer für Südtirol-Fans und Einheimische.

Davon, wie die Menschen auch noch in der Zeit nach dem Zweiten Weltkrieg aufgewachsen sind – wie in so vielen Bergdörfern –, erzählte mir ein St. Ulricher. Mit einem guten Dutzend Geschwistern wurde auch im Winter im Heu geschlafen, bei Eiseskälte. Offenbar war es in manchen Wintern so kalt, dass die Vögel erfroren vom Himmel fielen. Man fing auch einige Singvögel zu Winterbeginn, hielt sie im breiten Zwischenraum zwischen Außen- und Innenscheiben der kleinen Fenster eingeschlossen und brachte sie so mit etwas Futter bis zum Wärmerwerden durch. Und selbstverständlich halfen auch schon die jüngsten Kinder am Hof mit. Bei der Heuernte im Sommer schleppten schon 6-Jährige einen großen Kartoffelsack voll Heu, die Großen bis zu 50 Kilo. Neben der Arbeit am Hof, den mühevollen Gängen, um überhaupt zur Schule zu kommen, der Mithilfe beim Schnitzen und den späteren weiteren Verpflichtungen, blieb nicht viel Zeit. Den reichen Schatz der Dolomitensagen hat er nie kennengelernt.

Einige Tourenberichte

Die Bergwelt. Unendliche Weiten. Wir schreiben das Jahr 2023. Dies sind die Abenteuer …

Nun, ich muss nicht mit der Enterprise ins All, um (fast) unendliche Weiten zu erleben. Die Landkarte in meinem Kopf verlor über die Jahre immer mehr weiße Flecken, die Berg-Synapsen verdichten sich stetig und doch würden fünf Leben nicht ausreichen, all die Schönheit so vieler noch unbekannter Täler, Gegenden und Gipfel zu entdecken. Nachfolgend aus meinem Berg-Tagebuch einige kleine und große Abenteuer und Entdeckungen:

9.19

Töll-Partschins-Hochganghaus-Hochgangscharte-Milchseescharte-Biwak-Halsljoch-Lazinser Rötel und das wunderschöne Tal hinaus nach Pfelders.

Unterwegs gierig Giersch verschlungen, ein so köstliches, petersilig-möhriges Kraut. Außerdem wurde mir mit dem Auffinden einer blauen Eichelhäherfeder einer meiner größten Wünsche erfüllt. Und im herrlichen Tal saß bzw. stand auf jedem Hügelchen ein moppeliges „Türmchen" mit ordentlich Hüftgold Wache und schrie sich das Lüngerl aus dem Leib. Ich mache ja gar nichts! Die Population scheint heuer gut zugenommen zu haben, denn direkt am Weg reihten sich neue Bungalows aneinander. Leckere Heidelbeeren gibt es noch, die Blätter hüllen sich hängeweise bereits in flammendes Rot …

9.20

…meine erste kleine Gipfeltour seit dem Bänderriss vor zweieinhalb Monaten … YEAH!!

Mit herrlichen Ausblicken aufs Martelltal mit ZufAllspitze/Cevedale und links davon dem gugelhupfigen Palòn de la Mare. Und natürlich auf

„mein“ sehnsuchtsvoll beäugtes Hasenohr, mit Ausgangspunkt Latsch. Am Grat Richtung Tscharser Wetterkreuz ein wunderbarer Blick ins Schnalstal: der rötlich schimmernde Similaun mit seinen Nachbarn.

Und wieder das allerschönste Geschenk: die überraschende Begegnung mit einem feschen Gamsbock. Ja, was macht die denn da jetzt?? Weniger schön, und in meinen Augen würdelos (oder sollte das irgendwie „witzig“ sein oder „praktisch“?), das geschossene Gamsl mit den Krickeln am Almzaun eingehängt ...

9.20

Was ich mache? Den Tag aber schon so was von genießen ..!

Ich kann sie riechen. Unsere wilden Berglöwen, die derzeit unermüdlich urtümlich aktiv sind. Und hören, natürlich. Einer begleitete mich heute eine ganze Weile parallel über mir. Und lieferte sich Gesangsgefechte mit einem Konkurrenten auf der anderen Hangseite. Dabei hatte er ja schon eine ganze Handvoll hübscher Damen bei sich. Und erschien mir sogar ganz kurz. Noch nie habe ich einen vor die Linse bekommen, nur vor die Linse meines inneren Auges. Eingebrannt. Mächtig, archaisch, kraftvoll, herrschaftlich, ein König, der erscheint, wie ein Schemen – und ebenso wieder verschwindet. Nur sein Duft schwebt durch die Luftschichten. Herrlich ... Und heute erlebte ich wieder ganz neue Liedvarianten, neue Schreie, Modulationen und Laute – was für ein Repertoire! Stundenlang könnte ich fasziniert und bewegt lauschen ...

Es ging das schöne Wegerl nach Trumsberg hinauf, das Hasenohr drüben im ersten Morgenlicht, der schöne Kreuzwegstart mit dem Kunstwerk in Ton von Karl Grasser, die von Kindern gestalteten Taferl, der Galsauner Bach in Lochmühl, dann der Hirsch, der mit seinem Gefolge am Wildzaun nicht mehr aus noch ein wusste (Trumsberg verbarrikadiert sich, nicht nur mit Wildzäunen, auch mit Hochsicherheitsgefängnis-Eisenzäunen wird drei Meter hoch jedes Panorama verbaut. Also am besten großräumig umgehen!), vorbei an der neuen Trumsalm, dem Schaferhüttl (mit Blick auf die Grubenspitze) und durchs „Tal der Seligen“ zur Vermoi. Die Schafe sind fort, der Berg darf aufatmen und gehört wieder nur sich selbst, im scharfen Blick von Bartgeier und Adler. Nur selten hört man noch ein Vogerl. Absolute Stille. Gut, bis auf Ms Herzschlag und Mr Tinnitus ... Doch allein war ich nicht. Irgendwo muss etwas Kapitales – wohl ein Steinbock,

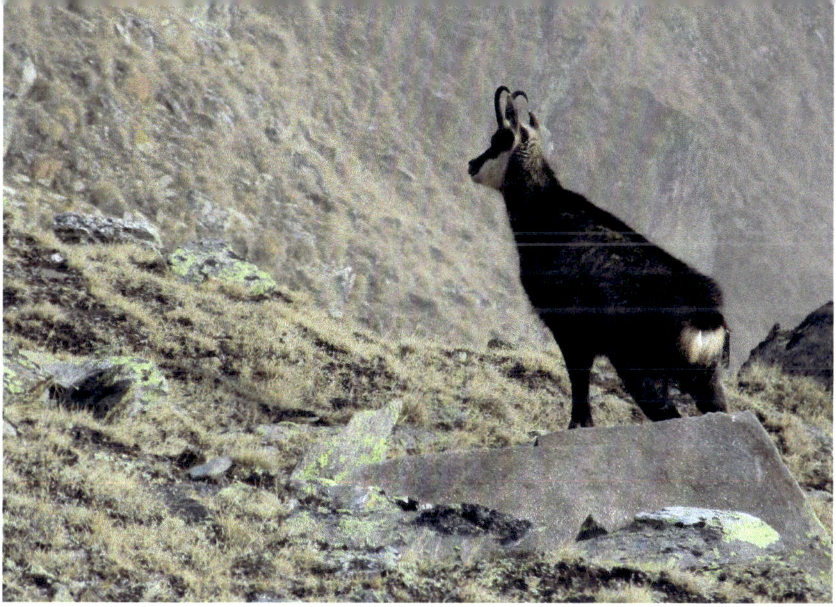

denn sein Husten hatte ich gehört – einen ziemlichen Steinschlag verursacht haben, eine Sichtung gelang mir aber leider nicht.

10.20

Start um 5.30 Uhr bei Mondlicht, Sterne-und-Wolken-Himmel. Astronomisch wenig bewandert (außer meinem „Heimatstern" Orion sowie Mars und Venus ist mir nur wenig bekannt), habe ich heute erstmals bewusst und spontan den Großen Wagen wahrgenommen, der herrlich über der Kirchbachspitze stand. Über Tabland zur Tablander Alm, deren Haupthaus heuer im Sommer abgebrannt ist. Es wird interessant werden zu sehen, was da Neues kommt. Momentan ein trauriger Anblick. Und kurz danach eine kleine Mure – immer häufiger verliert der Berg irgendwo seine Fasson.

Der Wetterbericht lag für heute so was von daneben! Der Nachmittag (ab dem Regen angesagt war) begann bereits um 7.30 Uhr, weshalb ich meinen Gipfelplan (Hochwart) leider aufgab – obwohl es mir grundsätzlich nichts ausmacht, auch mal stundenlang mit Schirm am Berg unterwegs zu sein, solange es nicht zu sehr windet und stürmt – und Plan B (Almenwanderung) zum Zug kam. So konnte ich auch gleich einen Foto-Auftrag für eine Architekturstudentin erfüllen, die sich just für die Architektur dieser Almen interessiert.

Also ging es zur entzückenden Mausloch-Alm – an der ich vor Urzeiten, noch endsweit entfernt von der heutigen Leistungsfähigkeit, abkürzungstechnisch vorbeigezogen war – und weiter zur Zetnalm. Danach ein massiver Schneeboizl-Angriff, der nahe der Naturnser Alm in Schneeregen überging.

Offenbar hatte ich mich auch noch für die falsche Talseite entschieden, blickte daher immer wieder mal sehnsüchtig und neidvoll auf die andere und ins untere Schnalstal, wo noch lange Sonnenschein hing.

Die Stube der Naturnser Alm war ungeheizt, die Atmosphäre eh sparsam, der neue italienische Wirt hat zwar ein sonniges Gemüt, ist aber noch etwas unkoordiniert und ohne jegliche Ortskenntnisse.

Einen phänomenalen Abschluss gab es dann über Aschbach mit überwältigenden Regenbogen-Spielereien!

10.20

Der Morgen war sternenklar, im Osten die schmale, liegende Mondsichel, strahlend begleitend: die Venus. Ihr gegenüber, schon weit im Westen und quasi rot-feurige Funken sprühend: Mars. Im Sommer fällt es definitiv leichter, frühmorgens – und sei es auch um drei oder vier – aufzubrechen. Start in Naturns, in der Finsternis wird jeder auch noch so bekannte Weg wieder ganz neu. Hinauf Richtung Unterstell mit all den schönen Flur- und Ortsbezeichnungen (Farnell, Ogramte Milch, Wegschoad etc.). Dem Licht, der Sonne, ja dem Himmel entgegensteigen ... – buchstäblich und im übertragenen Sinne, ist erhebend und herrlich.

Erste Strahlen auf dem Hasenohr und Juval, „Das Dörfl" – Tschars – weit unter mir. Guten Morgen! Aufsteeehn! Die allmählich erwachende Natur, tiefe atmende Stille, die ersten Vogelstimmen. Patleid, Lint, Dick und Dickalm. Der kleine alte Stadl dort – und damit das trauliche Ensemble – wird leider bald Geschichte sein und man kann nichts dagegen tun. Herrlicher Rundblick übers Schnalstal: gegenüber Wetterkreuz und der runde Schildkrötenrücken Gamsegg, Nock, Saldurspitze und Weißkugel, Similaun und Faulwand, davor die kleine Schröfwand, auch schon etwas angezuckert. Im Tal Katharinaberg, Karthaus, Unser Frau in Schnals.

Unterwegs einzig eine Rehmama mit ihrem Halbwüchsigen und vermutlich ein Bussard. Richtung Katharinaberg dann am Flüsschen zwar keine spektakuläre Eisschnecke, wie ich sie früher einmal entdeckte, aber

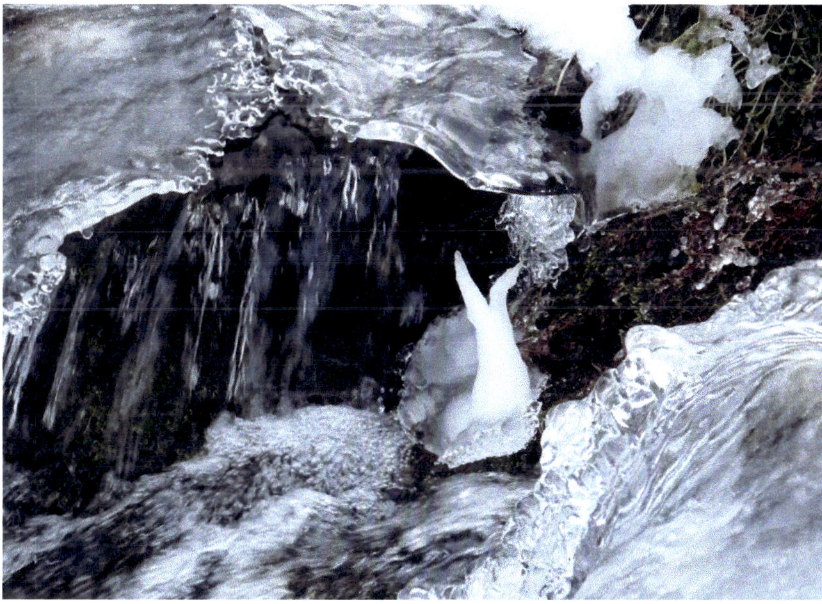

Begeisterung über die Eisschnecke

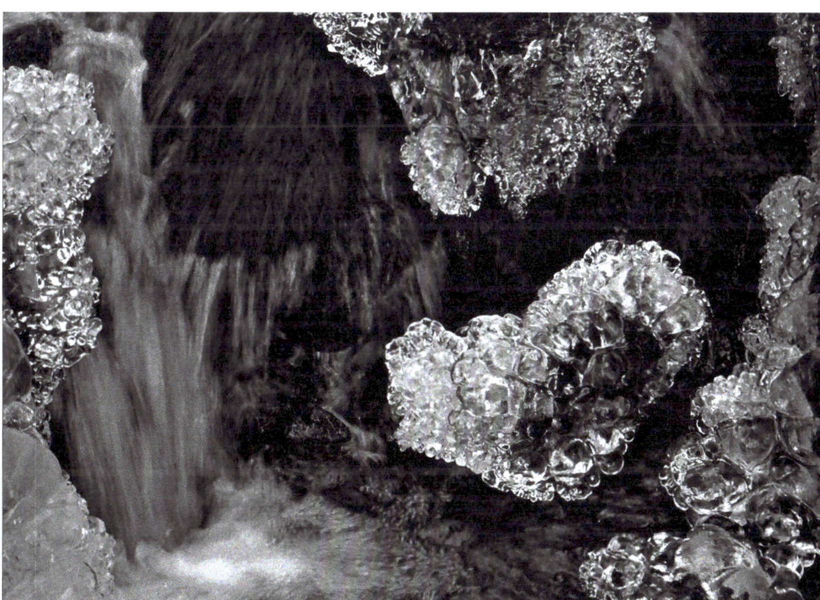

… und das Herz aus Eis

doch einige schöne, frostige Formen. Hurra! Es gibt ein neues Brückerl. Die Unwetter müssen das Bachbett unglaublich tief und weit ausgewaschen haben, denn die wackelige schmale Bretter-auf-Fels-Konstruktion ist Vergangenheit.

10.2020 – ein starkes Datum! Doppelt Transformation, Chaos, Neuanfang ...

Sternenklar heute, jeden Tag fallen die ersten Sonnenstrahlen etwas später auf die Gipfel, jeden Tag wird es ein wenig früher finster ...

Bei Kaiserwetter ging's heute auf die schneefreie Grubenspitze, etwas zaacher als sonst, weil mir doch noch „Vorgestern" in den Knochen steckte. Gestückelt kam ich da immerhin auf die Roteck-Höhenmeter und hätte locker mehr geschafft. Aber mein Knöchel hat mit seiner mosernden Lamentiererei leider den Enthusiasmus abgebremst.

Die heutige Bildausbeute: ein Herbstgruß, das interessante, frommvolksnahe Bild in der Trumsberger Kapelle (lässig delegiert Gottvater allfällige Anfragen an den Hl. Joseph), ein frisches Sträußerl für das Marienbild an diesem Tag, an dem die Tiroler Fahne den Trauerflor trägt (100 Jahre italienische Herrschaft).

Und ein echt überraschendes „Tattoo" auf dem Grubenspitz-Kreuz. Da hat sich ein „deutscher Müllzwerg" mit einem – ja, leider immer wieder notwendigen, aber doch recht drastischen – Appell Luft gemacht:

Wer seinen Müll nicht will hinunter tragen,
den soll der Blitz oder ein Stein erschlagen.

Also Leut', reißts euch zamm!

10.20

Auslüften. Nachdem ich die letzten vier Tage eines Auftrages wegen quasi von morgens bis Mitternacht durcharbeitete (könnte mir mal bitte jemand das Essen hinstellen?), durfte ich heute endlich wieder Kreuz, Augen und Lunge lüften gehen. Den Rest schaffe ich wohl bis Mittwoch. Der betreffende Jugendroman ist weder für meine Altersgruppe noch ansatzweise für mein Interessensspektrum geschrieben. Jedoch ein Barometer für die Schwindsucht, die teilweise wie ein Flächenbrand die wunderbare, reiche deutsche Sprache befallen hat. Der Wortschatz ist häufig auf ein erschreckend banales Minimum geschrumpft. Aber da war ja noch das Gamserl, das mir unvermutet kurz vor dem Dickhof (wo das Gras noch schön grün ist) über den Weg sprang, weit, weit droben einer meiner Bartgeier (sodass selbst dann noch an Flugverhalten, Form und Größe zu erkennen ist, wer da seine Kreise zieht) oder die Laubfackeln an den Hängen, die sich innerhalb der letzten Woche so richtig zu entzünden begannen. Dazwischen schon die ersten, goldgelben Lärchen. Tyrolian Summer!

10.20

Winterspaziergang Tschars-Tabland-Tablander Alm-Mauslochalm (noch geöffnet!)-Zetnalm (im Winterschlaf)-Naturnser Alm-Aschbach.
Zunächst die ersten goldenen Sonnenstrahlen auf den Gipfeln, dann zog es immer mehr zu. Ein paar urige, ein paar exotische Gesellen: Lamas! Denen die goldenen Blätter definitiv nicht zu hoch hängen. Und herrlich war's im Wald des Nörderberges, streckenweise sogar erfüllt von der Stille, die ich so liebe, alles menschliche Gelärm endlich ein paar Takte lang verklungen, und dann das knuffige Polsterwaldele. Unterhalb der Tablander Alm erste Schneebrösel, die dann recht geschwind zur weißen Decke wurden. Herrliche Ausblicke auf meine Jagdgebiete gegenüber. Ein Baum voll kleiner Vögelchen (die wie lebendige Christbaumkugerl wirkten), aus den

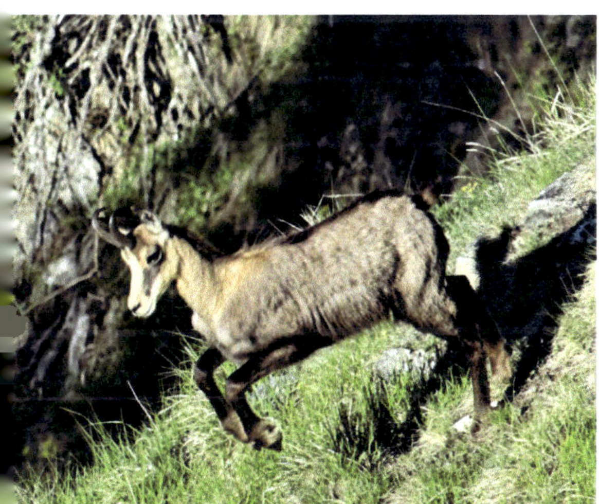

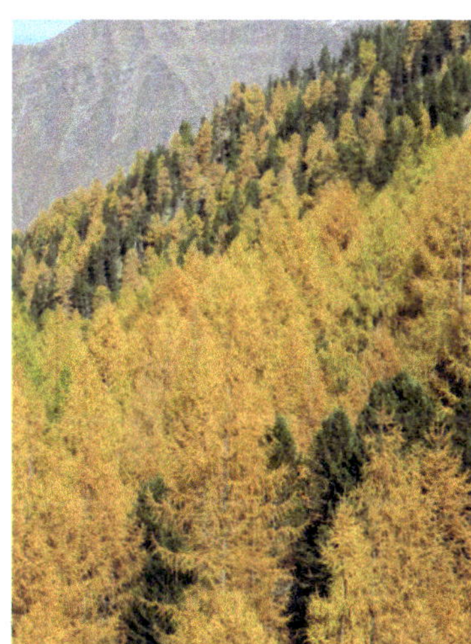

Augenwinkeln immer das Gefühl, die Sonne würde durch die Tannen brechen – aber nein, nur einige lichtgelb lodernde Lärchen zwischendrin. Ein toller Blickfang im winterlichen Weiß waren der flechtengelbe Fels und eine spannende Eiszapfen-Höhle.

Trotz all der Schönheit – irgendwie fehlt heuer ein wichtiger Lebensteil, da ich ja den Sommer leider komplett ausfallen lassen musste. Schmerzlich. Und auch wehmütig: Heuer kein Hasenohr, keine Orgelspitze, kein Roteck!!! Und wieder nicht die Vorhaben Taitschroi, Ramudel, Malander und noch einige mehr verwirklicht. Na dann – neues Jahr, neues Glück!

11.20

Um 8.45 Uhr schafft es die Sonne, ihr Winterbäuchlein über den Kräuterknott zu hieven, bevor sie es am frühen Abend hinter die Orgelspitze rollt und sich schlafen legt. Und die Abstände werden von Tag zu Tag kürzer …

Obwohl nur unspektakuläre Trainingstour, um den letzten Tag Sommerfahrplan der St. Martiner Seilbahn zu nutzen, konnte ich mich gestern genüsslich durch die herbstliche Buntheit freuen (optisch) und schnüffeln (dufttechnisch), bei sonniger Stille und T-Shirt-Wärme. Flotte 2700 Höhenmeter. Am Roteck braucht man dafür zwei Stunden mehr, da schon der

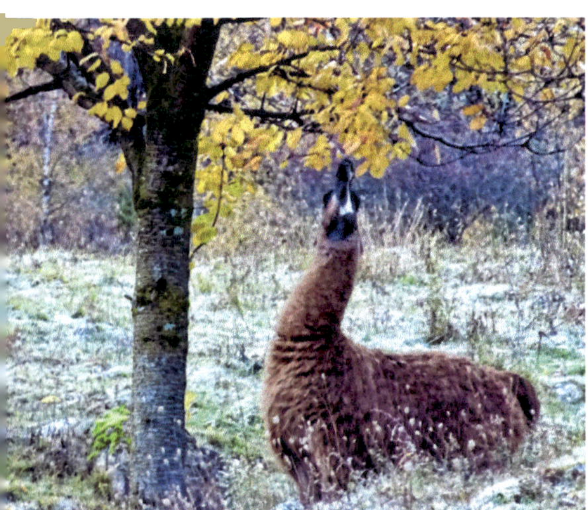

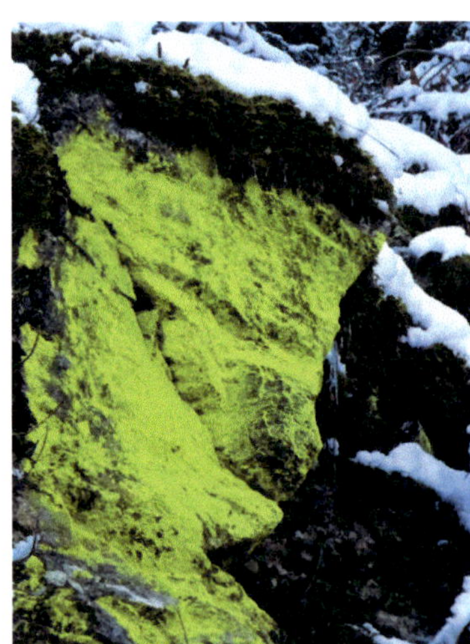

Hinweg länger ist und die Höhe dazukommt. Danach zu Hause noch ein richtig besinnlicher, wunderbarer Samhain-Abend. Mit Seelenkerzen am Balkon, in den Fenstern und nicht zuletzt dank eines ganz phantastisch-hinreißenden Films, der auf charmante und doch eindringliche Art voll zum Thema passte: *Coco – lebendiger als das Leben.*

Am Freitagnachmittag hatte ich glücklicherweise noch die Motivation, mir im Steghof die Ausstellung des Traminer Künstlers Ivo Mahlknecht anzusehen, nach einer Stippvisite im gegenüberliegenden Vinschger Bauernladen. Und war restlos begeistert von der lebensvollen, außergewöhnlichen Art seiner Werke, die so viel Schönheit, Anmut, Phantasie und Lebensfreude ausdrücken. Quasi barocke Renaissance-Bilder, ich wüsste es nicht anders auszudrücken. Und für gemalte Kunst bin ich echt nicht leicht zu begeistern ...

11.20

Morgens wird der strahlend helle Mond noch vom himmlischen Jäger Orion weit in den Westen gedrängt. Doch im Untergehen lupft er dann stetig seine ewig Unerreichbare, die Sonne, gen Himmel. In Meran drunten waren sie wieder nicht brav, hocken unter einer dicken Nebelglocke. Ein traumhafter Herbsttag, voller Leben und Feuer. Sommerwarm. Außer am Gamseck (überhalb des Tscharser Wetterkreuzes auf ca. 2600 Metern) – nicht zu verwechseln mit dem großen Bruder Gamsegg, zu dem ich diesmal nur hinübersehnsüchtle –, da pfeift ein schneidiger Schneewind. Zuvor begegnete mir bereits eine hübsche Gams mit ihrem kleinen Schneckerl, hier am Gamseck eine weitere: schmal, elegant, feenhaft irgendwie. Und leider habe ich ein Birkhuhn aufgescheucht – sorry!

Dann geht's weiter über Stierbergalm und Trumsberg hinüber zum Dolomitenblick über St. Martin und zum Bahndl.

Beobachtungen ... Die goldsonnigen Taler, die einem die Pappeln noch letzte Woche vor die Füße warfen, sind nun schon verblichen. Auch die Kräutlein zogen sich zurück, nur noch wenige unermüdliche Blüher bringen Farbtupfen. Das eigentlich zu bekämpfende Jakobs-Greiskraut feiert dagegen fröhliche Urständ: produziert weiter kleine sonnengelbe Blüten auf Hochtouren und sendet seine flauschigen Samenträger in alle Winde. Ganze Hänge sind gelb! Da bräuchte es eine Menge Räumkommandos ...

Weit unter mir ein Grüppchen Gamsln, da wird gemütlich gedehnt und Purzelbaum geschlagen ... Und später direkt mitten am Weg ein zarter Harnisch: nach einem Schlangenstriptease hat wohl jemand die Unterwäsche vergessen.

Goldenes Licht, goldener Herbst, goldenes Leuchten! Selbst der Mond trug mitten in der Finsternis ein schmales leuchtendes Rändlein und die Sichel hing hängemattenbequem am unteren Rand. Phantastische Luft überall, frischgrün-erdig mit etwas Meeresbrise. Kurz nach mir kamen – leider wieder einmal lärmend – zwei mit Hund nach, bogen aber glücklicherweise Richtung Vermoi ab. Besonders gut gerüstet wirkten sie nicht, kehrten wohl auch um, denn ich sah sie schon wieder am Schaferhüttl, als ich gerade vom Grubenspitz-Gipfel stieg. Mit Grödeln (so man sie hat) kann man zwar wunderbar über den beinharten Harsch dahineilen, doch die Steilflanke an der Vermoi ist kaum zu bewältigen, wenn sie nicht ordentlich greifen können. Spiegelglatt. Und der Schnee noch nicht wirklich gut gegründet.

Es waren 2200 Höhenmeter – hinauf ist das nicht viel, hinunter (da wieder mal keine Bahndln fahren) schon. Geht zwar nun mit den „neuen" Knien leidlich gut, dafür dürfte eigentlich der Knöchel nicht so überlastet werden. Hat er aber erstaunlich heldenhaft gemeistert. Zwei Adler kreisten eine ganze Weile über mir, ich glaube, ihnen bin ich schon öfter begegnet.

Nachdem in dieser „Covid-Zeit" hier gerade auch noch der letzte Rest überlebender Wirtschaft plattgemacht und Privatvermögen vernichtet wird, weiter frohgemut Existenzen zerstört werden, es wieder unzählige Arbeitslose an Land spülen wird, wir unter harscher Diktatur und Willkür leben, bleibt zu hoffen, der Himmel (und wir selbst) möge uns davon erlösen.

11.20 Bartgeiersichtung !!!

Erst kürzlich noch brummelten meine Gedanken unzufrieden vor sich hin, weil ich heuer aufgrund der misslichen Umstände ja nicht mal Gelegenheit hatte zu einer der sonst üblichen Bartgeiersichtungen.

Heute war ich etwas zu spät dran für mein eigentliches Vorhaben, so gab es eben die verkürzte Zehn-Stunden-Runde ums Tscharser Wetterkreuz herum. Schon im Anstieg, ein ganzes Stück weit unter mir, zeigte sich ein junger Bartgeier. Juchu!

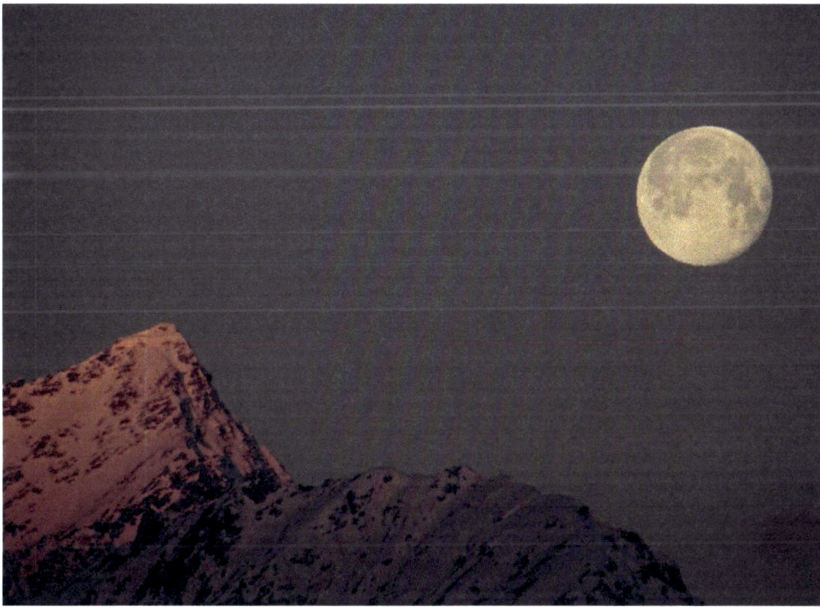

Vollmond über der Orgelspitze

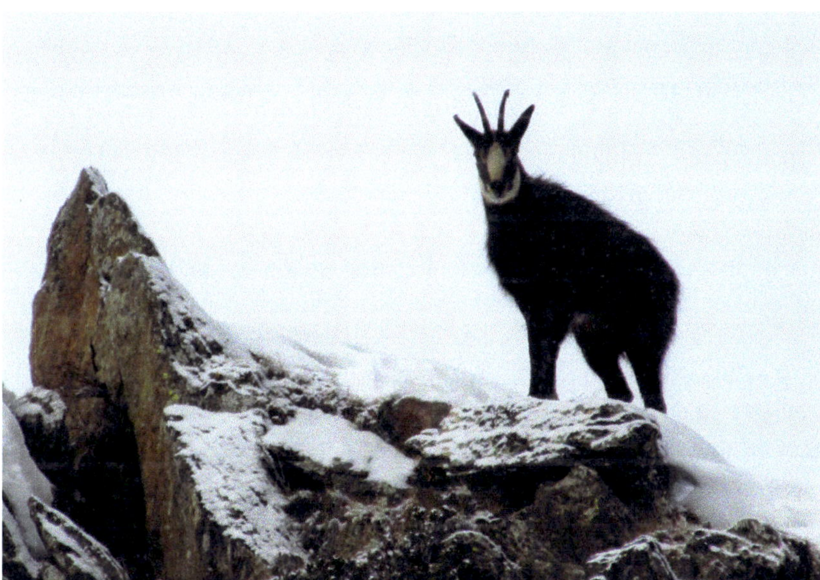

Winter-Gams

Und dann, zu magischer Mittagsstunde, völlig überraschend, ein größerer Bruder, aber noch nicht voll ausgewachsen. Da kam er angeschossen, der kleine Dinosaurier, der Knochenjäger, so wunderschön, so schnell, es blieb kaum eine Fotochance (außer er kehrt um und kreist, wie es vor ein paar Jahren der Fall war).

Und den Moment, in dem er direkt und sehr nah über mir war, wollte ich nicht mit einer Kamera zwischen uns verschwenden. So war es direkte Energieübertragung, Auge in Auge, absolut und überwältigend! Eine Bartgeier-Begegnung hat etwas so einzigartig Magisches, Großes ... schwer zu beschreiben.

12.20

Dem Wetterbericht zum Trotz, der erst gegen Abend Schneefälle angekündigt hatte, setzten diese bereits vor halb neun Uhr morgens ein. Ganz fein, waagrecht mit ordentlich Wind aus Norden kommend, schön seifig-pappig. Im Laufe des Tages wurden die Flocken immer größer und rieselten fast schnurgerade vom nebliggrauen Himmel, der zunächst noch etwas vom Sonnenschein dahinter aufgehellt wurde.

Es sieht danach aus, dass ich mich nun wohl erst einmal von Touren über 1600 Metern am Stück verabschieden muss.

Erstaunlich, dass noch immer keine beheizbaren Grödel erfunden worden sind – das wäre doch mal was Sinnvolles! Stattdessen hat man bei den heutigen Bedingungen schon nach zwei Schritten zehn Zentimeter hohe Kothurne unter den Füßen, die das Ganze erst recht zu einer Schlittenfahrt machen ...

In meiner Phantasie hatte ich mich über schön fest gefrorenen Harsch auf meinen Grödeln im glitzernden Weiß zumindest einem Gipfelchen entgegeneilen sehen, doch die Erwärmung schob der Sache schon am frühen Morgen einen Riegel vor. Glücklicherweise beschloss ich, mal bequem zu sein und mich nicht einen Steilhang hochzuwühlen. Später von oben betrachtet eine gute Wahl. Auf Hochpardatsch hatte ich genug, dann ging es von Trumsberg nach St. Martin. Die Greiterlahn war dann noch ziemlich knifflig, eigentlich hätte ich für die fünf Meter fast Steigeisen und Pickel gebraucht. Reines Eis, kein Halt, steil. Hat mich doch einiges an Zeit und Nerven gekostet. Die Luft herrlich, inzwischen sogar wieder Sonnengefunkel auf unberührtem Weiß, die Stille ... Und dann ging es weiter mit Schnee der ungeliebten Art: Baiser-Schnee (leichte Kruste, darunter Pulver) und Sandwich-Schnee (Kruste, Pulver, Kruste, Pulver = doppeltes Einbrechen). Aber: Schön war's trotzdem!

12.20

So ein herrlicher, ruhiger Tag, voller Licht- und Wolkenspiele. Die Natur ist schon bestens fürs Weihnachtsfest gerüstet: Die wilde Rose ist mit Kugelpuscheln und roten Birnchen aufgeputzt, die Äste im zarten Morgenlicht mit funkelnden Wassertropfen vom nächtlichen Regen. Auf 1300 Metern ein knospender, blühender Rosenstrauch – ist das zu glauben ..! Zwei Goaßal meckerten so herzzerreißend zu mir hinunter, dass ich den Eindruck hatte, sie wollten mich ganz dringend ein Stück begleiten – aber leider waren sie ja eingesperrt.

Fleißig wird vielerorts aufgeräumt nach diversen Hangrutschungen, Stein- und Schlammlawinen. Später ein Gang über die phantastisch schwingende Hängebrücke, ein Walk hinaus auf den Knotten-Spix vor Unterstell: Da geht's ganz schön luftig runter unter den Füßen!

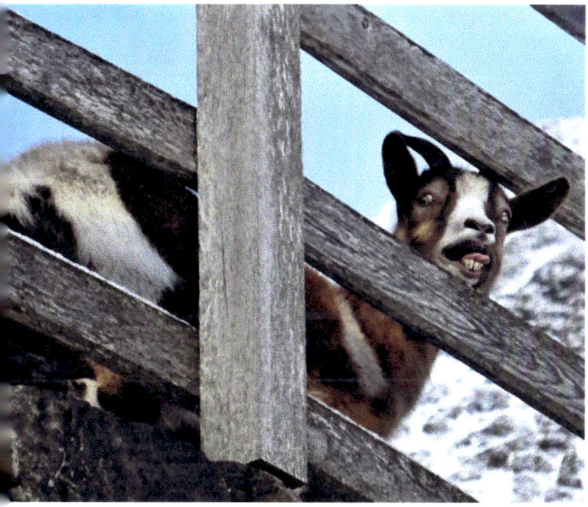

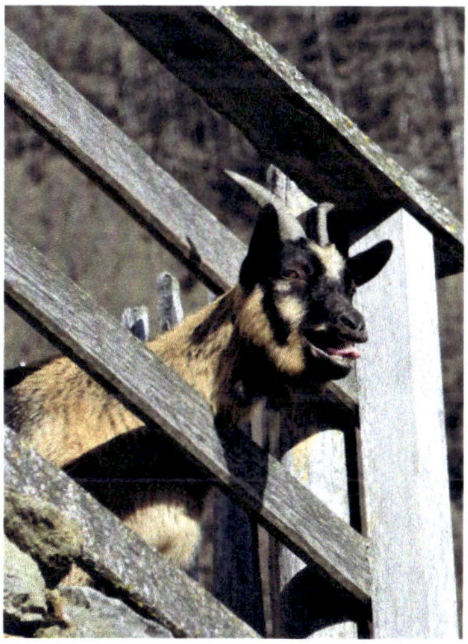

31.12.20

AUFWIND! Das wünsche ich euch allen in allen Bereichen des Lebens. Dazu noch jede Menge Freude, viel Positives, Wohlbefinden und neue Chancen. Auf ein beflügeltes 2021!

Ja, er hat sich heute, am letzten Tag des Jahres, tatsächlich noch mal gezeigt: Hoch über mir einen Felszahn umkreisend, riesig – selbst aus der Ferne, umwerfend schön! Einer der erwachsenen Bartgeier. Und das nehme ich als gutes Zeichen mit ins neue Jahr ...

Das alte Jahr lasse ich wirklich gerne hinter mir und beende es, aufgrund von Verletzungen und Wetterkapriolen, mit knapp 151.000 Höhenmetern aufwärts. Die aus den gleichen Gründen verschobene 6000er-Challenge steht noch an und hoffentlich viele, viiiele Berggänge und Viecherlbegegnungen!

Interessant, dass meine innige Bitte sogar von der Naturparkverwaltung unterstützt wird, die sich an ihren Infotafeln an alle Wanderer und Bergsteiger richtet:

„Stören Sie bitte nicht die Ruhe des Naturparks (Erweiterung: generell der Bergwelt) mit unnötigem Lärm.“ Jeder weiß, was gemeint ist ...

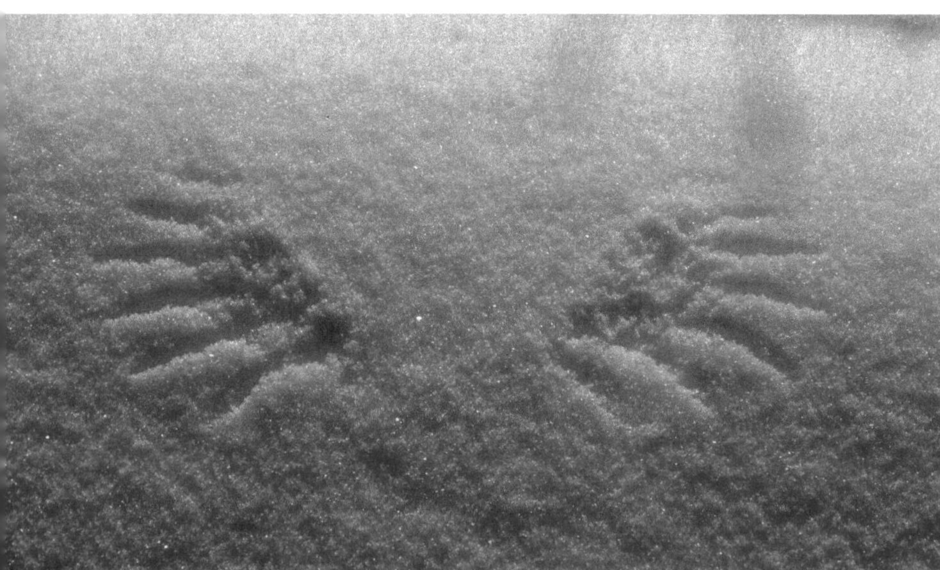

Erschüttert bin ich noch immer vom Mord an Agitu Gudeta, der „Capra Felice“. Es ist einfach unfassbar. Eigentlich wollte ich bei ihr ein Praktikum machen, bei diesem leuchtenden Vorbild an Tatkraft, Resilienz, Ideenreichtum und sozialem Engagement. Ja, ich könnte eine flammende Rede dazu schreiben, beschränke mich aber darauf, dass „Mensch“ es leider offenbar noch immer nicht schafft, eines anderen Menschen Leben unangetastet zu lassen (psychisch, sozial, moralisch, körperlich, besitztechnisch), sich einfach um sein eigenes Leben zu kümmern, ansonsten niemandem zu schaden und nach Möglichkeit wenigstens einfach freundlich und respektvoll zu sein.

2.21

Saharasand in der Luft, Sonne auf der Haut, phantastisches Winterpanorama – und für Fuß-/Schneeschuhwanderer übelste Schneebedingungen: eine dünne, knusprige Kruste, darunter bindungs- und bodenloser Pulver. Bis über die Knie, bis über die Hüften. So kämpfte ich mich auf dem Rückweg von der Oberen Mairalm durchs schattenseitige „Schneeloch“ nach Katharinaberg hinab. Weiter unten, später dann: aufgeweichter Sulz, mühevolles, rutschiges Waten durch diesen weißen, nassen Sand. Immerhin: Ein junger Freund Bartgeier segelte kurz vorbei.

Meine Kamera war im gleissenden Licht ein wenig überfordert, die sagenhafte Schönheit der „weißen Pracht“ rüberzubringen.

3.21

Meine Adlerfreunde sah ich in der Zwischenzeit ganz oft, die Bartgeier sind wohl gerade zu sehr mit dem Nachwuchs beschäftigt. Und heute sprang direkt vor mir ein wunderschöner junger Gamsbock auf. Nach dem ersten Schreck blieb er, und wir verbrachten herrliche, kostbare Minuten in der stillen Morgenstunde ...

So oft ich Gelegenheit habe: Ziegenkitze! Die Gaudiburschen wuseln durcheinander, springen munter durch die Gegend, knabbern, saugen und klettern an allem herum, schlüpfen Slalom um die Beine, schlecken das Salz von den Händen und lassen sich genießerisch herzen – was für eine Wonne! Stundenlang könnte ich mit ihnen spielen!

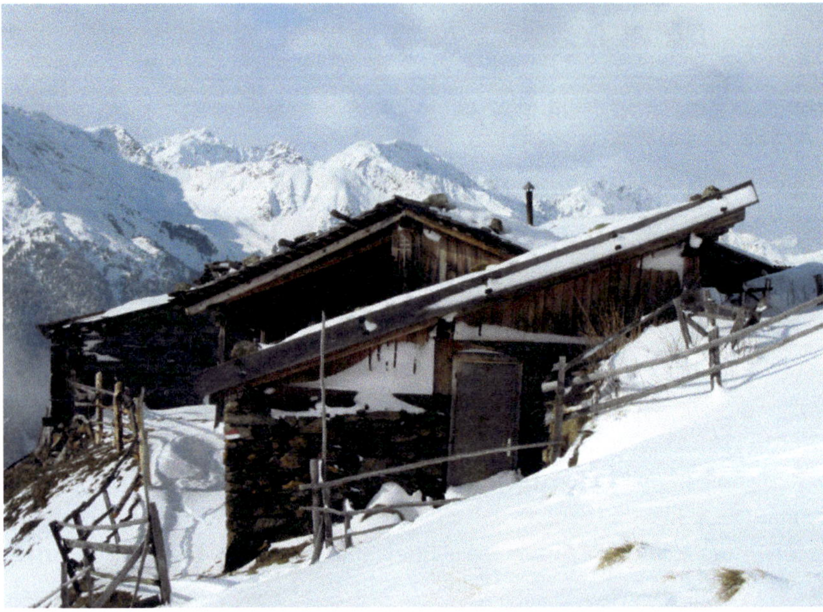

Obere Mairalm

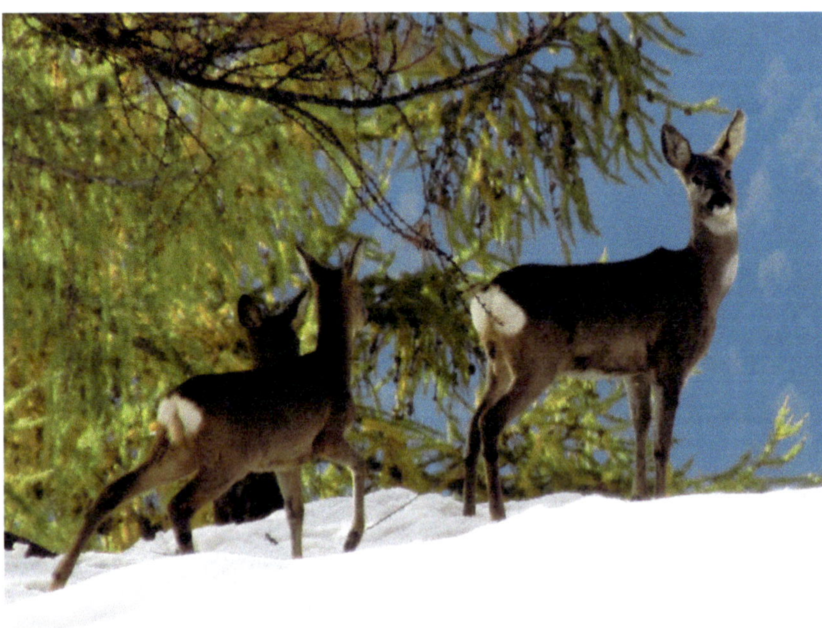

4.21

Ein wahres, kostbares Geschenk an jeden Besucher und Wanderer hat mich total begeistert – und fast am Weitergehen gehindert, weil einfach meine Nase nicht mehr vom herrlichen Zirbenholz loszureißen war: ein kunstvoller neuer Handschmeichler-Zaun auf Lint. Sehen und genießen!

Außer mir waren nur meine Adlerfreunde unterwegs. Die Marillen stehen in schaumweißer Blüte, und am Wegesrand, auf den Wiesen, waren filigrane Schönheiten zu entdecken, die Seltenheitswert haben in dieser zartlila Farbvariante: Lerchensporn.

Nach weiteren 4 Monaten Gefangenschaft in den sehr schmalen Gemeindegrenzen stellte ich inzwischen fest: Meran steht noch! Und lässt den Frühling mit einem (gelenkten) Blumen-Farbenfeuerwerk vom Stapel. Schon frühmorgens zeigt sich spektakulär die bunte Vielfalt.

Gibt's eigentlich Beißringe für Ziegenbabys? Langsam wird mein kleiner, hinreißender Gaudibursch – trotz noch rundem Milchbäuchlein – zu groß, um meine Hände von ihm benagen zu lassen. Doch die Schmusestunden am Hof entzücken mich nach wie vor.

Und trotz des erneuten Wintereinbruchs (wann stellt da oben endlich jemand den Föhn an??!) blüht sogar in luftiger Höh' schon ein nicht mehr zu bremsender Fliederbusch!

4.21

Nichts wie raus ins frisch-fröhliche Frühlings-Farben-Feuerwerk! Der Guggu schreit, Wiedehopfe nehmen ihr zermürbendes Rufen (das ich früher immer für irgendeinen irreparablen technischen Defekt in der Gegend hielt) wieder auf, das psychedelische Lärchengrün kriecht langsam, langsam die Hänge hinauf, man flüchtet aus dem Taldunst des Plantagenspritzens in lungenfreundliche Bergluft und hat fast von einem Tag auf den anderen – Sommer!

Hirsche tragen ihre Geweihe würdevoll durch die Wälder, Gamserl mümmeln so geschwind, als gäbe es morgen nichts mehr, die ersten Eichkatzerl mäandern von Baum zu Baum, nach einer Wegbiegung stehe ich unmittelbar vor (genauer: hinter) einem Hirschkalb, das eine ganze Weile überhaupt nicht realisiert, dass da plötzlich etwas steht, das nicht hierhergehört. Bis die weiter entfernte Mama mit leicht panischem Anflug zum Rückzug bellt.

Außerdem habe ich nun mit eigenen Augen gesehen, warum der Prozessionsspinner, der gerade wieder in hellen Scharen seinem Vernichtungswerk zustrebt, diesen Namen zu Recht trägt.

Dazwischen noch ein inniger Flirt, fast Nase an Nase, mit einem Ziegenbock, mit tiefem Blick in seine goldenen Augen und die faszinierenden Balken-Pupillen. Ganz überrascht bin ich von seinem sanft-melodiösen Gemecker. Vielleicht ist Singen der neue Zeitvertreib. Denn gelangweilt müssen hier ein paar Junggesellen ihren Tag getrennt von den Mädels auf der anderen Seite verbringen.

5.21

Endlich! Die erste Mini-Gipfel-Erfahrung nach diesem schier endlos langen Winter! Und noch immer hat niemand dort oben den Föhn angestellt, um all das Weiß in die Flucht zu schlagen ... Dabei läuft mein Motor schon auf optimaler Drehzahl und auch die Höhen-Akklimatisation wird dann recht schnell erfolgen.

Drunten im Tal – herrlich angenehmes Frühlingwetter. Und droben hingen finstere Wolken um die Gipfelstirnen bei zapfigem Eiswind. Trotzdem war es emotional einfach mit- und hinanreißend, tiefe Stille, kein Mensch weit und breit, eine unglaublich herrliche Weite. Und ein liebevoller Blick auf ein Gutteil meines sommerlichen „Jagdgebietes". Dazu noch ein Tag voller Tierbegegnungen!

Ein elegant-geschmeidiges Gamsl, ein Grünspecht – bunt wie ein Amazonas-Papagei –, eine verletzte Mini-Maus, eine Kurzvisite meines Bartgeier-Freundes, der in eleganten Bögen springende „Rückspiegel" einer jungen Hirschkuh und die (fotografisch) vergnügliche „Schrei-Serie" eines Murmeles beim morgendlichen Sonnenbad – als einziger mutiger Wächter an der Oberfläche zurückgelassen.

Unter diesen Highlights noch obendrauf: Noch nie in meinem Leben sah ich „live" einen Grimbart (Dachs). Und dann leider ausgerechnet einen verendeten. Möglicherweise von einem Steinschlag getroffen – es schien, als schlafe er nur ...

Was wieder einmal beweist: Nur weil man etwas nie sieht, bedeutet das nicht, dass es nicht präsent/da wäre ... (was in vielerlei Hinsicht gilt).

PS im April 2023: Ja! Nun durfte ich tatsächlich einen sehen, kurz

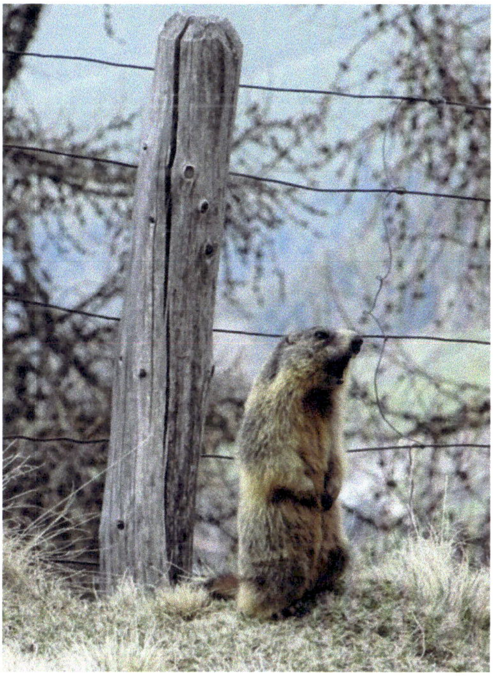 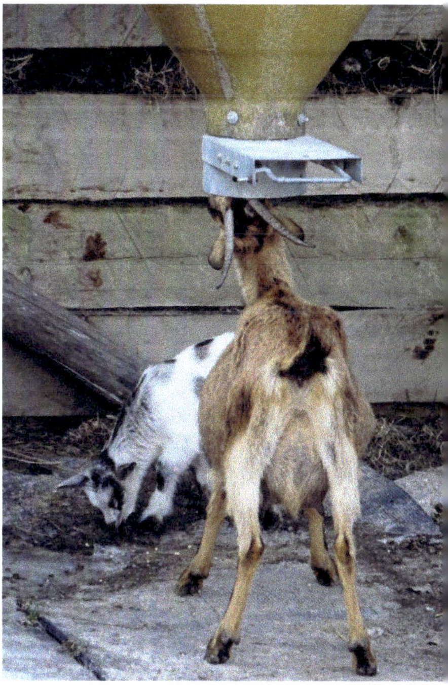

überhalb des Dorfes, im Morgengrauen. Riesig, wunderschön, ganz gelassen und ziemlich hurtig über die trockenen Wiesen mäandernd. Wie enttäuscht ich war, dass die Bilder wegen des Halbdunkels nichts geworden sind … – doch tagelang völlig überwältigt von dieser Begegnung mit dem Dachs. Und seine Botschaft als Totemtier – die muss ich erst einmal sacken lassen, denn sie trifft gerade wieder sehr ins Schwarze.

5.21

Gestern auf Trainingsrunde bei herrlichem Frühlingswetter, bunten Wiesen und zeitweise wunderbarstem Sonnenschein. Phantastisch, Geist, Körper und Lungen einen ganzen Tag lang auszulüften und in der Natur aufzutanken. Kein Mensch unterwegs.

Mein Bartgeierfreund erschien, bei ordentlichem Wind wie ein Drache an den blauen Himmel gepinnt, fast bewegungslos, ein riesiger Schatten – grandios! Bis er ohne einen Flügelschlag das Tal hinauf verschwand. Auch das Adlerpärchen warf sich in den Wind und später – hm, wer weiß, was das gewesen sein könnte? – evtl. ein Habicht, der immer wieder in der

Luft stand, Kurzstrecken-Luftkünste zeigte und zwischendurch kurz abtauchte, bis zum nächsten Versuch.

Dann gab es Lämmchen, genießerisch in der Morgensonne badend, mit halb geschlossenen Augen träumend, aber immer schön die mütterliche Milchquelle in greifbarer Nähe.

Und wie immer die größte Freude mit den Gaudiburschen des Tierreichs, wie mir scheint. Die Ziegen quetschen ihre Köpfchen durch die kleinen Quadrate des Schnürlzaunes, ihre Beinchen auch, wenn möglich (die natürlich hängenbleiben, sich verheddern, was beim Loskommen dann auch zu Stürzen führt), strampeln mit den Hinterhaxerln, um noch ein paar Zentimeter mehr Körperlänge herauszuholen, strengen sich enorm an – denn ... es KÖNNTE ja HINTER dem Zaun noch ein viel besseres Graserl wachsen als innerhalb ... Einfach köstlich zu beobachten!

5.21

Gestern den ganzen Tag unterwegs, nur Natur, Ruhe, phantastische Luft, ein einziger Blüten- und Blätterrausch – es ist, als würde man selbst zu Luft, als würde man quasi atomisieren. Erde und Wind tragen und beflügeln, das

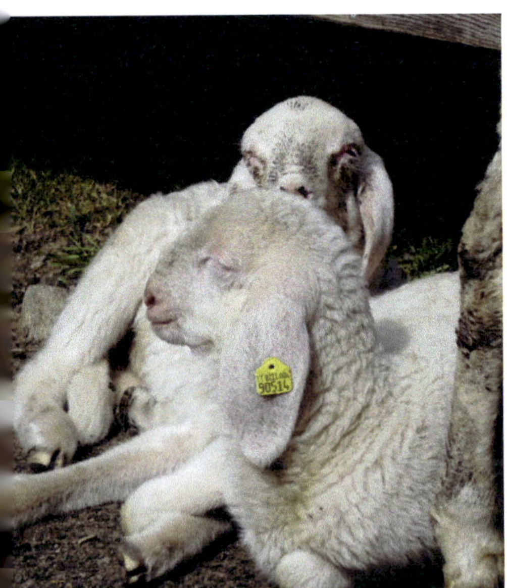

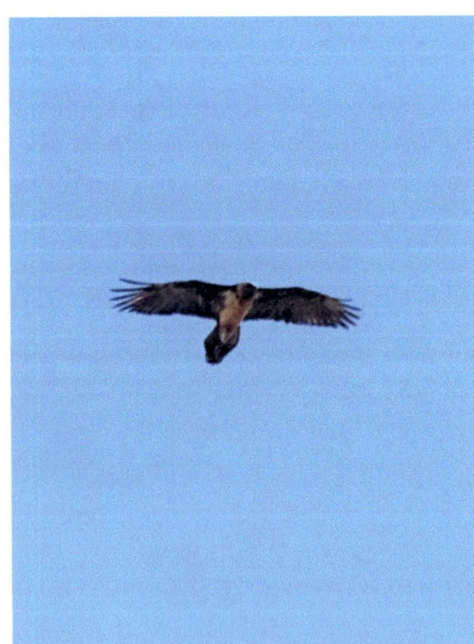

Grün rundumher explodiert in allen Sinnen. Und „Es geht mich!“, ein herrlicher Zustand! Dabei breitet sich eine so tiefe Zufriedenheit, Erfüllung und Stille, entspannte Freude aus, die alles zurechtrückt, was vielleicht grade ein wenig windschief in der Kurve hing. Seele, Herz, Körper eine Einheit und gänzlich befreit von allem zivilisatorischen Ballast.

Nan Shepherd schreibt in *Der lebende Berg:* „Deshalb entdecke ich erst dann, wenn der Körper auf sein höchstes Potenzial gestimmt ist und so beherrscht wird, dass sich eine tiefgreifende Harmonie einstellt, die einer Art Trance ähnelt, halbwegs, was es bedeutet zu sein. Ich bin aus dem Körper heraus- und in die Berge eingegangen. Ich bin eine Erscheinungsform der Gänze ihres Lebens, so wie es der Stern-Steinbrech ist oder das weißflügelige Schneehuhn“.

Ganz nebenbei rutschten die erreichten Höhenmeter auf gut 3300 aufwärts. Etwas mehr als die Hälfte von ... – nun, mal sehen, irgendwann, ganz spontan, wenn alles passt – dann packe ich‘s an.

5.21

Gestern ein fröhlich-glücklicher Tag im Pustertal mit lieben Freunden vom Starnberger See und ihren beiden herzigen Töchterln. Und meine erste Reise über Meran hinaus seit weit über einem Jahr – spektakulär!! Trotz der ewiglangen Öffi-An- und Rückfahrerei ein voller Erfolg.

Schon längst wollte ich Bergila – das sich eines der wohl zauberhaftesten Plätzchen für sein Unternehmen ausgesucht hat – einen Besuch abstatten. Wunderschön angelegt, gebaut, gestaltet, liebevoll, detailversessen und vor allem duftend bis in den letzten Winkel.

Das Verkaufshütterl erfüllt von Kräuteraromen, kleine Tontöpfchen entlang der Kräuterfelder mit zu erratenden Essenzen gefüllt, nur ein paar Schritte weiter erwartete uns dann eine humorvoll-informative Führung durch die Destillerie. Der Kessel war gerade randvoll mit 1000 Kilo Zedernschredder – eine unbeschreibliche, seelentiefe Dufterfahrung! Zum Abschluss ab in die „Fuß-Sauna“: Die Füße – so weit es die Hitze des Materials gerade zulässt – darin vergraben, tief atmen, entspannen ... Und beflügelt und beharzt von dannen schweben!

Die Mädels plagte bald schon mächtig der Hunger – wie praktisch, dass der idyllische Weiher mit einladender Restaurant-Terrasse gleich bei der Hand war, samt dem für uns reservierten „Bootshäuschen“. Und lecker war‘s! Der große Lacher für die Mädchen und ihre Mama: Ihre Pizzen durften sie mit der beigelegten Papierschere zerteilen. Das sorgte im Nu für leergefegte Teller! Und der Spielplatz – mit ein paar Runden schaukeln und Spiralpferd-reiten – gab für uns drei „Kinder“ eine willkommene Verdauungshilfe ab. Noch etwas spazierengehen, mit den Kleinen Kräuter sammeln und dann noch Häschen füttern. Einfach schön.

6.21

Was ich mache? Nach dem überlangen Winter und den vielen Monaten in den Niederungen mich geh- und muttechnisch wieder auf die Vertikale, relative Ausgesetztheit, auf handbreite oder Freistil-Steigerl einstellen. Das ist immer wieder aufs Neue erforderlich. Auf Reibung, auf Kante, auf Präzision (so weit halt menschenmöglich) gehen. Aufgrund der noch immer sehr traurigen Schneesituation war die erste Übungsmöglichkeit das Kirchbachkreuz, eine Viertelstunde unterm Gipfel drehte ich dann lieber um. Wäre auch mit Grödeln nicht wirklich lustig gewesen. Immerhin, denn eigentlich hatte ich als Ziel nur den „Adlerfelsen“ (heute eher: Goaßalfelsen – man erwartete mich dort bereits).

Doch beim ersten Blick zurück war etwas links unterhalb des Gipfels die Silhouette eines Steinbocks zu erkennen, der mir lange, lange hinterherblickte. Dazu der viele Nebel um die Gipfelstirnen ... als dann am Grat gegenüber sich die Gewitterzelle Richtung Ulten aufbaute, schien es, als hätte diese plötzlich alles Gewaber an sich gesaugt. Denn wieder zurück auf nichtalpinen 1500 Höhenmetern feixte der Gipfel klar und vor blauem Himmel.

6.21

Nachdem nun seit einer guten Woche endlich dem lästigen Weiß mit dem Turboföhn zunehmend der Garaus gemacht wird, konnte ich die wohl reichlich kurze Hochsaison mit dem ersten kleinen Dreitausender einläuten: Bei wildem Wolkengewaber ging es ab Haustür über Stierberg auf die Grubenspitze. Es gab nur wenig Ausguck, selbst das „Tal der Seligen“ wurde nur partiell sichtbar, und der erhoffte Blick Richtung Zerminiger und Penaudtal blieb verwehrt. Doch herrlich war‘s und es ließen sich drei kapitale Hirsche blicken, zwei Gamserl sprangen, ein Bambi stand unschlüssig im Wald, und ein Feuersalamander war recht hurtig unterwegs am frühen Morgen. Über Trumsberg ging es dann noch hinüber zum Dolomitenblick und St. Martin.

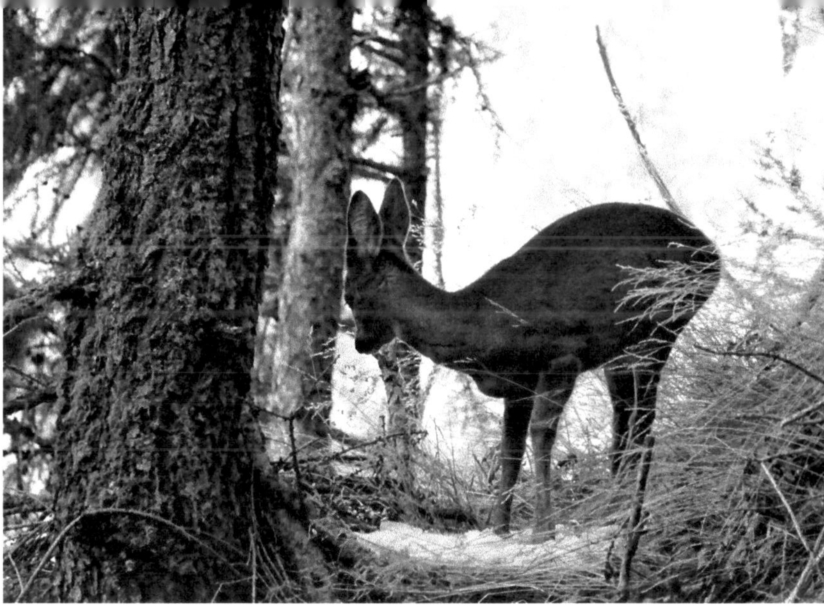

6.21

Habe die leise Restkühle des Morgens im mittleren Schnalstal genutzt, auf „Brautschau“ die Berge der Gegend auf ihre Schneelage gescannt, gebadet im herrlichen Zirbenduft, der einen sofort umfängt, sobald man hier aus dem Bus steigt. Der sonst so sagenhaft leuchtend helltürkisgrüne See sitzt fast auf Grund.

Der bereits blühende Wiesenkerbel ist ein wahres Hochzeitsparadies für Junikäfer (Brennnesseln werden als Liebeslaube aber auch nicht verschmäht)! Da sind die, die sich schon gefunden haben, solche, die erst noch Ausschau halten oder jene, die sich bereits auf Fühlerlänge nahe sind. Ich wollte dann auch nicht weiter stören.

Dafür warf sich bald ein schmusiges Kätzchen von allen Seiten an meine Füße, die es ganz resolut für sich beanspruchte. Blieb einfach darauf liegen. Und der Kälbchen-Kindergarten auf dem Finailhof demonstrierte, wie platt die Hitze doch alle macht ... Und drumherum blüht der Almrausch ...

6.21

Auch wenn die Augen gerade noch so fest auf den Pfad geheftet sind, schaut man doch endlich auf. Weil man beobachtet wird. Heute von einem riesigen Adler. Der einen zwar „auf dem Schirm“ hat, aber nie so direkt in die Augen blickt (außer er fliegt ganz nah vorbei) wie der Bartgeier.

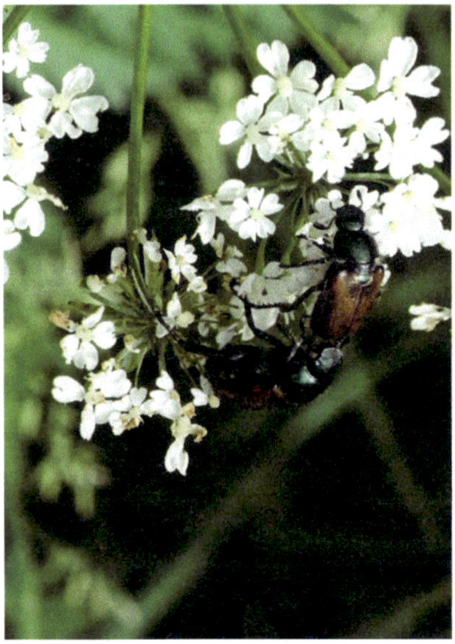

links: Junikäfer

unten: Vernagtsee

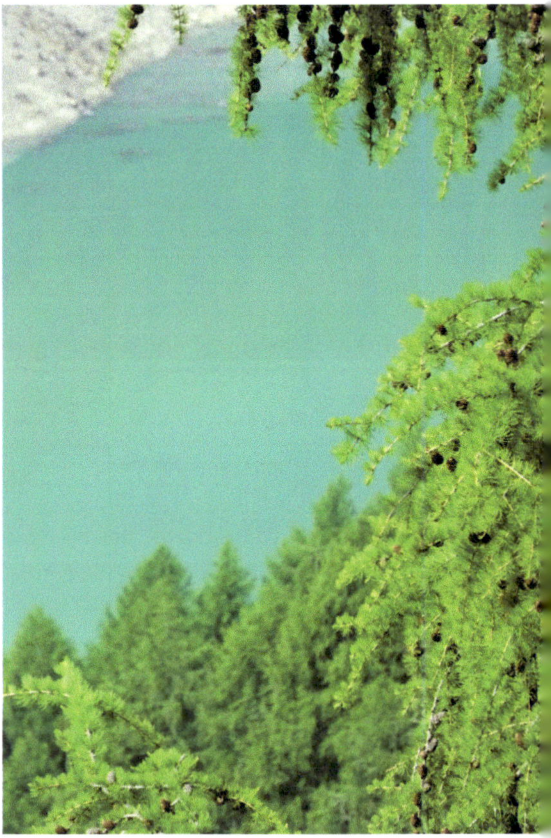

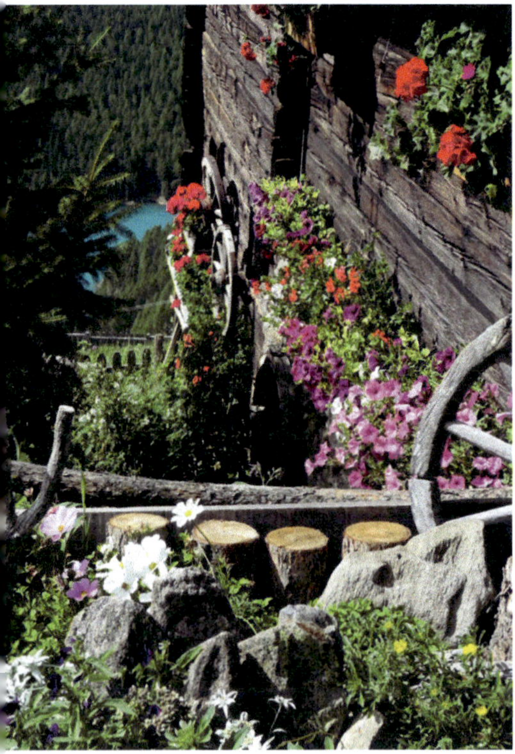

Finail

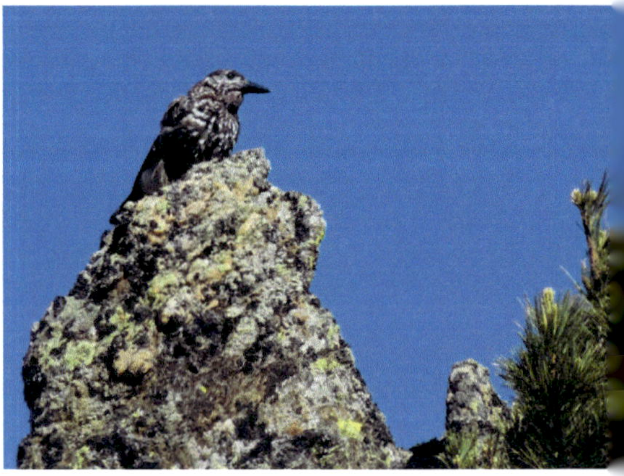

Tannenhäher

Und dann – obwohl leider nur noch schnell das moppelige Hinterteil ins Gebüsch flitzt – endlich die Ahnung von einem lebendigen Dachs! Später Heimkehrer, wie es scheint. Ein paar Arnika wurden entdeckt, was ohnehin Seltenheitswert hat. Und überall Almrausch! Hier und da garniert von Kuscheleinheiten fordernden Ziegendamen. Kleine Sensation: Endlich ist es mir gelungen, einen Tannenhäher („Gratschn") im Bild festzuhalten.

7.21

Ab Haustür über Tomberg, Zirmtal-/Plombodensee, Moarkuk mit seinem Butterfassl-Biwak, dann über weitere „5 Gipfelen" bis zur Naturnser Hochwart, dann auf der Ultner Seite mit phantastischem Blick in die Dolomiten eigentlich zur Almrauschblüte am Rauhen Bühel. Leider bin ich eine Woche zu früh dran – aber dann brennt das ganze Hochtal dort weiträumig, ein atemberaubender Anblick! Weiter über die Naturnser Alm nach Aschbach.

Einen ganzen Tag lang in Stille, Schönheit, phantastisch-kerniger, unbeschreiblich köstlich duftender Bergluft gehen – einfach nur traumhaft. Zwei Murmelen in der Ferne, Edelweiß mitten am Weg, forschende Blicke hinüber zu Zerminiger und Zielspitze, bei Orgelspitze, Tschigat und Lazinser Rötel dauert es noch ein wenig.

7.21

Schlanders riecht anders: Schon beim Aussteigen weht mir der herrliche Zirbenwaldduft aus den Höhen in die Nase. Eine wunderbare Sommertour: Anstieg über die Schattenseite, bald verklingt das Gelärm im Tal und man tritt ein ins Herz der Stille. Weiter oben dann im Sonnenschein auftauchend, hat man bereits eine halbwegs erfrischende Höhe erreicht (der erste Zug kommt leider erst um halb sieben an). Es geht an der Burg Schlandersberg und Tappein vorbei zur Tappeiner Alm, zum Kleinen Zerminiger (dessen Gipfelkreuz mit seinen gebrochenen Flügeln eher einem Mühlrad gleicht) und Großen Zerminiger, um dort nach dem überlangen Winter mal wieder nach „meinem" Gipfeltaferl und dem Gipfelbuch zu sehen. Das, vom Regen aufgequollen, kaum aus dem engen Schachterl zu ziehen ist. Es ist so warm und schön hier oben, dass ich am liebsten nicht mehr von dem geborgenen Plätzchen weg will. Gegenüber hat sich der

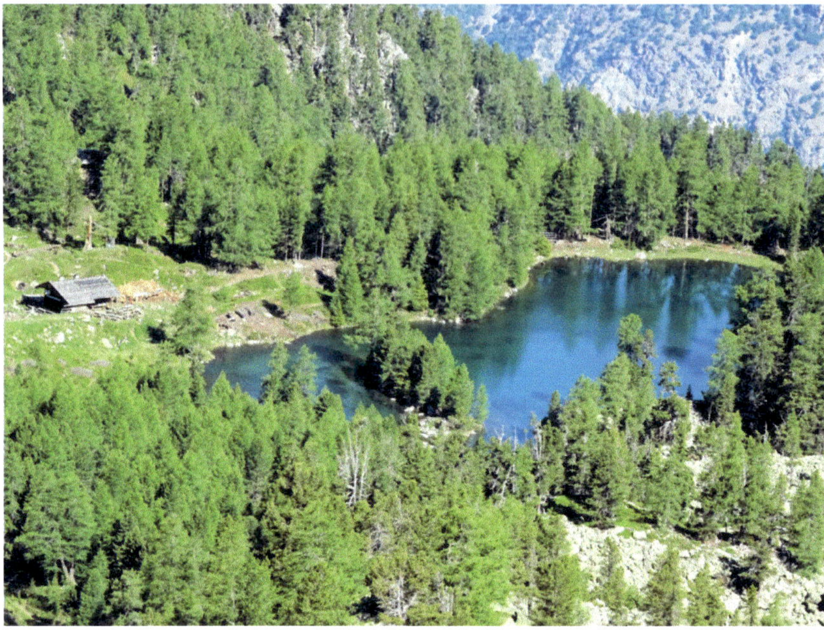

Zirmtalsee und –hütte

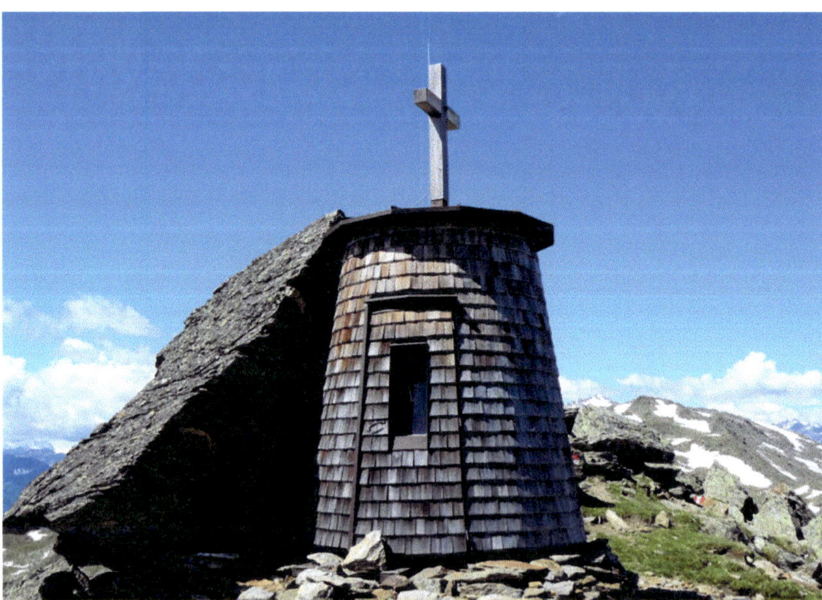

Biwak am Moarkuk

Ortler über das Gipfelmeer erhoben, dazu wunderbare Ausblicke ins Schlandrauntal, ins Schnalstal, und dort unten liegen die Augengläser Richtung Penaudtal, meinem Hinausweg nach Karthaus. Und abends dann noch zu Thomas Huber (den ich in München bei einem Businessvortrag schon live erleben durfte, selbstverständlich kennt man *Am Limit*) und seinem sehr exklusiven (der Ärmste, nur 30 Leute kamen!! – wegen Fußball), persönlichen und vergnüglichen Multivisionsvortrag.

PS: Und nein, meine infizierte Bienenstichhand, die mich Montagabend noch in die Schlanderser Notaufnahme trieb, habe ich kaum bewegt – gekühlt und nach oben festgehakt am Rucksackriemen –, mich samt ihr aber schon.

7.21

Gestern hatte ich eigentlich Größeres vor (dies auch, weil man sich schon eineinhalb Stunden Anfahrt antut), wollte mich dem zweiten der drei „Angstberge" aus meinen Anfangszeiten stellen, dem „Kniebrecher" Kolben. Als es so weit war, rollten tiefhängend schwarze Wolken an und ich ließ mich – wider besseren Wissens – von ihnen abhalten. Das kam mir aber ganz gelegen, denn nach der Sache mit dem Bienenstich fühlte ich mich ohnehin nicht ganz topfit, es war auch noch etwas zu viel Schnee auf der Strecke.

So wurde einfach nur eine Spazierrunde über die Matatz daraus. Highlight dort ist definitiv der Rückweg über den herrlich wiesigen Knottenrücken.

Morgens hoppelte mir schon ein kleiner Ausreißer, ein ausgebüxtes Kaninchen über den Weg und ich fand – große Freude! – mein inzwischen fünftes blaues Eichelhäher-Federchen.

Was den Tag aber zu einem ganz besonderen machte: Als mein Bus morgens an einer Haltestelle Leute aufnahm, stand dort wie hingezaubert mein Herzensmensch, auf den ich schon ein Jahr lang sehnsüchtig warte. Mit Klopfen und Winken aufmerksam gemacht, konnten wir uns leider nur durch die Glasscheibe lieb haben, klebten (zwar nicht äußerlich, aber emotional) vor lauter Freude wie zwei Geckos am Glas, glücklich. Hoffentlich gibt es endlich bald ein richtiges Wiedersehen ...

PS: Wie ich später erfuhr, verunfallten mittags fast zeitgleich an der Vermoi und dem Tschigat Wanderer. Das kann auch den Besten treffen, wenn es mal blöd läuft. Allerdings ist doch auch festzustellen, dass einfach viel zu viele nur mangelhaft Erfahrene (sowohl was die Selbsteinschätzung bzgl. des Könnens als auch die Beurteilung der Gefahren – wie derzeit noch immer Schnee an neuralgischen Stellen – betrifft) am Berg und in Höhen unterwegs sind, wo sie besser nicht sein sollten …

7.21

Im zweiten Anlauf hat es nun geklappt mit dem „Kolben". Einfach, nicht hoch, doch nur über einige kleinere Hügelchen – runter, rauf, runter … – zu erreichen. An diesem heißen, sommerlich-dunstigen Tag also von St. Martin zum Kolben und dann hinaus nach Platt.

Die Goaßal, die ich schon vor zehn Tagen hier antraf, waren wieder unterwegs; plötzlich kam mir bergab im Galopp die caramellfarbene Ziegendame vom letzten Mal entgegen, knotete sich um meine Beine und holte sich die nächste Portion Streicheleinheiten. Ihre schwarz-weiße Freundin reihte sich auch gleich wieder in die Schlange ein, die sich schnell bildete.

Die Berg-Heidelbeeren sind reif! Hmm … so aromatisch-köstlich, dass man sich kaum davon losreißen kann. Und das Ulfaser Tal ist wirklich entzückend, eine wahre Augenweide – sogar Wollgras- und Knabenkraut-Wiesen gibt es dort, dekoriert mit Arnika.

7.21

Gestern durchwanderte ich ein mir bislang relativ unbekanntes Gebiet – den noch ausstehenden Mittelteil zwischen Zirmtal bis Vigiljoch und Hasenohr. In 13 Stunden ab Haustür bis St. Walburg in Ulten.

Start um fünf, ein paar Metallgatter überklettert, da im Halbdunkel den Einstieg verpasst, Marzoner Alm. Ähm – ich hab's nicht so mit Pferden (stehe halt voll auf Kamele), aber eine der schwarzen Schönheiten schnob mich sanft an, und da ließ ich mich natürlich auch nicht lumpen und zu ein paar Nasenstreichlern hinreißen. Ein entzückender Almenweg führte dann zur malerischen Latschiniger Alm, Wasserl rinnen dort, Zirben duften (Beute: ein ausgepickter Zapfen, harztriefend – der darf jetzt in meinem Zirbenkammerl seine Wohltat verbreiten) und zwei äußerst beschäftigte Laufenten waren unterwegs.

Kofelraster See, dann Hoher Dieb bis Hoher Dieb II, herrlich der Blick aufs Hasenohr. Wieder retour zum See, weiter auf die Muttegrub,

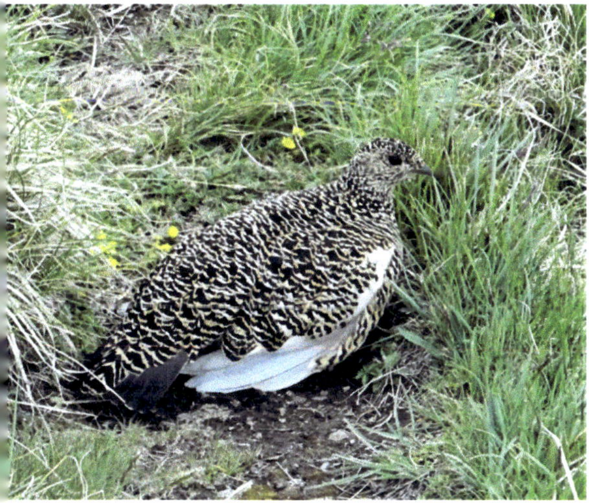

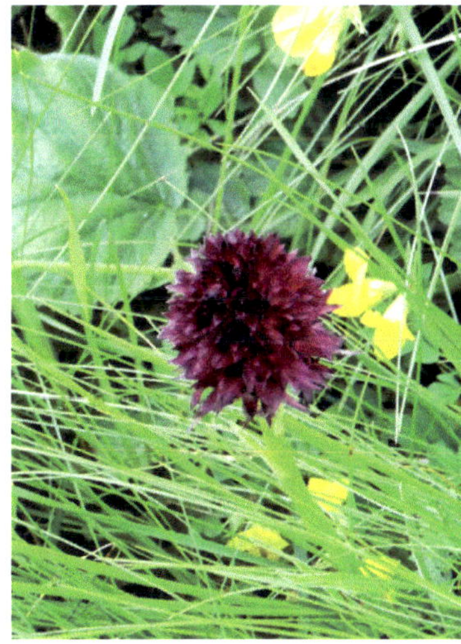

dann vom Rontscher Berg aus die „Drei Seen“ (wovon einer der schöne Plombodensee ist) bewundern, hinunter und hinaus zum Peilstein, hinüber aufs Hochjoch. Dort flog kurz ein Schneehuhn auf, rannte geduckt – als wäre es leichte Beute – aber eidechsenschnell mir direkt über den Weg in Deckung, begleitete und beobachtete mich noch ein Stück weit. Phantastisches Ablenkungsmanöver einer beherzten Mutter.

Wie lautet der beliebteste Gipfelkreuz-Spruch im Land? „Gott schütze unsere Heimat!“ Wie schon am Hohen Dieb, so auch am Peilstein und Hochjoch. Kurz nach diesem ging es – immer mit Blick in die Magdalener Berge Ultens – hinunter nach St. Walburg am Zoggler Stausee. Doch zuvor entdeckte ich eines der kleinen, nach Schokolade duftenden Blütenwunder, dann sogar eine ganze Wiese voll: das Schwarze Kohlröschen.

Es lässt sich kaum vermitteln, was mir ein solch voll erfüllter Tag reinen Gehens, Atmens, Glücks bedeutet. Pure Seligkeit.

7.21 Ausflug ins Ahrntal

Schon beim Aussteigen nach vier Stunden Anreise musste ich schmunzeln, war ich doch direkt am „Hans-Kammerlander-Platz“ gelandet. Abseits seiner Vorträge und Bücher (wie z. B. *Bergsüchtig*) wollte ich ihn einmal persönlich kennenlernen. Und hatte mich für eine Gruppen-Tagestour angemeldet.

Immer wieder vergesse ich, was für ein schmales, zartes Manndl dieser Große der Bergwelten doch ist. Unglaublich, was er in extremo immer wieder auf die Beine stellt, versucht, sich Ungeheuerliches traut, mit Zähigkeit, Gelassenheit, Bescheidenheit, Natürlichkeit und Humor (und nicht zuletzt mit fühlendem Herzen). Sein Engagement in Nepal nicht zu vergessen und vieles mehr. Bei all dem ist er sich nicht zu schade, im Rahmen seiner Bergführer-Tätigkeit auch mit so einem „Kindergarten" wie unserem gestern bunt zusammengewürfelten Haufen auf seinen Moosstock zu spazieren. Wobei von Moos weit und breit nicht die Rede sein kann.

Ich lief immer etwas voraus oder abseits, um dieses Gruppen-Event für mich halbwegs erträglich zu gestalten, hatte deshalb fast ein schlechtes Gewissen – aber für Hans war das voll ok. Als er auf und am Gipfelkreuz herumkletterte beim Versuch, den Blitzableiter zu reparieren, gelangen einige echt tolle Fotos.

Sand in Taufers liegt übrigens schön eingekuschelt, immer im Blickfeld des Kronplatzes mit seinem ganzen „Fuhrpark" und unter den gestrengen Augen der Burg Taufers. Auf das Kirchlein im „Stadtteil" Moritzen sowie die Wasserfallspitze hatte ich aus meinem Kammerfensterl direkten Blick. Und in manch einem Gärtchen geht ein vierbeiniger selbsttätiger Rasenmäher um, wie in diesem Fall ein Haflinger. Sehr sympathisch!

8.21

Vom Wohnzimmer blicke ich nach Westen tagtäglich auf das wunderschöne (scheinbare) Dreigestirn Orgelspitze – Jennwand – Taitschroi. Die Orgelspitze erkundete ich vor zwei Jahren vom Laaser Tal aus und war von diesem total begeistert. Die Bergwelt dort ist einfach besonders phänomenal, beeindruckend-majestätisch und gewaltig. Untermalt von mächtig herabstürzenden Wasserfällen.

Nun, ein neuer Berg ist immer auch spannend-beunruhigendes Abenteuer, der Unterschied Karte : Realität oft ein großer, und man weiß in keinerlei Hinsicht, was konkret auf einen zukommt. Endlich also wieder ein Wunschberg: Taitschroi (ich bin für „Deutscher König", aber der Volksmund spricht von einer SIE).

Die Marmorstadt Laas am Morgen, schon vom Bahnhof aus ist das Ziel zu sehen, doch bis dahin: Am Kirchlein St. Martin vorbei durch wunderbar stillen Wald. Fleißig waren ungewöhnlich viele Eichkatzerl unterwegs, hingen wie flauschige Christbaumkugeln an den Ästen oder sammelten unermüdlich für den Winter. Übrigens hielten es heuer die meisten Schneehühner für überflüssig, ein vollständiges Sommerkleid anzulegen – das heißt: Gas geben!

Dann über den Wormisionssteig zur Oberen Laaser Alm vor überwältigendem Panorama.

EINSCHUB: Wormisionssteig. Wormision hielt ich für irgend etwas Technisches, vielleicht in Zusammenhang mit dem Marmor-Business. Falsch gedacht. Wormisionssteige sind uralte, meist sehr schöne Panoramawege, die dem Warenhandel Richtung Bormio (das eine sehr wechselhafte Besitzergeschichte hat – Graubünden, Italien, Österreich ...) dienten. Bormio nannte man in alten deutschen Zeiten Worms (im Veltlin).

Weiter ging es zur Fernerhütte am Tal-Ende, dann zur Schäferhütte (um dort mein lästig beschwerendes Übernachtungszeug – auch wenn es „nur" ca. drei Kilo wiegt, sind es auf solchen Großtouren drei Kilo zu viel – zu verstecken) und über mehrere Stufen das halbe Tal im oberen Stockwerk quasi wieder auswärts, bis endlich die Tschenglser Scharte erreicht war. Von dort schoben sich allmählich der Vorgipfel mit Kreuz (selbstverständlich mit Marmorplatte, es gibt ja genug davon) und der Hauptgipfel in den Blick. Dort oben hatte ich das Laaser Tal zu Füßen, durch wallende Wolken auch Laas und die zahlreichen Bergmajestäten. Sogar der Ortler gab sich die Ehre, spitzte zwischen Tschenglser Hochwand und Hochofenwand hervor.

Und letztlich marschierte ich dann doch wieder nach Laas hinaus.

8.21

Von Unser Frau im Schnalstal ging es durchs Mastauntal (bis zum Abzweig hinauf zum Nock bereits bekannt) ganz wildromantisch in Richtung der Roten Riesen – die von der Zerminiger-Seite einfach so anziehend und prachtvoll aussehen! Natürlich war die Sache „in echt" wieder ganz an ders als sich vom Karteneindruck her vermuten ließ. Am Ende des Tales nach rechts um die Kurve, über mehrere Stufen und – logisch – bis ganz ins Eckerl hinten links, wo dann – garniert von einem letzten Schneelätzchen – das Mastaunjoch erreicht war. Allerdings wirkte allein schon der Einstieg Richtung Mastaun, der gar nicht mehr weit entfernt war, schon so wild abweisend und felsig-spitz abwehrend, dass ich dazu keine große Lust mehr verspürte. Ich weiß nicht: Für mich muss ein Berg trotz allem noch immer etwas „Nettes“, Einladendes zum Gehen haben ...

Durchs Tal wieder zurückzugehen wäre die schnellste Variante gewesen, doch bei dem herrlichen Blick ins obere Schlandrauntal ließ ich mich zum unangenehm rutschig-kleinschottrigen Abstieg verführen, schlug mich dann am Fuß der Berglerspitze entlang durch schroffes Gelände, störte dabei leider ein paar rostrote Hirschkühe von ihrem Ruheplatz auf, und lief dann irgendwann irgendwie auf der schönen Ebene zu Füßen des Kortscher Schafberges ein. Von dort über die Seen zum Tascheljöchl mit der alten Heilbronner Hütte, ein Weg gepflastert mit traumschönen zweisamen Erinnerungen (hier das Bankl, dort das Hüttl etc.), allerdings sahen wir damals nichts von den Seen vor lauter Nebel. Einer davon überrascht mich mit einem faszinierenden Phänomen: einer gipsweißen Einströmung mitten im Tiefblau.

Dann zur Berglalm, mit Blick auf die geballte Kurzraser Hässlichkeit – wie der Mensch nicht müde wird, der überwältigenden Schönheit der Natur seine selbstgestrickte Zerstörungswut entgegenzusetzen – und hinunter nach Gerstgras.

8.21

Gestern früh hatte ich Superperfektvorbereiter mir selbst ein Bein gestellt, war schon halb an der Bahn: Maske vergessen! Also ging es erst eine halbe Stunde später los. Aber dann:

Von Onkel Taa‘s Restaurant-Museums-Wunderwelten auf der Töll nach Partschins, wo der Wort- und Performancekünstler Matthias Schönweger sich schon zu jungen Lebzeiten an seinem Geburtshaus selbst ein Denkmal setzte und der schmählich übergangene Schreibmaschinen-Erfinder Peter Mitterhofer zumindest – von einem Nachfahren designt – ein staunenswertes Museum erhielt. Dann zum Hochganghaus und hinauf zur Scharte, vorbei am Langsee, an den Milchseen im „oberen Stockwerk“ und durch den Kamin zum Tschigat. Die sonst sehr spektakulären Aus-

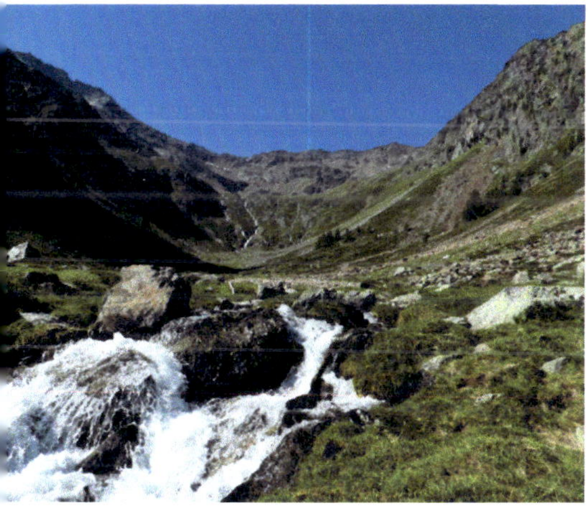

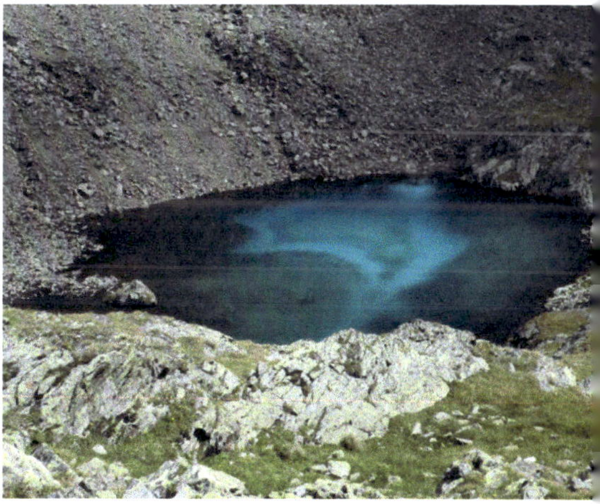

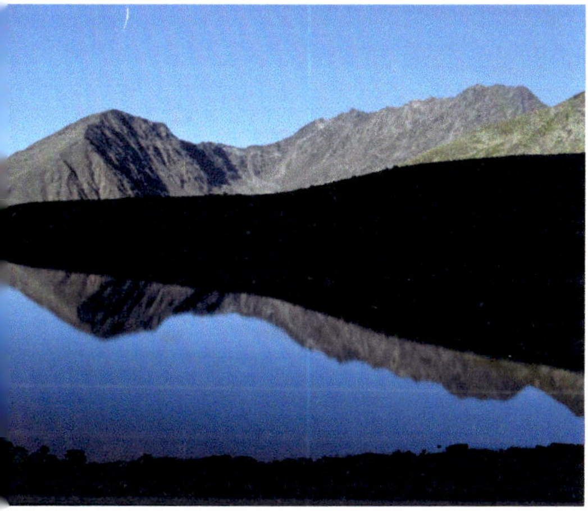

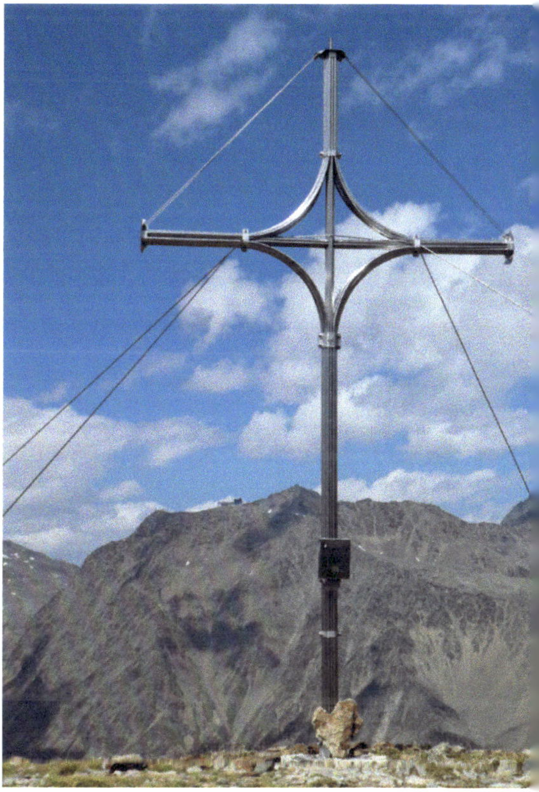

links oben: Mastauntal
rechts oben: Schwarze Lacke

links unten: Kortscher See in absoluter Stille
rechts unten: Tascheljöchl, dahinter Grawand

blicke wurden diesmal etwas vom ständigen Wolkengewalle beschränkt, aber die Stimmung war trotzdem phänomenal.

Dann vorsichtig um den Rücken herum und am Grat hinunter aufs Halsljoch, von dort den ersten Aufschwung nehmend und hinauf zur wenige Meter höheren Gipfelschwester, der Lazinser Rötelspitze. Der erhoffte Studierblick zum Roteck gegenüber war nur puzzlemäßig einen kurzen Moment gewährt, und selbst der aus jeder Perspektive traumhaft schöne Lodner, den ich normalerweise direkt vor Augen gehabt hätte, blieb hartnäckig unter seinem Federbett.

Dann wieder zurück aufs Joch und über die Weiten der Andelsböden mitten durch Murmele-City: Manche Spezialisten bauen ihre Haustür direkt an den einzigen schmalen Wanderpfad ... Richtung Pfelderer Tal wurde ich plötzlich von vierzig-fünfzig Goaßaln bestürmt und umwuselt, beknabbert und umzupfelt. Vorbei ging es an der neuen Lazinser Alm (leider wurde die malerische alte Hütte komplett entsorgt) bis zur Bushaltestelle.

Idealerweise generiert ein solcher Tag den Zustand, dass vor dem inneren Auge und im Gehirn auf Breitwand nur noch die riesenhaften Lettern „GLÜCKLICH!!“ blinken und das Denken endlich nichts mehr zu sagen weiß ...

8.21

Gestern früh. Zug kommt nicht. Versuch Autostop. Tatsächlich nimmt mich ein netter junger Familienvater auf seinem Weg zur Arbeit in Prad mit nach Latsch – und hat schon jemanden glücklich gemacht! Start also mit etwas Verspätung um 6.40 Uhr, aber immerhin.

Durch den wunderbaren Latscher Wald zum Zwölferkreuz, an dem ich sonst immer nur etwas unterhalb vorbeilaufe, mit tollem Blick ins Martelltal, auf die (schon wieder!) angeschneite Orgelspitze sowie auf den weiteren Weg: Erst etwas absteigen und dann das Kar hinauf zur Blauen Schneid, von dort aus den Grat zum Hasenohr.

Unablässig knattert, fegt und reißt der eisige Sturm um die Ohren. Vorteil: Die beste Sicht seit Langem! Doch brauche ich immer ein paar Anläufe für unverwackelte Fotos. Die neue Knipsi (kein Billigprodukt!!) kann ich ohnehin verschenken – schon jetzt ist ihr zu kalt und sie verweigert ihren Dienst.

Weiter geht's hinunter aufs Hasenjoch, hinauf aufs Kleine Hasenohr, im Freistil durch die Steinwüste hinunter zum Flimjoch und hoch zur Tuferspitze.

Gegen 20 Uhr treffe ich dann bei Irmi auf Flatschberg ein, mein Wolfshunger wird wie immer formidabel bekocht – und aufgebettet ist auch schon. Zack und weg ...

Am Morgen, der ein überraschendes Wolken-und-Licht-Spiel bietet, wandere ich mit großem Genuss hinaus zum Weißbrunnsee, inmitten einer unbeschreiblich, ja geradezu bestürzend schönen, wildromantischen Landschaft. Möge dieser Weg niemals irgendwelchen Modernisierungs-/Bequemlichkeitsversuchen zum Opfer fallen!

Dort angekommen, werde ich von einander zärtlich zugetanen Ziegen-Freundinnen willkommen geheißen. Ein Anblick tiefen, entspannten Friedens und der Zuneigung.

9.21

Dass unser Wetter sich schlechter entwickelt (statt wie zumeist besser) als vom Wetterbericht angesagt, ist wirklich selten. Gestern war's so, die sonst so spektakuläre Sicht – vom wunderschönen Nasereit/Zieltal bekam ich gar nichts mit – war bis auf eine kurze Zeitspanne recht mager, und der Tag endete gar mit Regen. Was mich bei der Besonderheit der Aktion – bergtechnisch quasi der Höhepunkt des Bergsommers – doch etwas wurmt. Vorteil: Diesmal war ich wirklich komplett allein am Berg. Und es gelangen ein paar phantastische Tierbilder!

Das Roteck ist vermutlich südtirolweit der Berg, an dem man auf einmal am meisten Höhenmeter erreicht, würde ich statt von der Töll von Meran aus starten, wären's noch 200 mehr, aber dann käme ich abends nicht mehr rechtzeitig zum „Abfüttern" auf der Lodner Hütte um halb sieben an. Und das hat der Wirt gar nicht gern.

Nach meinen Erfahrungen beim Hasenohr-Trip weihte ich meine Wärmeschlüpfer (ähnlich einem Modell, das meine Uroma trug, nur eben in Knall-Türkis) ein, damit der Bürzel es nicht so frisch hat. Dabei wäre diese Maßnahme gar nicht notwendig gewesen.

Sennen waren beim Zäune-Versetzen für ihre Tiere, ein echter Alp-Öhi transportierte dafür das Solarmodul. Der ca. 13-jährige Jungbauer mit Handy saß am Zieler Bildstöckl und telefonierte derweil. Ab hier gab es auch mehr Sicht, blauen Himmel und Sonne, während die Wolkengeister weiter tanzten.

Vorbei an der Zielalm, hinauf zur Lodner Hütte, wo ich mein Übernachtungszeug abgab. Und erster Blick aufs Roteck.

Viele Murmelen waren zu sehen, aber die unglaublichste Begegnung kam dann erst noch.

Denn mit dem nächsten Schritt auf schmalem Pfad wäre ich fast direkt in den Hauseingang getreten, als ich realisierte, dass dort ein Pfötchen lag, Schnurrhaare zuckten und Äuglein glänzten. Vielleicht war der Bewohner gerade noch so eifrig beim Buddeln, dass er meine Knarzschuhe überhört hatte. Da Flucht nicht mehr möglich war, versuchte der kleine Wicht, das Problem mit „ich tu so, als wär ich nicht da und halt mich ganz still“ zu lösen. Mit der Zeit entspannte er sich aber etwas und wir beäugten uns – fast Nase an Nase. Wahnsinn!!

Weiter über eine nasse, rutschelige Strecke, dann über den langen Grat hinauf, hinauf, erst durch die rote Zone, dann die weiß-schwarze (wo sich ein Suchbild eröffnete: Wo ist die Gams? Daaaa ist sie!!), noch eine Ebene und noch eine weitere, dann die Haifischflosse, Klettergurt an, runter in den Einschnitt, die Flanke hinauf. Von Mal zu Mal erscheint mir diese Passage immer kürzer und – mit viel Ruhe und Überlegung – „ein-

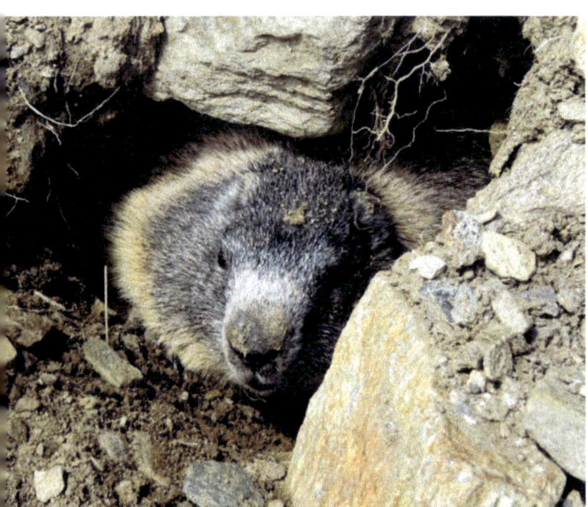

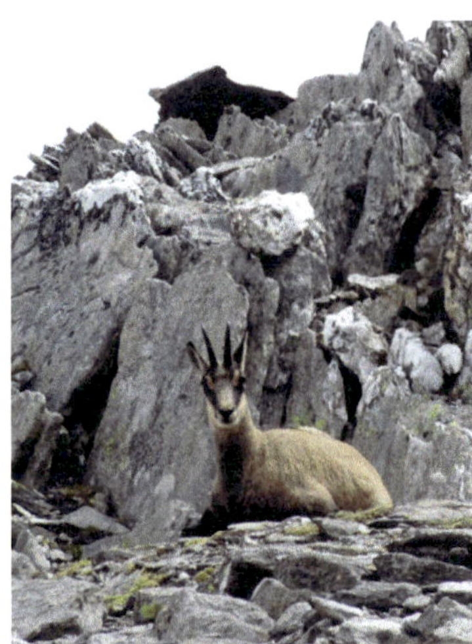

facher“, weniger nervenaufreibend. Wobei ein „richtiger“ Bergsteiger da ganz locker mit Schlafbrille hinübertänzeln würde ... Dann Ausstieg, über die kleine Hochebene zum letzten Gipfelaufbau.

Als ich die heikelsten Stellen des Abstieges hinter mir hatte, begann es tatsächlich zu winden und zu regnen, was in dem Gelände gar keine Freude ist. Dafür war der nächste Morgen dann glasklar, hauchzart und der Sonnenaufgang ein Traum. Ich war richtig eifersüchtig. Falschen Tag erwischt! Aber das relativierte sich dann bald mit den noch früher aufziehenden dicken Wolken.

Ich hatte mir vorgenommen, endlich einmal zum Gingglјoch hinauszustromern – eine einzige Steinwüste, und das erste Stück hinunter ins Schnalstal ist wirklich grauenvoll zu gehen. Ich ließ mir Zeit, und dann ging es über die Mairalm nach Katharinaberg hinunter.

9.21

Freitag: Der Schnee droben bleibt schon, die Tage meiner hohen Touren sind gezählt. Das Mega-Wolkenlos-Wetter sollte ursprünglich fürs „Roteck im Sonnenschein“ genutzt werden, doch bin ich auf Töll-Tschigat-Pfelders umgeschwenkt.

Im Vertigener Märchenwald fand ich ein weißgetüpfeltes Federl – vielleicht von einem Specht?

Am Hochganghaus eine mords Baustelle, die Wiese vor dem Waldrand wurde aufgerissen, auf ganzer Breite gähnt ein Graben. Ob das wieder so eine Assuanstaudamm-Verbauung wird? Bleibt spannend.

Kurz vor dem Einstieg ins Kar der Hochgangscharte, auf steinig-schmalem Pfad inmitten grauer Felswüste, lag da plötzlich eine rote Duftrose. Ein himmlischer Gruß? Oder vom Schatzi dorthin gedacht? Jedenfalls – zauberhaft.

Unter reinblauem Himmel ging es am Langsee vorbei, hinauf zu den Milchseen und über die immer wieder faszinierende Mondlandschaft weiter hinauf und durch den Tschigat-Kamin.

Sein Gipfelkreuz leuchtet einem ja schon weit unten in den Wäldern ins Auge, später dann erst wieder auf der Hochgangscharte – immer sieht es aus wie „fast da!“. Dabei steigt man ihm noch lange entgegen.

Mein Blick fiel beim Ausstieg aus dem Kamin voller Genuss auf die Andelsböden, das Lazinser Tal, Lodner, Hohe Weiße und die benachbarte

Lazinser Rötel. Geplant war, wie immer den Grat aufs Halsljoch abzusteigen und die Rötel zu besuchen. Doch die letzten Meter zum Gipfel und der Anblick der Nordwestwand, die erst ein Stück abzusteigen und dann zu queren ist, um den Grat und die Sonnenseite des Steiges zu erreichen, machten klar – Eis, Schnee, Rückzug. Die lärmende Meute am Gipfel sprach auch nicht gerade für eine kurze Rast.

Also den Kamin wieder hinunter, dafür gab es dann besonders schöne Milchsee-Fotos, und über die Milchseescharte am Guido-Lammer-Biwak vorbei Richtung Andelsalm.

Ganz überraschend flog jemand aus dem Nachbartal kommend über mich hinweg, ein direkter Blick in die Augen – ein junger Bartgeier? Es ging so schnell, wie er da auf die andere Seite schoss, zu einem namenlosen grauen Riesen mit plattiger Felswand um die Mitte. Dort patrouillierte er immer wieder ganz nah an der vertikalen Wand entlang, hin und her, auf und ab – ungewöhnlich. Zwei Mal ließ er sich an gleicher Stelle nieder – alles so fern ... Später zeigten die Fotos: Es war ein drei bis vier Jahre alter Bartgeier – und mit Beute!

Um halb acht lief ich dann in Pfelders ein, bezog Quartier, schlemmte bei Verena in der „Rosmarie", wo der berechtigt stolze Koch gern Bodenständiges pfiffig interpretiert.

Samstag. Wieder so ein Traum-Tag – dessen herrlichen Morgen ich nicht ungenutzt lassen oder gar mit der stundenlangen Rückfahrt verschwenden wollte. Also spontaner Entschluss, nach Jahren der Sefiarspitze wieder einen Besuch abzustatten, hauptsächlich aus nostalgischen Gründen. Nur bruchstückhaft erinnerte ich mich noch an die Eigenheiten des Anweges, damals war ich zu sehr von meiner Begleitung abgelenkt.

Jedenfalls war es ein Privileg, ganz allein an diesem Berg unterwegs zu sein und am Gipfel zu stehen. Der sonst von den Bahndlfahrern ziemlich überrannt wird. Die Morgensonne versteckte ich direkt hinter dem Gipfelkreuz, so wurden es doch noch recht anständige Bilder. Das überwältigende Panorama lässt sich allerdings nicht wirklich wiedergeben.

Zum Abschluss doch noch etwas Herbst-Kulinarik auf der Grünbodenhütte und dann, leider, leider, der Heimweg.

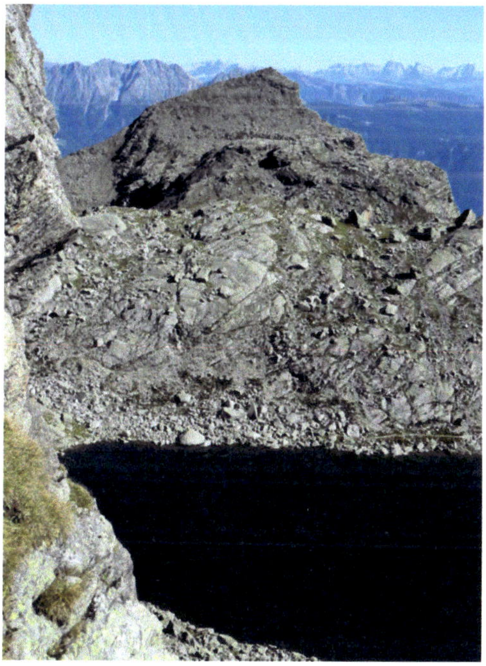

Blick auf Milchsee und Algunder Rötel

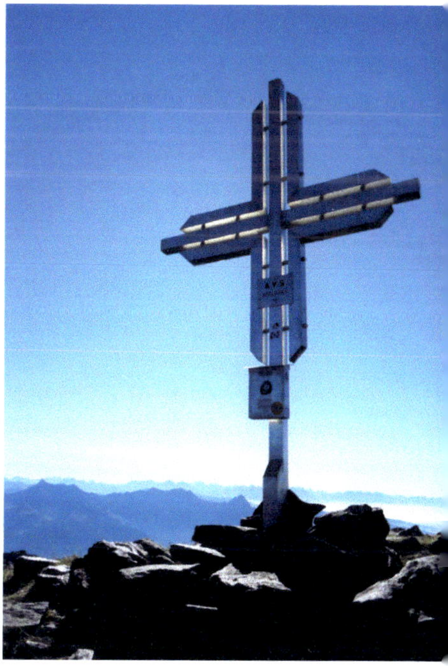

Sefiarspitze

10.21

Zwei ernsthaft um die Führung ringende Kampf-Geissen ließen mit voller Wucht, mit Anlauf und aus dem Sprung heraus ihre Schädel aufeinanderkrachen und sich von meinem Zuschauerplatz in der ersten Reihe überhaupt nicht beeinflussen. Es sah letztlich nach einem Remis aus ...

Die Feuerwerksmusik an den Berghängen ist weitenteils erst noch beim Präludium. Außer auf den Schattenseiten, wie heute im Schnalstal – da zeigen Blätter und Nadeln ihre sonnigsten Seiten! Ein Tag, so überwältigend schön – Kaiserwetter! Durch goldenen Lärchennadelregen ins Tal zu spazieren ist fast, als wäre man die Sterntalerin ... Flora, Licht und Himmel – als würde der Gipfel an Lebensfreude hinausposaunt. Und als absolutes Glücks-Highlight: Einer meiner Bartgeierfreunde fliegt nah über mir vorbei, guckt in die Seele und kreiselt sich in kleinen Spiralen über mir hoch hinauf, bis er Richtung Vermoi hinübergleitet. Der Berg, der Geier,

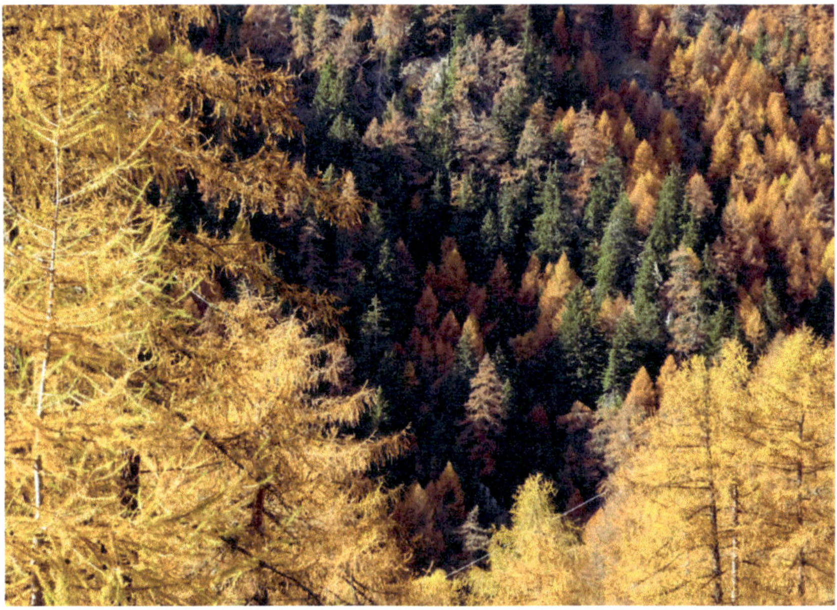

Feuerwerksmusik an den Berghängen

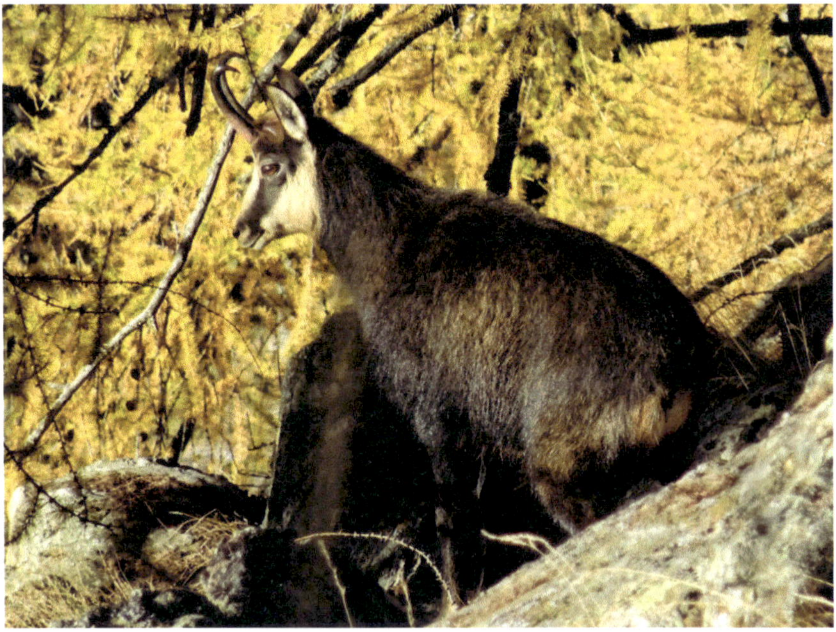

Herbst-Gams

zwei Gamsln, ich – wir sind ganz unter uns, eingehüllt von dieser sagenhaften, seelentiefen, heilsamen, erfüllenden, liebevollen Stille. Ein Traum!!

12.21

So viel ich kann und wenn man mich lässt bin ich natürlich am Berg. Leider schneebedingt wieder eingeschränkt – aber ganz ehrlich: Wer möchte schon bei diesem Sturm auf/über 3000 Meter stehen? Egal ob es schneit oder stürmt bei eisiger Kälte – ich bin unterwegs. Immer die gleichen Wintertouren. Langweilig, könnte man meinen – aber trotzdem jedes Mal ein bisschen anders. So wie heute: Nach einem spektakulären Sonnenaufgangs-Himmelsschauspiel gab es oft finster dräuende Schneewolken und ein paar schwebende Flöckchen, doch ab dem späten Vormittag bewegte ich mich beständig in einem großen Sonnenloch, als hätte jemand da droben für mich den Spot angeschaltet. Genial! Und die mächtigen Schneefahnen auf den Gipfeln!

12.21

Was ich gerade mache? Glücklich sein! Als ich heute an der Bahn stand und so auf „meine" Berge blickte – strahlend schön unter tiefblau-wolkenlosem Himmel –, da fühlte ich wieder einmal die ganze Liebe, die mich mit ihnen verbindet und die innige Dankbarkeit, dass sie mich so langmütig und großzügig (mit all den Gaben, die sie dabei immer für mich bereithal-

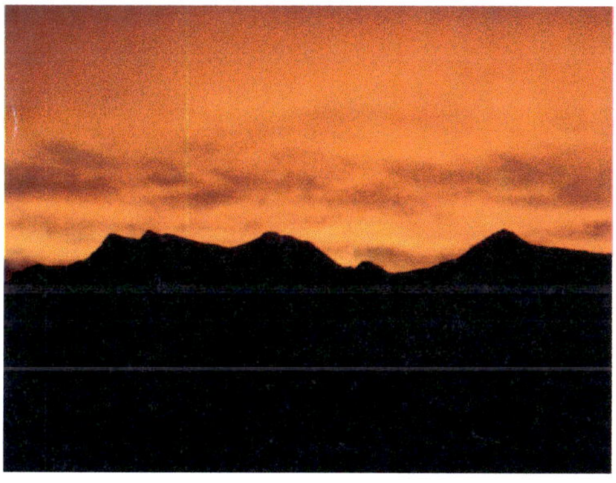

Naturnser Hochwart im Morgenfeuer

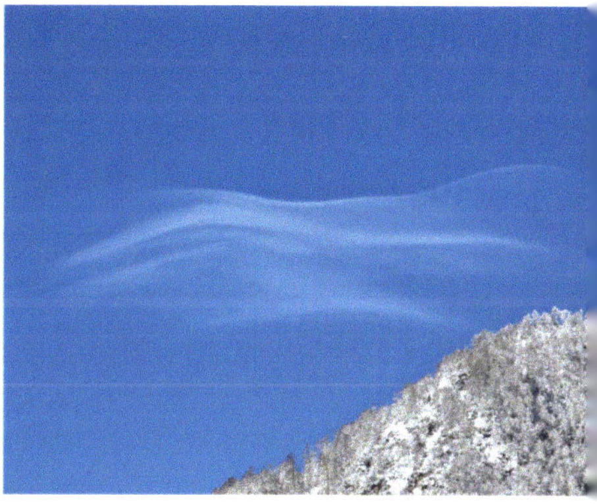

Vom Sturm erzeugte Schnee-Wolken

ten) auf und um sich herumlaufen lassen. Beim Blick hinauf in die jetzt weißen Höhen bin ich gleichzeitig dorthin versetzt, kenne und fühle die tiefe Stille und sagenhafte Schönheit, Reinheit und Klarheit dort oben. Sehe mich auf meinen Touren und kenne einige der Gipfel ja inzwischen quasi von allen Seiten, trage all diese inneren Bilder und Eindrücke ständig präsent mit mir herum. Egal, ob ich gerade im Büro oder Laden bin oder an einem Text feile. Und das hilft mir in jedem Moment, in jeder Situation.

30.12.21

Good-bye, 2021! Es war auch schon mal besser, doch trotz aller recht ermüdenden Umstände sowie dem angebrochenen Arm gleich zu Jahresbeginn, dem Bienenstich im Juli, der mich eine gute Woche außer Gefecht setzte und dem Arbeitsweg-Unfall noch kurz vor Jahresschluss (komisch – da ist immer irgendwas ...) gibt es tolle Erinnerungen und Highlights.

Die Koffergeschichte fürs Touriseum Meran, das Interview für die *Outdoorwelten,* die Flurnamenjagd/-dokumentation hier in Tschars mit Johannes Ortner, vor allem aber wieder so viele wunderbare, besondere Viecherlbegegnungen (wie z. B. mit dem Murmele, dem ich fast aufs Pfötchen getreten wäre), Abenteuer und Touren. Wobei besonders erwähnenswert natürlich die überirdisch schöne Monstertour Taitschroi ist, das ziemlich nervenaufreibende Desaster der (versehentlichen) Rotwand-Kletterei mit dennoch glücklichem Ausgang an der Orgelspitze, die große Tour auf/vom Dieb bis St. Walburg über alle Gipfel und selbstverständlich: Gröden! Samt dem Meditieren meines Traumberges, dem Col dala Sunela. Ich lasse es heuer bei den ca. 200.500 Höhenmetern aufwärts bewenden und bewahre die Reichtümer an Schönheiten und inneren Bildern.

1.22

Spaziergang bei Traumwetter ab Haustür über Dolomitenblick/St. Martiner Alpl und den Sagenweg nach Schlanders. Für mich ist der herrliche Weg von Forra bis Patsch in der Tat ein Sagenweg, denn es ist einfach sagen-haft, was die Menschen früher dafür leisteten und auf sich nahmen, um an Plätzen wie Laggar oder Zuckbichl zu siedeln. Ferner der Welt geht kaum. Gerade so viel ebener Boden, dass ein Gebäude Platz findet, steilste Hänge, Wasser eine ganze Ecke weiter. Doch nach was hätte man schürfen, oder was in diesem kargen Fels abbauen sollen? Der Marmor wird gegenüber abgebaut. Klingt mir also recht eigenartig, das lapidare „vermutlich Knappensiedlung".

Zuckbichl liegt auf halber Höhe zwischen Tal und Gipfel (Zerminiger) – es thront dort auf einem Mini-Bergerl am großen Berg. Irgendwie niedlich. Aufgrund der ordentlich hohen Mauern vermittelt es mir eher den Eindruck einer Festung. Vielleicht ein Sommersitz früher Schlandersberger? Wer weiß ...

Wenn diese Gebäude ca. 1277-90 erstmals erwähnt wurden und selbst die Reste noch einen derart perfekten Eindruck machen – dann war das wirklich noch echte Wertarbeit, von der wir Heutigen nur träumen können!

2.22

Meinen vertikalen Bestrebungen ist winterbedingt leider noch eine Grenze gesetzt (daher eben im Wintertrainings-Stückl-Modus), doch hege ich die große Hoffnung, dass nun bald der „Langes" startet und heuer endlich ein Jahr mit frühem Saisonbeginn wird! Die Erlen blühen, ein paar Schmetterlinge sind schon unterwegs – überall wuselt es.

Eines meiner herrlichen Gamserl-Fotos ist übrigens vergangene Woche in der *Dolomiten*-Leserfoto-Rubrik gelandet. Ich bin immer noch vollkommen glücklich, wenn ich sie mir ansehe, und gleich wieder mittendrin in dieser sagenhaften Begegnung. Ach ja, zumindest Spuren habe ich entdeckt von einem der wohl „heimlichsten" Tiere des Waldes: dem „Grimbart" (Dachs)! Und ein Gamserl lag morgens ein ganzes Stück unter mir am Waldrand noch in seiner Schlafmulde, behielt mich dabei aber ganz fest im Blick. Die Rehe unterwegs waren leider nur schemenhaft hinter den Zweigen auszumachen ...

4.22

Heute hatte ich einen richtig guten Lauf, buchstäblich, und es geht weiter aufwärts. Derzeit drehe ich mich um die 3000 Höhenmeter – das funktioniert auch ohne Gipfel, denn leider hat's ja wieder geschneit ... Und schön langsam steigern.

Endlich ließ sich eine Alternative finden zu den Reifenschläuchen, die ich als Überzug für die Rucksackträger benutze: Sie färben schwarz ab und riechen vor allem ganz unangenehm bei Wärme. Das Zauber-Fabrikat nennt sich Aerothan und ich werde es beim nächsten Training gleich ausprobieren.

Der Frühling ist einfach so wundervoll, die Luft lind und sie duftet (zumindest weit weg vom Tal, wo es nur noch nach Spritzmittel stinkt bis zum Herbst) herrlich und rein, alle sind ganz emsig, die Osterglocken (Berg-Anemonen) blühen, talwärts strecken sogar die ersten Lärchen ihre Nadelärmchen ins Himmelsblau.

Es schaute Freund Adler vorbei, ein Gamserl natürlich und – hurra! – ein einigermaßen schönes Turmfalken-Foto gab es als Belohnung noch obendrauf.

4.22

Heute war ein irgendwie seltsamer Tag – und gleichzeitig ein sagenhaft freudiger Frühlingstag. Gleich frühmorgens, als ich durchs Türl am Wasserspeicher schlüpfte, war zuvor schon eine ganze Schar Krähen aufgeflogen. Ungewöhnlich, dass sie hier ihren Schlafbaum hätten. Dann sah ich beim Kette-Wiedereinhängen aus dem Augenwinkel ein schmal verknäultes Fellbündel mitten am Weg liegen und dachte noch: Hat hier jemand einen Marder gekillt? Mein Biologenfreund will so etwas immer festgehal-

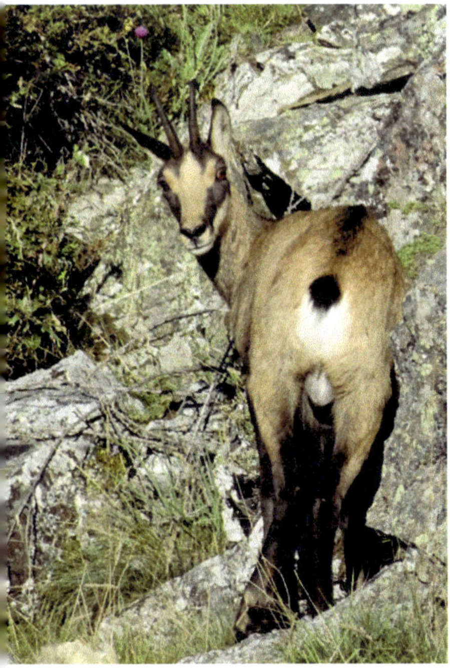

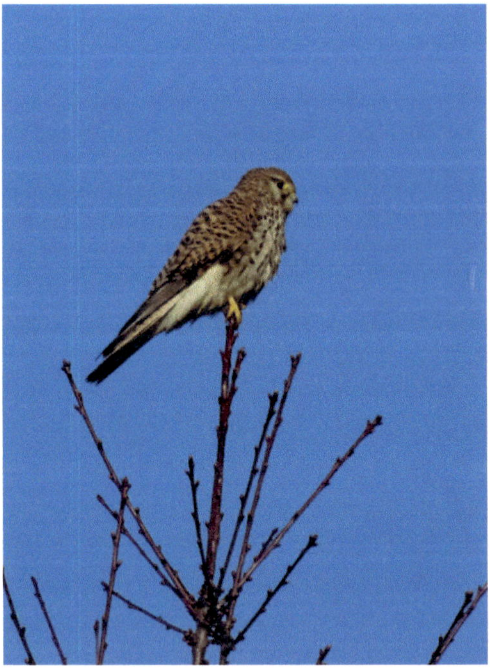

ten haben. Und da erst realisierte ich die Ziegenkind-Fußsohle ... Mit nur wenigen Metern Abstand folgten noch weitere drei gerissene Kitze. Ich rief den Ortl-Bauern an, der wollte sich die Sache später ansehen.

Ansonsten verlief alles unaufgeregt, erste Station überhalb Wetterkreuz: Dunst im Meraner Kessel, Sehnsuchtsblick Richtung Gröden: Sella, Langkofel, Plattkofel, Seiser Alm (und dabei immer seine Stimme im Ohr, wie er die Namen so nett ausspricht). Gebucht ist schon, im Juli darf ich endlich wieder dorthin und hoffe, das Wetter macht meine Vorhaben mit. Es wäre mein innigster Wunsch, durch irgendeinen Zauber das alte Grödnerisch fließend sprechen zu können.

Dann hinunter nach Trums und hinauf über Dolomitenblick. Dort hat der Touristen-Tsunami, der gerade wieder über uns hereingebrochen ist (man ist es überhaupt nicht mehr gewöhnt), zwei ältere Eltern mit etwa 10-jähriger Tochter, Schweizer, angespült. Sie stehen da ganz aufgelöst und vorwurfsvoll mitten auf dem Weg. Es wäre nichts mehr ausgeschildert (wären sie ein paar Schritte weitergegangen, hätten sie sich durch den Schilderwald lesen können), und wie weit sei es noch, und überhaupt, Unverschämtheit ... Da denke ich mir: Wieder so ein Beispiel. Wie weit muss man sich vom Sein in/mit der Natur entfernt haben, wenn man ...

*mit null Orientierungsvermögen dasteht, obwohl man die Bahnstation gerade vor einer halben Stunde verlassen hat (was auch die Frage beantwortet, wie lange es dorthin dauern könnte).

*nicht auf die Idee kommt, sich in der weiteren Richtung Überblick zu verschaffen, und sich nicht imstande fühlt, den Spuren anderer und der breiten Straße zu folgen oder notfalls eben den gleichen Weg zurückzugehen, wenn man unsicher ist. Herrje.

Ach ja, der Kuckuck ist wieder da. Manche freut's, mich weniger. Stundenlang vom gleichförmig-nervenden Ruf verfolgt zu werden ist nicht wirklich prickelnd, auch nicht der Gedanke an die Schandtaten, die er verübt.

Zum Abschluss ging es dann noch mal von Latsch nach St. Martin.

4.22

Ich spüre förmlich, wie meine roten Blutkörperchen sich allmählich wieder an die Höhe anpassen ... Das zweite Mal bin ich heuer an einem der beiden ersten schneefreien kleinen Fast-Dreitausender, immerhin bereits bei Normalzeit.

Der Berg gehörte quasi zur Gänze mir, nur auf dem Rückweg kam mir kurz vor 12 eine vierköpfige Familie entgegen, die sich die Ersten wähnten.

Wirklich schön zu gehen ist sie auf der Südseite schon sehr lange nicht mehr – die Vermoi, der Geröllhaufen, die Schlangengrube … Dennoch, so finde ich, verdient sie es nicht (wie auch kein anderer Berg), als Downhillstrecke missbraucht zu werden, wie ich es erst kürzlich wieder erlebt habe.

Die mühevoll in Freiwilligendienst gepflegten Wander(!!)pfade werden niedergefahren, mutieren zu Staub- bzw. Lehmrutschen, die Tierwelt wird aufgestört von der ganzen Technik und dem Gerappel am Berg, der zur reinen Fun-Kulisse degradiert wird. Von Entschleunigung und Achtsamkeit keine Spur.

Ein Gamserl lugte, kurz vom Genuss frischer Lärchentriebe ablassend, durch die Zweige, und ich entdeckte ein kurios an einem Stamm in über zwei Meter Höhe angebrachtes „Salzlutscherle“ – für Berggiraffen wohl ideal!

Eine seltene und scheue Ringdrossel (Alpenamsel) saß mir dann noch kurz Modell!

4.22 Rückblick …

*auf einen Vermoi-Samstag zwischen dichten Walle-Nebeln vor milchig leuchtender Sonnenscheibe, stetem Vor-sich-hin-Schneibeln bis hin zu stürmischem Quer- und sogar Aufwärts-Schneegestöber und sonnigstem Weiß-Blau. Mitten im herrlichsten Berg-Alleinsein. Wenn mich gerade nichts „Höheres“ ruft, dann mag ich solch kerniges Nebelwetter sehr – genau wie die Viecherl. Gleich zu Beginn lief mir ein Feuersalamander über den Weg. Der kleine Wicht hielt sich, nachdem er sich notdürftig unter ein paar Zweiglein gequetscht hatte, für ausreichend versteckt und unsichtbar …

*auf vier Tage Mutterbesuch mit schönen Ausflügen – sogar inklusive einer wirklich tollen Adlerbegegnung und Einkehr am Gault Millau-geschmückten Pirchhof, leckerem Abendessenszauber aus heimischer Vitalküche samt Überraschungsrufen und einer vollgestellten Wohnung (großes Gepäck und viel zu viele Mitbringsel).

5.22

Heute habe ich in diesem Jahr meine ersten, putzmunteren Murmelen gesehen! Nur ein bisschen schade, dass sie sich hinter dem Almzaun verschanzten. Meine Trainingsrunde war viel komfortabler als vor drei Tagen – nur ein paar einzelne Schneeflocken, kein seifiger Boden, etwas mehr Sicht. Jedenfalls befand ich mich die meiste Zeit im Sonnenspot. Enzian, Lärchen und Flieder blühen, die Wiesen sind mit goldgelben Sonnentalern übergossen – einfach nur herrlich! Ebenso das fröhliche Umringt- und Begleitetwerden von einer Schar Goaßal.

Allerdings zeigte sich wieder einmal, dass die meisten Leute nach wie vor ihren Alltag aus dem Tal unbedingt mit auf den Berg nehmen und dort für alle hörbar loswerden müssen, statt die Chance zu nutzen, sich von ihm reinigen, beschenken, aufladen und von seiner Stille durchdringen zu lassen. Dieser Wert sowie der Wert des Schweigens wird offenbar nicht gesehen und nicht genutzt.

Es waren nur zwei Parteien am ganzen Berg. Die Stillesuchende und dieses Paar, das mich – unablässig schnatternd und die ganze Gegend mit Lärm erfüllend – eingeholt hatte, also eigentlich schneller war. Doch statt die stille Wanderin zu überholen und endlich wieder zu verschwinden, blieben sie immer hinter mir, bis ich das Überholtwerden forcierte. Doch wenig später, als sie am Brunnen saßen und mit sich und ihren Handys beschäftigt waren, hieß es fröhlich: Wieder eingeholt! Endlich einmal fasste ich mir ein Herz und sagte „leider!“ und dass ich wegen der Stille hier sei und das passe eben einfach nicht zusammen. Woraufhin er erstaunlich gelassen meinte, dann würden sie jetzt einen Zahn zulegen.

Wenn schon eine Prozession unterwegs wäre, wäre ein Stillesuchender halt zu spät dran oder am falschen Ort. Aber man muss ja wirklich nicht aufeinanderkleben (und Umgebung und andere mit Gelärm nerven), wenn der ganze Berg frei ist. Grrr ...

5.22

...ich stehe einfach to-tal auf dieses irrwitzige Grün, das vor allem Linden, Eichen und Lärchen gerade produzieren!!

Kurz bevor der nächste Großauftrag eintrudelt noch mal Berg, Natur, Herrlichkeit genießen! Ohne Zwischenstopp im schon wieder viel zu heißen Tal wollte ich zumindest mal die 4000 knacken, doch dafür bin ich eine halbe Stunde zu spät los. Aber so ist‘s auch ok.

Im halben Morgendämmer ziemlich weit droben ein kleines Rudel Hirschkühe mit ihrem Herrn, später wieder ein Besuch in Murmele-City, und erstmals entdeckte ich im Geäst einen roten Kreuzschnabel. Yeah! Und die niedlich-pelzige Frühlings-Kuhschelle verzaubert die kargen Hochwiesen, so wie der Löwenzahn in tieferen Lagen noch immer DER Hingucker ist …

5.22

Also „wolkenlos“ wie vorhergesagt war das heute nicht – glücklicherweise. Bei der Hitze aber genau richtig. Erst am Schaferhüttl war es Zeit für ein Top, ab dem Adlerfelsen (den ich so taufte, weil hier schon öfters mal ganz nah – drei-fünf Meter entfernt – ein Adler an mir vorübergesegelt ist) dann Langarm. Den Adler, den erspähte ich übrigens am Morgen, weit droben – ich war nicht sicher, ob Adler oder junger Bartgeier. Das Foto zeigte: eindeutig Adler.

Die Kirchbachspitze ist endlich schneefrei geföhnt. Die Startvorgabe für die Hochsaison lautet: Vermoi (mehrfach, logisch. Ist aber superleicht – was NICHT bedeutet, gefahrlos!!), dann mindestens zwei Mal Kirchbach (der erste „richtige“ Gipfel des Jahres, schon etwas ausgesetzter, steiler – wieder zum Eingewöhnen. Und eine grade Sache dazu: Man steht drunten im Tal, guckt hinauf, und der Weg verläuft quasi Luftlinie direkt zum Gipfel) und obendrauf die Zielspitze, sobald es eben geht. Dann kann man in die Saison starten. Doch erst muss der Sommerföhn „obenherum“ noch mehr abtragen. Ich spechte schon voll motiviert in alle Richtungen …

Durch den aktuellen Auftrag, an dem ich gerade unter Hochdruck arbeite, weiß ich nun, dass auch ich „bradykardisch“ (alles unter 60 Herzschlägen pro Minute, da liege ich mit ca. 40 auch noch ordentlich drunter) bin – in der Medizin wird ja alles an einer ungesunden Norm gemessen, denn welche Werte tatsächlich rundum gesunde Menschen bei artgerechter Ernährung, Haltung, Pflege und Wartung in artgerechter Umgebung haben, kann ja niemand wissen, denn es gibt kaum noch welche. Und da nehme ich mich selbst nicht aus – ich tue zwar mein Bestes, bin aber auch schon ein Mischwesen und stehe unter Einflüssen, die ich weder ändern kann noch selbst gewählt habe. Eine weitere neue Information war, dass das, was ich da so treibe, in die Rubrik „Endurance“ fallen könnte – auch wenn es etwas ganz anderes ist als Rad- oder bahnbezogener Gehsport. Doch letztlich braucht das „Kind“ nicht wirklich einen Namen …

PS: Auf ca. 2300 Metern entdeckte ich heute erstmals eine Rote Röhrenspinne – selten und geschützt. Was für ein schickes Teil! Schwarz-weiß gestreifte Haxerl und ein roter Rückenschild mit vier schwarzen Punkten ... sagenhaft exotisch.

5.22

Wolkenlos war der Vormittag keineswegs. Ich hatte mich schön gekalkt, das Top war erst ab 2500 Metern nötig, aber: Gewitterstimmung, faszinierende Licht-und-Schatten-Spiele, ab und zu wehte es ordentlich Tropfen aus einer längst vorbeigezogenen Wolke herunter, in Schnals war's immer wieder mal regenwolkenverhangen, bis allmählich mehr und mehr Blau aufzog. Zum ersten Mal heuer der 1-er Weg zum Wetterkreuz und weiter aufs Gamsegg. Wundervolle Blicke über alle meine „Jagdgebiete", mein Roteck trägt noch dicke Schneedecken – doch was für ein mächtiger Brocken! Aus der Ferne lugte auch der Lodner herüber.

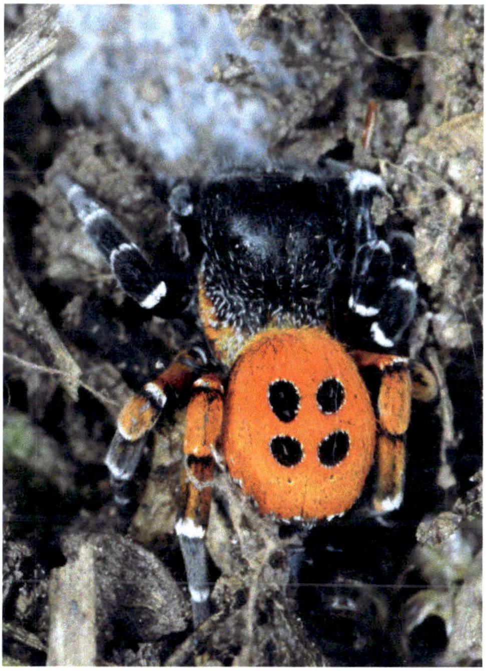

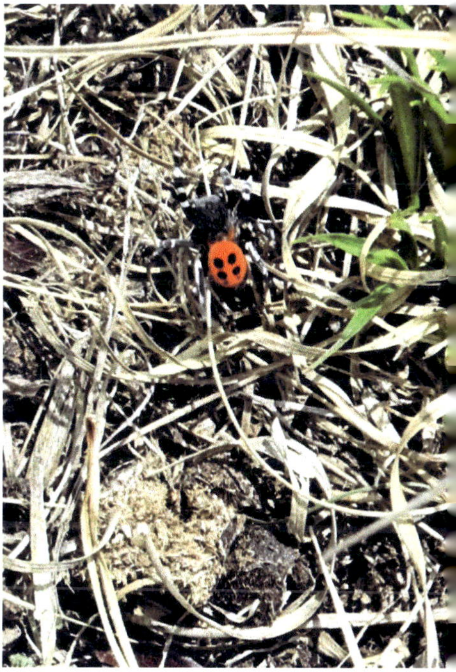

Links: Dank an Fotograf Dr. Peter Jaeger/Senckenberg Ges. für Naturforschung

Eigentlich wollte ich hinunter nach Karthaus, blieb aber schon beim ersten Schritt im verbliebenen Restschnee stecken, bis zu den Hüften. Und leichte Panik machte sich breit, denn ich bekam den rechten Fuß nicht mehr aus dem nassen Schneesand – wie einbetoniert. Musste ihn also erst mal ausgraben. Und verlor dabei mein Handy, dessen Fehlen mir glücklicherweise wenige Meter unterhalb des Gipfels bewusst wurde.

Die Schaferl unterwegs waren ja wirklich nett, da kann man nichts sagen. Doch wer mich kennt, weiß: Ich bin absolut gegen Viehhaltung über 2000 Metern. Den Bergen und Böden zuliebe, die niedergetreten werden und noch mehr erodieren, und vor allem dem dort eigentlich heimischen Wild zuliebe: Es meidet das Vieh, welches ihm im Übrigen das ohnehin karge Futter wegfrisst, das es in den allzu kurzen Sommermonaten dringend bräuchte, um wieder über den Winter zu kommen.

Ansonsten tobt überall das volle Leben und ich achte sehr darauf, nicht versehentlich auf irgendetwas zu treten: die Weinbergschnecken, die im Morgentau unterwegs sind, die schwer arbeitenden Ameisen, trunkene Schmetterlinge, Krokusse, Enziane, Küchenschellen usw. Nur das Gras hat schlechte Karten. Vielleicht regt ja Druck das Wachstum an. Wäre nur allzu menschlich ...

6.22

Fensterputzen, Haushalt und Liegengebliebenes endlich mal ein bisschen „nachziehen“ – das letzte Buchprojekt hat mich wieder ziemlich ausgelaugt und alles in Rückstand versetzt.

Und: Gestern starb Joseph Zoderer. Das wohl bekannteste moderne „literarische Gesicht“ Südtirols, ein Großer, ein Kantiger, ein Sensibler, ein Gezeichneter, ein verzweifelt Zerrissener, ein sensationeller Wortbildermaler und emotionaler Entblößer. Chapeau! Wer kennt nicht *Die Walsche*?

Doch zurück zu meinem Lieblingsthema Berg.

Beim „Auslüften“ zwischendurch übten zwei Schneehühner (noch mit weißen Flügeln) um mich herum Synchronflug – sehr bewegend. Dann wieder eine herzige Goaßal-Begegnung – der kleine Clown inmitten einer Schar Mütter mit ihren Kindern, die mir alle schon erwartungsvoll entgegenblickten. Und ich entdeckte die ersten Junikäfer, die sich ordentlich über Himbeerblätter hermachten ... Dann der niedliche Flitzer – ein quicklebendiges Eichhörnchen – auf Futtersuche, Enzian, psychedelisches Farngrün, der Almrausch wird schon bald flächendeckend in Brand geraten, eine blühende Waldrebe, die, eine kleine Birke überwuchernd, diese wie mit blauen Weihnachtskugeln schmückte ... So viel zu entdecken!!

6.22

Zum ersten Mal in dieser Saison besuche ich meinen „Lieblings-Zerminiger“. Bewundere voller Sehnsucht und mit überfließendem Herzen andächtig den benachbarten „Roten Riesen“ Malander – ob er von irgendeiner Seite aus für mich machbar sein wird? Freue mich über den jungen Bartgeier, der gerade am Gipfel über mich hinwegfliegt. Genieße den Wahnsinns-Ausblick: auf Ortler, Laaser und Marteller Tal (in der Mitte die Orgelspitz-/Marmorbruch-Gruppe), ins herrliche Schlandrauntal. Und visiere dabei neue Ziele an, bereite mich auf bereits bekannte und beliebte vor – bei manchen dauert es schneebedingt noch ein wenig.

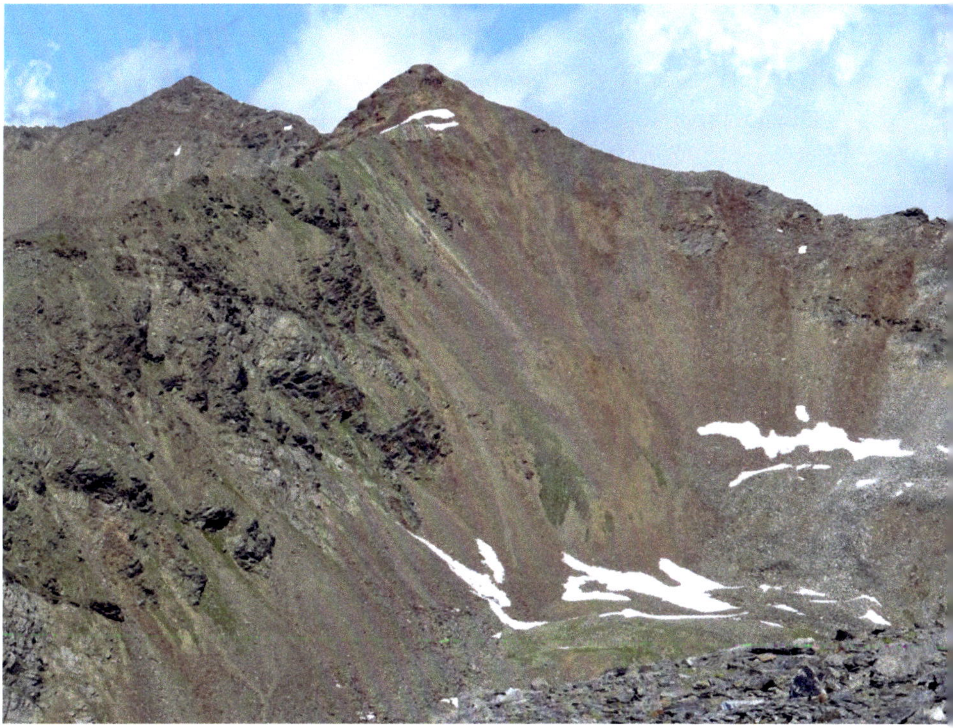

Mastaunspitze und Malander

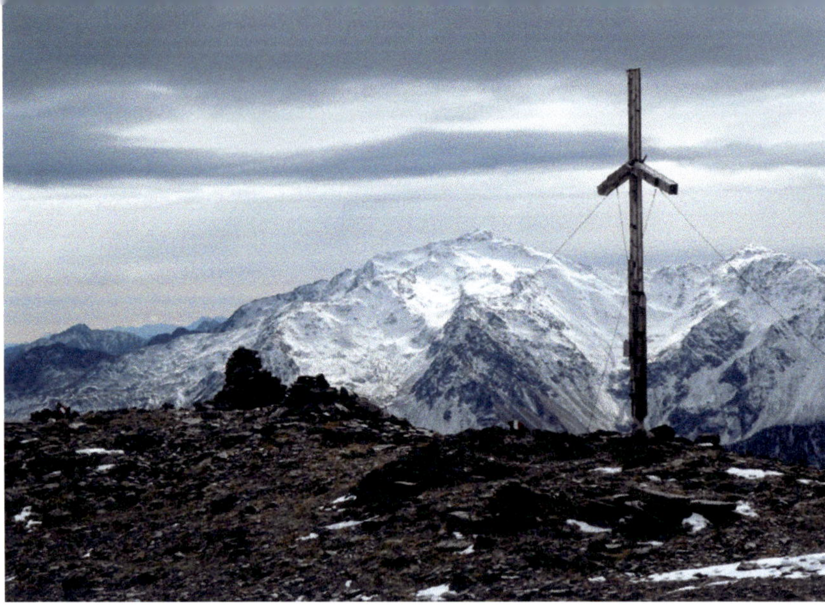

Kleiner Zerminiger, dahinter die Hasenohren

Von Schlanders geht es im Morgenlicht auf den Kleinen Zerminiger, dessen Gipfelkreuz inzwischen wirklich arg traurig die Flügel hängen lässt, NUR IM WOLLENEN UNTERHEMD!! (das war noch nie da ...), weiter zum Großen – mein vom Schreiner erneuertes Gipfeltaferl blieb ja glücklicherweise auch bei der Installation des neuen „Schüler-Kunstkreuzes“ erhalten – und über die „Augengläser“ und herrlich stillen Hochebenen vorbei an der Penauder Alm, wo sie gerade erst aufziehen, hinab nach Karthaus und seinen berühmten Dorfbrunnen mit den kontemplativ dahinziehenden Mönchen von Martin Rainer.

6.22

Es war mal dringend ein Perspektivwechsel fällig, ein anderes Panorama. Darum ging es Freitagnachmittag ins Heimattal „vom Ander“ (Andreas Hofer), vorbei am Sandwirt natürlich. Ein Tal, dessen Luft nicht pestizidverpestet ist, eine echte Erholung ... Erstmals Einkehr beim Martinerhof. Ein frecher Spatz saß buchstäblich auf meinem Tellerrand, todesmutig auf der Jagd nach Futter für den Nachwuchs. Der nun, wie die übrige Jugend, südtirolerisch aufwächst: mit Apfelstrudel (Österreich) und Pizzakrümeln (Italien).

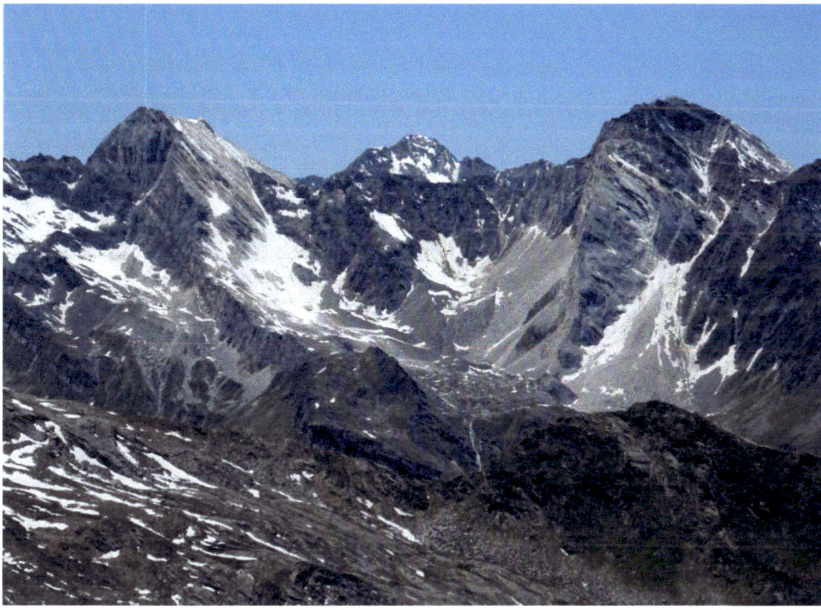

Lodner und Hohe Weiße, Roteck im Hintergrund

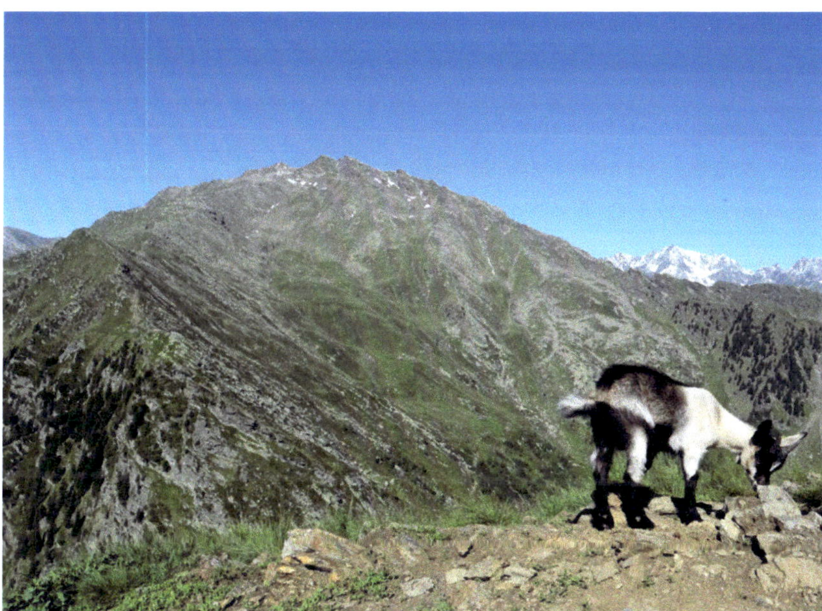

Das Ziegenkind auf der Matatz, dahinter Kolben

Morgens dann vorbei an dörflichen Impressionen Richtung Matatz. Dort wurde ich schon erwartet. Und ein Ziegenkind – ein besonders hübsches, langbeinig-zartes – hatte es sich unbedingt in den Kopf gesetzt, mich zu begleiten. Die Rufe zwischen Mutter und Kind, das sich immer weiter entfernte, änderten sich plötzlich: Die Mama brachte bisher noch nie gehörte Töne hervor und ich vermute, das sollte etwa bedeuten: Wenn du jetzt tatsächlich abhaust, brauchst du gar nicht erst wiederzukommen!

Ich weiß wirklich nicht, was das Kleine sich dachte, es war auch nicht mehr zur Umkehr zu bewegen. Zu Beginn war das nett, aber das ununterbrochene Gemecker mit bebender Oberlippe (selbst jetzt noch habe ich die exakte Tonlage seines Kinderstimmchens im Ohr) und Getrappel begannen dann doch irgendwann zu nerven. Steinchenwerfen ist nicht freundlich, doch in seinem eigenen Interesse versuchte ich es. Erfolglos, auch wenn der Abstand geringfügig vergrößert wurde. Phantommeckern (das dann doch keines war) hörte ich noch lange aus der Ferne ... Bis weit hinter die Muthspitze schlenderte und hoppelte mir das Kleine nach, in einem fort singend ...

Der Weg zum Kolben ist lang, führt über diverse Zwischengipfelchen – nach dem sechsten oder siebten hört man auf zu zählen. Doch das Panorama ist phänomenal. Außerdem wollte ich meinen Ersehnten in den Rücken blicken, um abschätzen zu können, wie lange es wohl noch dauern wird ... Tschigat, Lazinzer Rötel, Roteck. Und gegenüber mein Angstberg, der Alpler, dem ich mich heuer vielleicht doch noch einmal stellen möchte. Ein herrlicher Blick in die Dolomiten, davor die alten Jagdgebiete: Hönig-Hirzer, daneben das Ifingermassiv, wunderschön ...

6.22

Der Almrausch – so weit das Auge reicht – brennt heuer nur spärlich. Vermutlich aufgrund des Wassermangels werden nur wenige Blüten produziert. Dennoch war das geplante abschließende Highlight nach zwei Tagen am Berg wunderschön: alle Farben Grün, lieblich, duftend – in der Gegend Kleinjöchl/Martscheinberg/Naturnser Böden. Dann über die Naturnser Alm (ein Almfest scheint die Leut‘ wie die Fliegen anzuziehen) nach Aschbach.

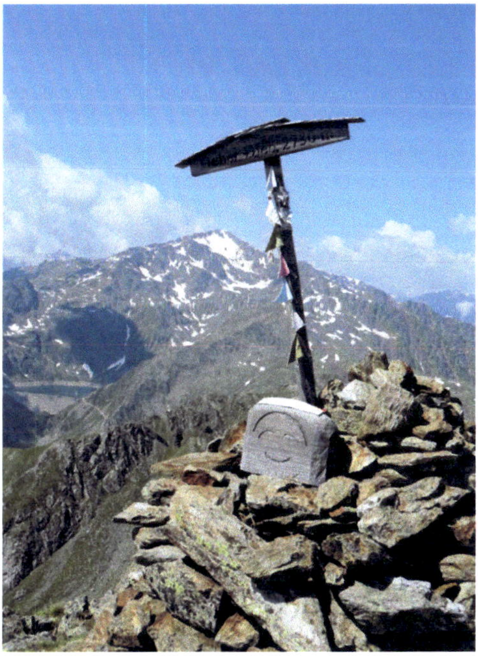

Hoher Dieb vor Hasenohr

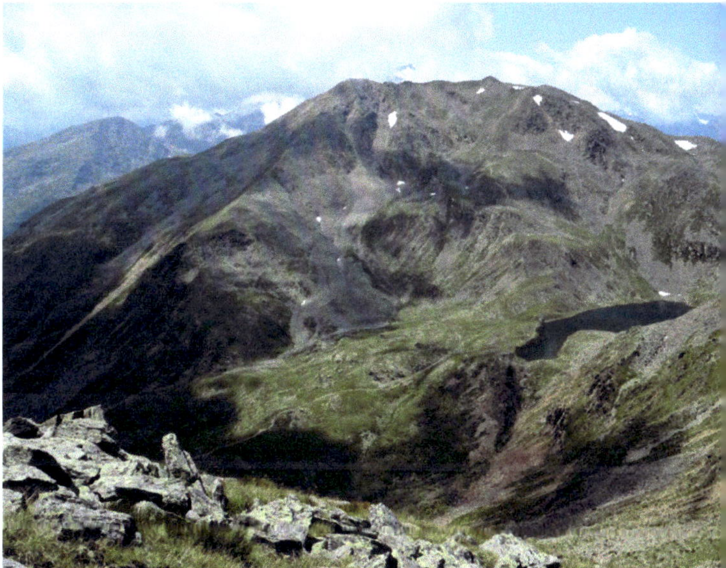

Hoher Dieb I und II mit dem Langen See

Doch begonnen hatte das Unternehmen gestern, 4.45 Uhr. Ab Haustür zur Marzoner und der malerisch-niedlichen Latschiniger Alm, hinauf zu den Kofelraster Seen mit ihrem ungeheuren Blau, Besuch beim (Vinschger) Hohen Dieb – mit Smiley am kleinen Gipfelkreuz und breitem Blick auf „die Schöne“, das Hasenohr –, hinüber zum (Ultner) Hohen Dieb – zu ging's in der Gegend! Als sei Markttag ... Dann zurück zum Langen See und über alle Gipfelchen – Muttegrub, Rontscher Berg, Peilstein. Diesmal stieg ich nicht übers Hochjoch nach St. Walburg ab, sondern wollte übernachten. Am Strand eines Bergsees. Alles war gerichtet, aber dauernd rutschte der Schlafsack von der Therm-a-Rest, die Fliegen fraßen mich fast auf ... hm. Ich fand dann, rein zufällig, noch einen Unterschlupf.

Erkenntnis: Die Begeisterung fürs reine Draußenschlafen bleibt begrenzt und ich bin wohl auch schon zu zwangszivilisiert. Dass der innere Wunsch danach aber besteht, zeigt mir, dass es auch mal anders war.

Am Morgen ging es dann über den Moarkuk, vorbei am Butterfassl-Biwak, über viele, viele Gipfelchen zur Naturnser Hochwart und auf der Ultner Seite (das ganze Tal versank im Wolkenmeer) hinaus Richtung Rauher Bichl.

Viecherl? Das Erste, das sich zeigte, war ein wunderschöner junger Fuchs, es folgten eine Gruppe Ziegen, die die Eisbar aus in einer Senke verbliebenen Schneeresten stürmte, ein paar Murmelen in der Morgensonne weit unter mir und ein Schneehuhn in Verteidigung der Kleinen. Und Schaferl auf Schattensuche – zumindest reichte er dicht gedrängt gerade noch für die Köpfe!

6.22

Jedes Fleckchen Gegend, jeder Ort hat seinen ganz besonderen Duft, der sich aus Erde, Pflanzen, Tierwelt, Höhe und dem Leben dort generiert – und so ist es auch mit Oberstdorf. Immer wieder überraschend, wenn man irgendwo aussteigt und das bekannte „Duftsiegel“ erneut wahrnimmt. Schön waren die wenigen Tage Kurztrip, vollgepackt. Im Kleinformat eine faszinierende Bergwelt voll spannend-einzigartiger Formen und Farben.

Mittwoch grau-regnerisch mit Licht und Schatten, Besuchstag bei meinen kleinen Lieblingen – den Regenmanndln (Alpensalamander). Bis hinauf zum Gipfel waren die Mini-Bergsteigerlein schon vor mir da und genossen die frischen Tropfen. Ein Gamserl versank fast im tiefen,

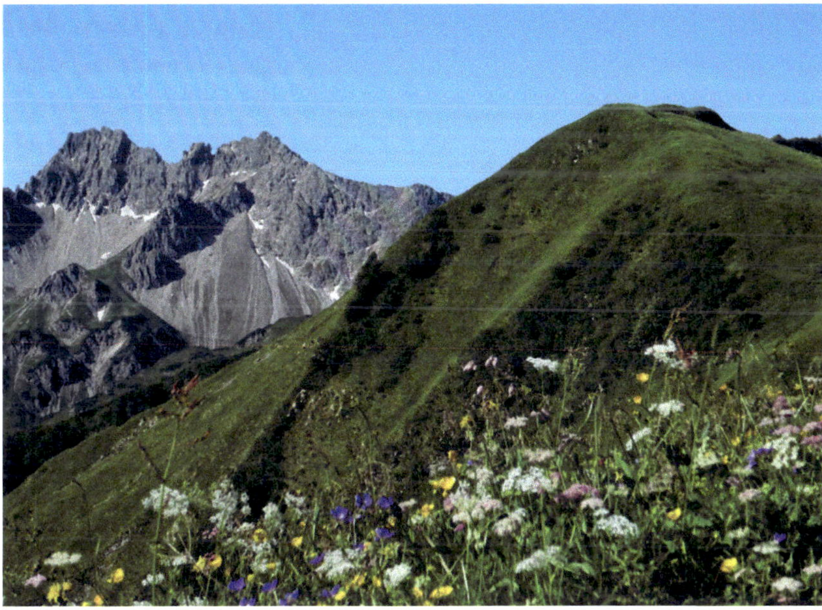

Oberstdorfer Hammerspitze, Hochgehrenspitze

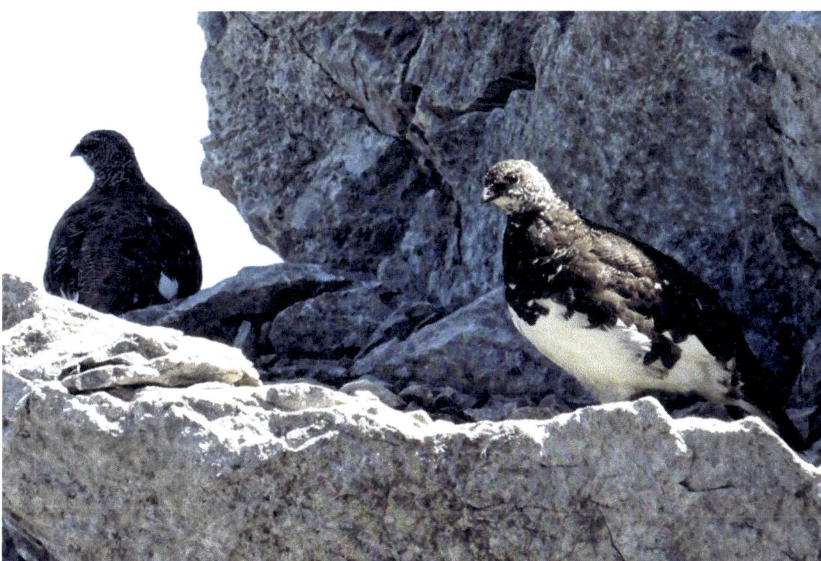

Schneehühner

schmackhaften Grün. Rubihorn, Gaisalpsee und Nebelhorn (33€ nur für die Talfahrt!! Neues Design der Talstation, neue leisere Umlauf-Gondeln – schon auf den ersten Blick war mir klar: Leitner. Was sich bald bestätigte; auch Pininfarina hatte da seine Designerhände im Spiel) – und dann regnete es sich so richtig ein.

Donnerstag wolkenlos, von Oberstdorf entlang des Grenzrückens D/Ö über Söllereck, Fellhorn, Kanzelwand, Walser Hammerspitze zur Hochgehren und hinunter nach Mittelberg.

Ein Wiedersehen mit meinem Schuh-Meister, meiner Allgäuer Freundin, Erledigungen, Kino-Abende. Viele Erinnerungen und Impressionen: vom Dorf, beim Abendessen kehren Kühe heim und stürzen zum Brunnen, die zarten Lippen eines Eselchens schlingen sich um meinen Ellenbogen, um das Salz aufzunehmen, zwei Schneehühner so nah und gelassen wie nie zuvor, morgendliches Idyll mit Katze unter dem Flohmarkt-Schild („alles fünf Euro") vorm Nachbarhaus.

6.22

Ein phantastischer Tag! Danke, lieber Wetterbericht, der „schlecht" vorhersagte – denn so gehörte der Zerminiger heute ganz allein meinem Bartgeierfreund und mir. Soo schön! Und ich habe ja meist eine gute Intuition und vor allem immer einen Deal mit den Windpferdchen und Wettergeistern. Der meistens funktioniert.

Obwohl außenherum immer mehr finstere Wolken dräuten – ich bewegte mich im Sonnenspot. Nach den Augengläsern musste ich doch mal zehn Minuten den Schirm nehmen, dann war's wieder trocken. Dafür rumpelte es rundherum, gewitterte auch mal Richtung Pfossental/Pfelders. Und kaum war ich kurz vor vier in Karthaus eingelaufen, ging's auch schon los mit Regen, Blitz, Donner und wildem Gewölk. Perfektes Timing!

Und ich bin sehr zufrieden – fünfeinhalb Stunden zum Gipfel sind (sofern man kein Bergläufer ist) rekordverdächtig, ebenso der Weg hinunter. Gleichgewicht ist schon ziemlich super und der „Zug" auch. Jetzt kann's an die „Großen" und Schwierigeren gehen ...

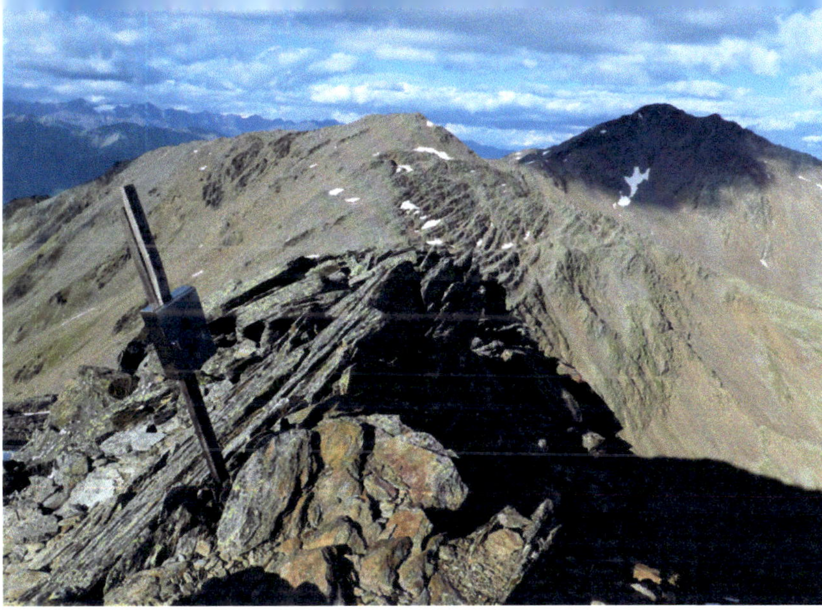

Blick von der Tuferspitze auf Kleines und Großes Hasenohr

7.22
Collecchio – ja lecko mio ... Nun ja, die Zwangsitalianisierung der Südtiroler Originalnamen hat ja zuhauf Stilblüten und Absurditäten hervorgebracht, diese hier ist nur ein Mini-Beispiel: Rein phonetisch könnte man noch eine Verwandtschaft mit „Gleck" (Geleck, also ein Ort, wo es früher und auch heute noch zu Füßen des Berges Leckeres zum Fressen gab/gibt) heraushören, aber selbst im Italienischen existiert das Wort „lecchio" gar nicht.

Zwei Tage am Berg. Start in Latsch, über die Königsladstatt und das Zwölferkreuz zum Hasenohr, das sich zunehmend in Wolken hüllte. Ein heftiger, herrlich kalter Sturm blies von Ulten herauf, während es dann weiterging zum Kleinen Hasenohr, zur Tuferspitze und hinaus nach Flatschberg. Irmi kredenzte wieder ihre sagenhafte, selbstgemachte Käseauswahl mit Feuerkartoffeln, und die Nacht war wunderbar.

Dann ein sanfter, viel zu warmer Morgen, schon mit einem ersten Blick auf Weißbrunnsee und in der Ferne der Gleck.

Unzählige Zirbenzapfen in luftiger Höhe, doch leider, leider unerreichbar für mich, da war ich ganz traurig. Kurz darauf hing mir doch tatsächlich ein Baum seinen Ast mit einem einzigen Zapfen quasi direkt über den Weg – selige Freude!

Ich bin dabei, „unsere“ Touren zu wiederholen – und wenn ich ohnehin schon in der Gegend bin ... Letztlich entschloss ich mich doch noch, zum Gleck weiterzugehen. Von der Umgebung hatte ich damals kaum etwas registriert, denn da stand ja etwas anderes im Fokus.

Ein unglaublich schönes Tal, all die vielen Seen, beeindruckend malerische (rote!) Bergwelt – dann am Joch neue Ausblicke, wie die Seitenansicht von Palòn de la Mare und Cevedale/Zufallspitze.

Und der Gleck war ziemlich überlaufen, dieser Grenzstein zum Trentino. Danach ging es, vorbei an einer zauberhaften Seenplatte, übers Rabbijoch – lange, lange – hinaus nach St. Gertraud.

7.22

... wie tönt das Echo am oberen Milchsee? Mähööö ... – die Schaflen lassen grüßen!

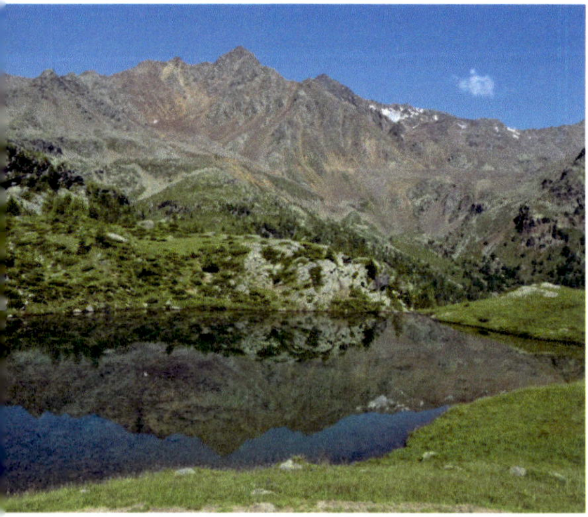

Seenlandschaft im „Gleck-Tal“ vor Eggenspitze

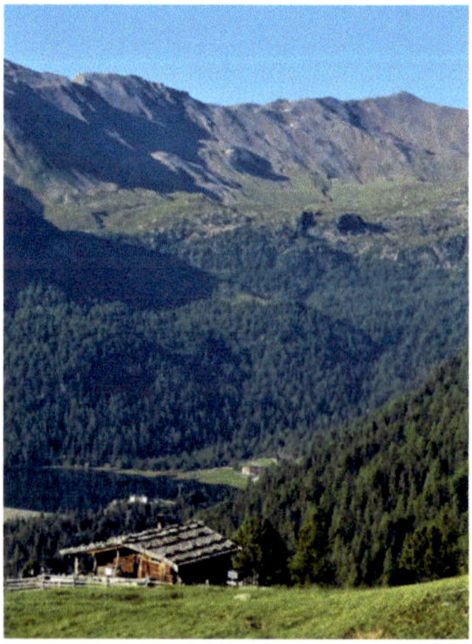

Weißbrunnsee, rechts hinten Gleck

Um möglichst früh – und nicht erst mit dem ersten Zug – starten zu können, hatte ich eine feine Übernachtung in Partschins, war im Bussl auf eine Pizza (da ich nicht einsehe, für fünf Nudeln 18 Euro hinzublättern), mit tollem Blick auf Kirchturm samt Friedensfahne.

Ein ganz früher (oder in diesem Fall später) Spaziergänger wieselte mir über den Weg – ein Igele. Im Hochganghaus schlief noch alles, zur Scharte wurde ich wieder von ein paar Goaßaln begleitet. Wunderschön aalte sich der Langsee in den ersten Sonnenstrahlen, später erweiterte sich der (eher dunstige) Blick auf die oberen Spronser Seen. Hinauf zu den Milchseen, dahinter wartete schon das erste Ziel, der Tschigat. Also auf in den Kamin!

Leider war doch ein früher Geher unterwegs (und schon bald kamen mehr nach), der meinte, er wäre schon sehr, sehr müde. Ich ließ ihn vor, richtete inzwischen meine Sachen und hoffte, dass er doch möglichst schnell „durch" wäre. Vor mir habe ich grundsätzlich nicht gern jemanden im Kamin (schlechte Erfahrungen), und schon gar keinen Übermüdeten!

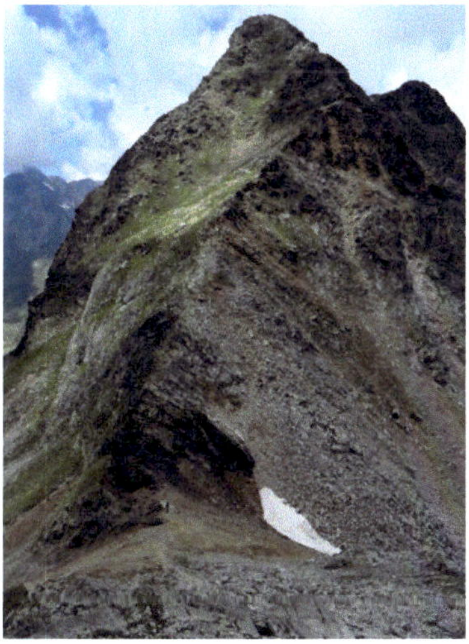

Lazinser Rötel mit Halsljoch

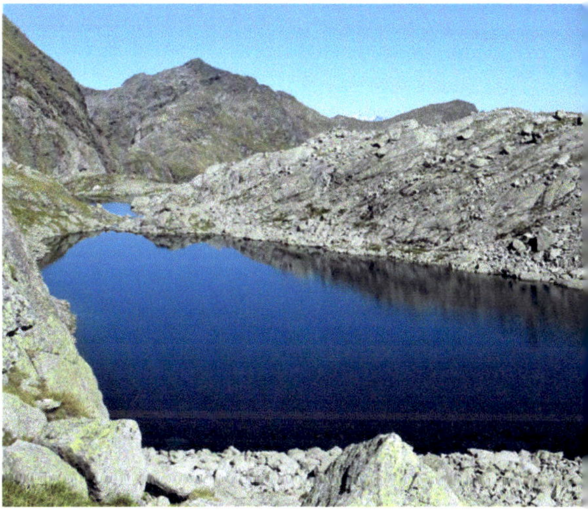

Oberer Milchsee

Zunehmend schwierig erweist sich der rückseitige Weg hinunter zum Halsljoch – immer mehr Abbrüche, rutschig. Jeder Schritt, jeder Griff mit Bedacht gewählt, in Zeitlupe quasi. Und sollte mir ein Kletterer beim Abstieg zusehen, er wäre wohl einigermaßen entsetzt über meine Art – manchmal wie ein Schreitbagger –, mich den – zumindest für mich – Herausforderungen zu stellen. Ist mir egal, wie‘s aussieht, Hauptsache, es bringt mich nach meinem Gefühl halbwegs sicher hinunter.

Dann noch ein Ausflug auf die Nachbarin, die Lazinser Rötelspitze, wieder hinunter und im Schweinsgalopp hinaus nach Pfelders. Auch hier belagerte mich die Goaßalschar, man legte sich auf meine Schuhe, schubste und drängelte, wollte auch Streicheleinheiten ... So viel Zeit muss sein!

Mein Roteck habe ich genau sondiert, es könnte bald klappen! Und herrliche Blicke auf Lodner und Hohe Weiße gab es obendrein ...

7.22

Trenkers Lieblingswort „gewaltig!“ hat seinen Ursprung sicher in der monumentalen, überwältigenden und so vielseitigen Bergwelt seiner Heimat. Nach einer Woche Gröden trage ich noch immer unvergessliche Bilder und Eindrücke auf meiner inneren Festplatte spazieren. Grüne Tafelberge, weite Mondlandschaft-Hochebenen, liebliche Almmatten, herzerhebende Wahnsinnsklippen, -türme, -nadeln in phantasievoller Formgebung und großem Farbspektrum: Weiß, Schwarz, Gelbocker, Hellgrau, dunkles Porphyrrot; glitzernd, matt, durchlöchert, blättrig, knollig ...

Meine innere Landkarte ist wieder um viele Lücken ärmer und zwischen Seis und der äußersten Gherdenacia fast komplett; auch erkenne ich schon ein paar markante Gipfel mehr im Gipfelmeer, war auch endlich am Grödner Joch (Sightseeing nach Kolfuschg und Corvara) und Sellajoch, wo ich am letzten Tag noch meine Grödner „Kora“ (Umrundung) durchführen konnte. Wie Tibeter um den Kailash pilgern, so pilgerte ich um Lang- und Plattkofel – mit kurz entschlossenem Abstecher auf Letzteren. Den Langkofel selbst habe ich dann zumindest mal gestreichelt. Plattkofel, dieser phantastische Berg, den ich schon aus der Ferne immer anschmachte ... Und nebenbei war ich noch nie der Marmolata so nah.

Erster Tag: Von Wolkenstein/La Sëlva frühmorgens durchs Chedultal (links Grödner Grand Canyon, in dessen Kulisse nur noch Winnetou fehlt,

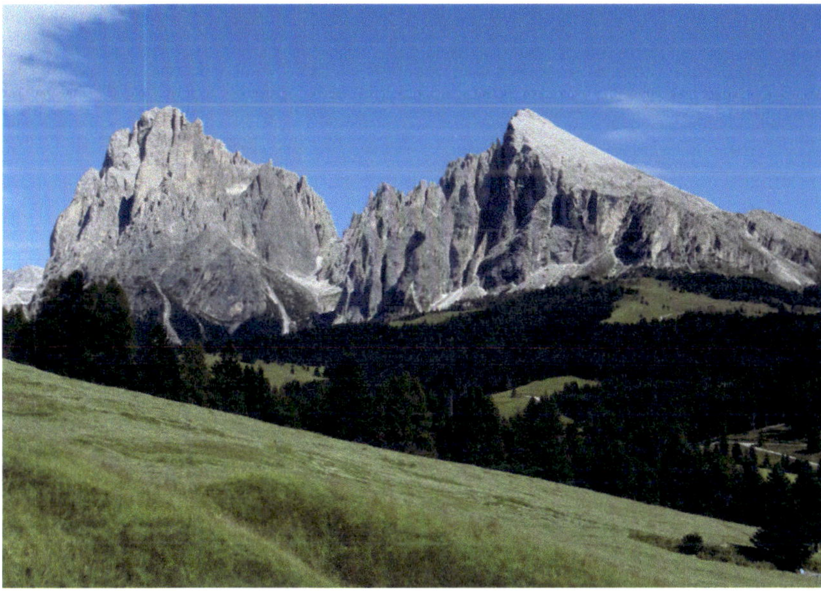

Lang- und Plattkofel

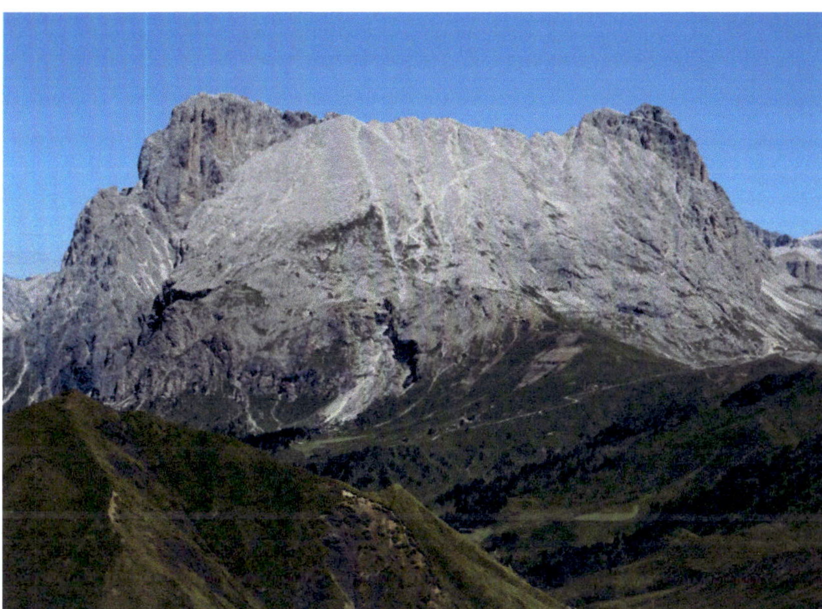

Plattkofel vom Schlernrücken aus

rechts die Cirspitzen), übers Crespëinajoch hin zum Sassongher. Ich traute mich nicht so recht ... – aber das nächste Mal! Dann natürlich zum Col dala Sunela, dem vom Himmel gefallenen Traumberg, und zeitlos mäandernd über einige Erhebungen der Gherdenacia. Dabei saß mir ein wunderschöner Schneehase mit weißen Socken, weißem Puschel und hellen Augen Modell – eine begeisternde Rarität. Übernachtung Puezhütte: ein einziger Albtraum.

Zweiter Tag: Endlich um fünf Uhr los, Neues erkunden. Über die Forces de Siëles zur Regensburger Hütte, vorbei am riesigen Schiff des Piz Duleda, der Furchetta, dem Sas Rigais, den Odles (Nadeln) und Fermedes, Blick auf die Piera Longia (die zwei markanten langen Felsen, die fast leicht gekreuzt mitten in die Wiese gerammt sind) und Secëda, hinunter nach Wolkenstein. Gepäck aufnehmen und dann – willkommen in St. Ulrich!

Dritter Tag: Mit dem Bus nach Seis/Salegg, auf den Spuren Oswalds zum Ehrenbesuch auf seiner Burg Hauenstein (es ist fast, als spürte man noch etwas vom quirligen Leben damals), zur Schlernbödelehütte (nomen est omen: Ein Hütterl auf dem einzigen waagerechten Wiesenlatzerl an den Knien des Schlern) mit Gedenkkapelle, Schlernhütte. Und wieder öffnet sich der Blick auf noch nie gesehene neue Bergwelten (Vajolet und Kesselkogel zum Beispiel)! Dann entlang der Wirbelsäule des Schlern auf dunkelrotem Porphyrsand und unterhalb der Rosszähne hinaus zum Tierser Alpl, über die Seiser Alm (wo ich inmitten großer Felsknotten lange Zeit einem winzigen, für die Kamera viel zu geschwinden Mauswieselchen zusehen durfte) zur Bergstation Mont Sëuc.

Vierter Tag: Bus-Ausflug nach Kolfuschg und Corvara – mit direktem Blick, fast von der anderen Seite, auf den Sassongher.

Fünfter Tag: Mit dem Bus zum Sella-Schutzhaus. Recht unangenehm überrascht bin ich, als ich sehe, dass doch tatsächlich Ein-Mann-Gondeln zur Toni-Demetz-Hütte hinaufschweben – mitten hinein ins Herz des heiligen Wolkensteins ... Dann Beginn meiner „Kora“. Die Marmolata zur Seite, Blick auf Campitell im Fassatal, mich zubewegend auf den beeindruckenden Gebirgsstock, in dessen Mitte der markante Kesselkogel thront, und

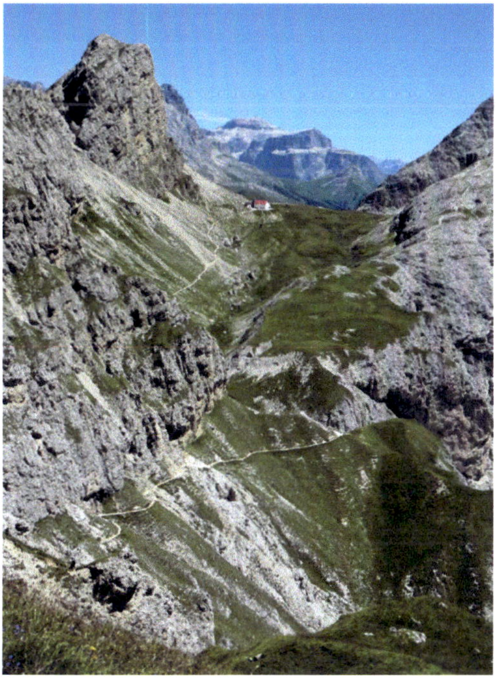

Tierser Alpl, im Hintergrund Piz Boè

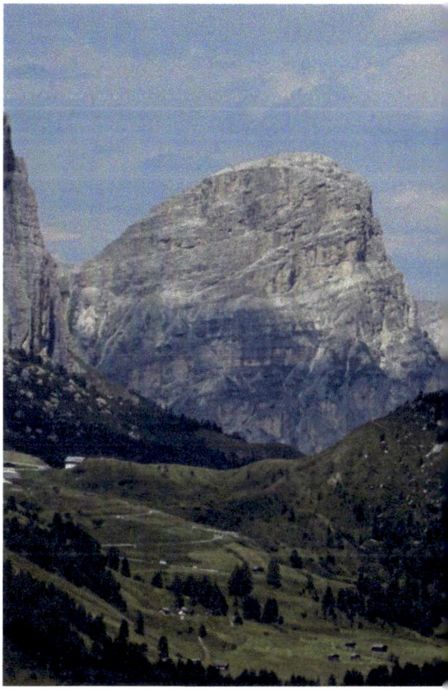

Sassongher von der Corvara-Seite

ich sehe sogar das Tierser Alpl, die Rosszähne und den ganzen Schlernrücken bis zu Petz, Burgstall und Santner nun von der anderen Seite.

An der Plattkofelhütte angekommen der Entschluss, doch einen Abstecher auf den Plattkofel, den Himmlischen, zu machen. Der (völlig neue) Blick von dort auf Langkofel, St. Ulrich und Geisler-Puez-Gherdenacia ist schlicht atemberaubend und bewegt mich tief.

Beim Abstieg traf ich auf eine Schar fröhlicher Gesellen beim Sandbaden: Schneesperlinge!

Über den Höhenweg der Ladiner, den Ciaulonch-Sattel, die Comici-Hütte zur Steinernen Stadt. In der als „männliches" Kunstwerk ein überdimensioniertes neapolitanisches „Cornetto" prangt – was nichts mit Eis zu tun hat, sondern – natürlich – ein glücksbringendes Schutz-/Phallussymbol (des Gottes Priapos) ist. Da fragt man sich schon ... Und da ist auch wieder das Sella-Schutzhaus.

Ich wollte gar nicht mehr weg, auch wenn es für mich einfach ein

Wanderurlaub (Klettern ist ja nicht so meins) war. Meine Art Touren kann ich eben nur daheim machen. Ganz besonders vermisse ich die „Sommerfrische" dort oben in Gröden mit den herrlich kühlen Nächten. Davon kann ich, wieder zurück, hier unten in dieser Höllenhitze nur träumen ...

Und vor allem: Es gibt noch soo viel zu entdecken und zu lernen! Hoffentlich heißt es schon bald wieder: Bënunì te Urtijëi!

7.22

Jetzt hab ich's „gepackt", mein Roteck. Start 6.15 vom Bahnhof Töll, Partschins, Birkenwald, unterwegs gestärkt mit kaiserlichem „Sissis Quellwasser", vorbei an Nasereit und die herrliche Strecke hinauf zur Lodner Hütte – unterwegs zeigte sich über dem nächsten Bergrücken sogar Freund Bartgeier, war aber deutlich irritiert von den fünf herumschwirrenden Gleitschirmfliegern –, dort um 10.45 mein Übernachtungszeug abgegeben, 14.20 war ich am Roteck. Es wölkte immer ziemlich, manchmal wurde es fast ein bisserl finster – kurzzeitig konnte ich sogar mein Wollzeugs auspacken, da war ich richtig happy –, doch gab es noch jede Menge Gipfelsonne mit herrlichen Ausblicken: die kleinere Nachbarin Texelspitze, Durch-Blick zur Stettiner Hütte und natürlich die absoluten Stars, Hohe Weiße und Lodner, das Gespann Lazinser Rötel und Tschigat, auf denen ich sonst gern herumkraxle, nicht zu vergessen.

Irgendwie scheine ich unheimlich brav gewesen zu sein, um mir das zu verdienen: Wir haben Hochsommer, Hauptsaison – und kein Mensch war zu meiner Zeit auf meiner Strecke unterwegs, kaum zu glauben! Es ist auch ein echtes Privileg, den wunderbaren Abschnitt zwischen Nasereit und Lodner Hütte allein genießen zu können.

Am Morgen wollte ich spätestens halb sechs los – nix da: Das ferne Wetterleuchten hatte sich inzwischen zu einem zweistündigen Supergewitter konzentriert, mit allem Drum und Dran. Um sieben ging es dann das Tal hinaus/f zum Gingglјoch und ich hatte den Eindruck, dass selbst die Steine wohlig aufseufzten nach dem erfrischenden Bad – schließlich ist alles beseelt und lebendig. Nein, es ist nicht schöner (zu gehen) geworden, auch wenn ich diesmal wusste, was mich erwartet. Schon gar nicht auf der Rückseite, vom Gingglјoch hinunter nach Katharinaberg. Außerdem regnete es vom Grat bis zur Mairalm. Und doch ... brachte der feuchte Nebelwind plötzlich einen unbeschreiblich betörenden Duft mit sich: als trüge er

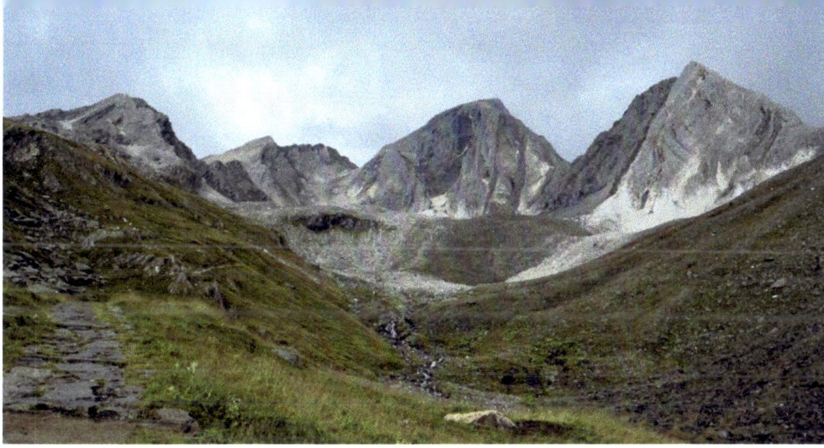

Im hintersten Pfossental, Mitte: Hohe Weiße

die Essenz der Wälder oder die konzentrierten Regenfreude-Pheromone der Tannen und Lärchen. Intensiv harzig-aromatisch, ein völlig neues, überwältigendes Dufterlebnis!!

7.22

Noch nie war ich im Pfossental, das hat sich nun geändert. Und weil ich bei der Gelegenheit wieder ein bisserl mehr Höhenmeter machen und „Dimensionen ausmessen“ wollte, startete ich gestern um 4.15 Uhr ab Haustür Richtung Naturns, weiter ging es zur Oberen Mairalm, hinunter zum Montferthof und von dort (mit ungewohntem andersseitigen Blick auf Karthaus) „um die Kurve“ und hinein ins Pfossental. Die Hofstellen und Häuser dort kann man an einer Hand abzählen und es sind fast ausschließlich touristische Betriebe/Jausenstationen. Malerisch allerdings. Gleich zu Beginn der Hinweis, dass es ab diesem Punkt nun kein Netz mehr gibt. Saftige Wiesen, ein rauschender Fluss, Felsenschlösser, ein Murmele, das gelassen die vorüberziehenden Heerscharen betrachtete, am Fels ein Relikt aus Kriegszeiten, weite Täler, Roteck und Texel aus nie gesehener Perspektive und durch das schier endlos gebogene Tal erreichte ich den Talschluss – machtvoll markiert von der Hohen Weißen, auf der ein wenig Schnee lag seit dem letzten Gewitter. Obwohl immer wieder die Sonne ihre Spots warf, zog es doch mehr und mehr und immer finsterer zu. Es hatte geheißen (in meiner internen Info), etwa gegen 16 Uhr könnte es brenzlig werden. Und just am Eisjöchl, beim ersten Blick auf die (neue) Stettiner Hütte, fing es zu schütten und zu hageln an. Zehn vor vier rutschte ich durch den Eingang.

Mit der neuen Hütte muss jeder seine eigenen Erfahrungen machen – ich muss nicht mehr hin. Doch so hoch übernachtete ich bisher noch nie – sie liegt auf fast 3000 Metern.

Der Morgen brachte sagenhaften Sturm, der in wenigen Augenblicken die Finger in Eiszapfen verwandelte, und beim Fotografieren konnte ich kaum die Hände ruhig halten. Eigentlich sollte es ein schönes Steigerl sein, um nach Pfelders hinauszuwandern, doch unter diesen Umständen blieb ich lieber auf dem Normalweg, um nicht aus der Wand gerissen zu werden. Auch die Hohe Weiße wird dann hoffentlich beim nächsten Abenteuer besucht. Ganz klares Highlight dieser Bergfahrt: drei wunderschöne Steinböcke in der Morgensonne, ziemlich nah ...

8.22

Gestern war ich wieder unterwegs in Sachen „Landvermessung“.

Mein eigentliches Vorhaben – es mit der Hohen Weißen zu versuchen, noch am Abend oder heute Morgen – ging sich leider zeitlich und wettertechnisch nicht aus. Dennoch konnte ich wieder neue Wege entdecken und Wunderbares erleben.

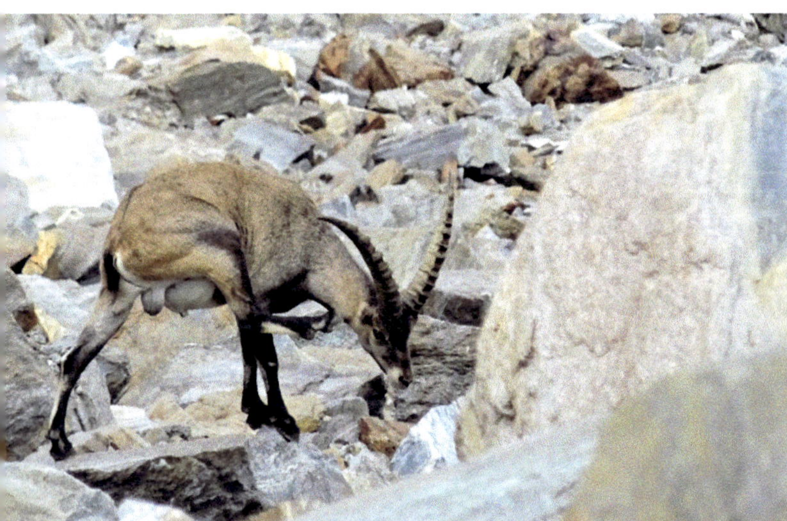

Mein wunderschöner Geburtstags-Steinbock

Von der Töll ging es nach Partschins, den Gnadenweg bis Bad Oberhaus und durch den verwunschenen Vertigen-Urwald (in dem ganz gewiss Zwerge und Elfen hausen) zur Hochgangscharte und weiter zur Milchseescharte. Es fiel mir soo schwer, den Tschigat links liegen zu lassen, doch ich hatte ja diesmal anderes vor.

Hinunter dann zur Andelsalm und hier, neu, der Abzweig Richtung Stettiner Hütte, hinauf zum (namenlosen?) Joch. Dabei zeigten sich Tschigat, Lazinser Rötel, Lodner und Hohe Weiße wieder aus neuen Blickwinkeln. Ein kleines, wohlbeleibtes „Sackerl" beobachtete währenddessen mein Bestreben. Oben angekommen: Hohe Weiße, Grafspitze, Grafsee, gegenüber die Stettiner Hütte vor der Hohen Wilden, links das Eisjöchl. Sogar der Seelenkogel im Pfelderer Tal ließ sich in dem ganzen Wolkengewalle und gelegentlichen Getröpfel einmal blicken. Der offizielle Wetterbericht hatte den Tag schon ab Nachmittag mit heftigen Gewittern gebrandmarkt, mein innerer jedoch meinte, es würde frühestens ab 17 Uhr brenzlig.

Auf dem Tiroler Höhenweg hinunter zum Grafsee. Dort schlenderte – Highlight dieser Bergfahrt – ganz leger ein wunderschöner Steinbock in aller Seelenruhe an mir vorüber. YEAH!!!

Dann wieder hinauf durch den ganz Felsblockwald zur Stettiner Hütte, wo ich meinen kostbaren Seidenschlafsack abholte, den ich letzten Samstag frühmorgens in der Finsternis und total übernächtigt schlicht vergessen hatte ...

Am Eisjöchl ging es zunächst mit einer Mischung aus Sonne und sanftem Schauer weiter, bis ganz allmählich alles finsterer wurde und es im Rücken anfing zu grollen (16.45 Uhr). Zehn Minuten vor dem Eishof (17.30 Uhr) schüttete es dann bereits, was nur ging, und so kam ich zumindest schon mal halb geduscht dort an. Pünktlich zum Abendessen dann ein sagenhaftes Gewitter mit allem Drum und Dran.

Heute Morgen der Weg hinaus nach Katharinaberg.

8.22

Auch das Matscher Tal kenne ich noch nicht, höchste Zeit also, auf Entdeckungstour zu gehen. Noch gestern früh war ich total unschlüssig: Zum ersten Kennenlernen erst mal Oberetteshütte und am Morgen dann hinü-

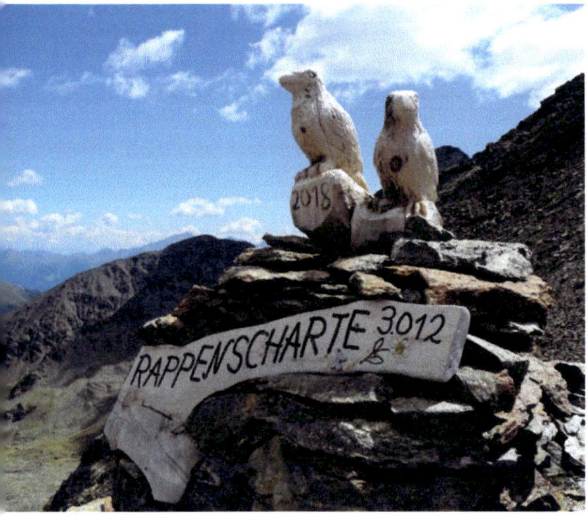

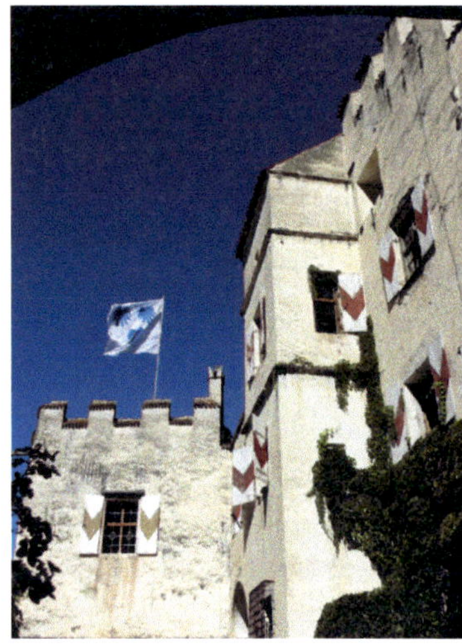

Churburg

ber nach Kurzras? Aber ich will doch schon seit Jahren so unbedingt auf den Ramudel! Und dann stünden auch noch Litzer Spitze und Upia auf der Liste ... herrje ...

Letztlich ging es ab Bahnhof Schluderns vorbei an der Churburg (versprochen: An einem Regentag komme ich endlich zur genaueren Inspektion vorbei!) und der netten Burgschänke (mit einer drastischen, aber wohl nötigen Warnung an die trinkfreudigen Herren am „Drachennest“, um das Wildbieseln dort zu verhindern) auf dem längeren (aber schöneren) Vinschger Höhenweg Richtung Matsch und Glieshof. Unterwegs traf ich auf eine verfallene Burg und phantasierte, dass sie vielleicht einem der stolzen Matscher gehörte, und Oswald der Wolkensteiner einst auch hier willkommener Gast war. Und ich stellte fest, dass auf dem Höhenweg nicht allzu viel vom Tal zu sehen ist, trotzdem gab es einen schönen Blick auf Matsch. Interessanterweise haben sie dort ihre Kirche „außerm Dorf“ – meistens findet man sie ja eher mitten im Dorfzentrum.

Nach knapp viereinhalb Stunden, schneller als gedacht, am Glieshof angekommen, pfriemelte ich mit Kartenhilfe Richtung Einstieg ins Ramudeltal. Diesen zu finden und trotz seiner wiederholten Unterbrechungen nicht aus den Augen zu verlieren, gehört zum Handwerk. Ziemlich „stickl" (steil) ging's hinauf, vom Tal aus hatte das Ganze noch recht harmlos gewirkt. Über mehrere Stufen hinan, bald nur noch tiefgründig lockerer und rutschiger Sand- und kleinteiliger Felsschotter. Schwierig zu gehen, der Rucksack, beladen mit Schlafsack etc., schien bald eine Tonne zu wiegen.

Endlich an der Rappenscharte angekommen, war ich überrascht, dort Hugin und Munin, Odins Nachrichtenbotschafter anzutreffen. Nachzudenken und sich zu erinnern, möchten sie einem auch ans Herz legen ... – aber das tu' ich ohnehin.

Als ich mir nun den Einstieg Richtung Gipfel ansehe, schwant mir Übles – und ich kann mich einfach nicht motivieren, die Sache noch in Angriff zu nehmen. Vielleicht würde ich's ja packen – aber nicht heute. Auch wenn mir das Herz blutet, den Plan erst einmal sausen zu lassen.

So mache ich mich auf den Weg hinab Richtung Kortscher Alm und beginne, Umschau nach einem Schlafplatz zu halten. Und wie es ein gütiger Zufall will, entdecke ich etwas abseits einen netten Unterschlupf. Dennoch wird es nachts recht zapfig, die Nässe im Biwaksack beginnt dem Schlafsack mehr und mehr zuzusetzen – aber bis zum Hellwerden hält er gerade noch durch.

Dann geht es zur Kortscher Alm und nach einer Katzenwäsche (was fies ist, denn Katzen widmen sich ja extrem eingehend ihrer Körperpflege) am Bach mit frisch gepflücktem Zirbendeo und einer Zirben-Zahnpflege über den Kortscher See im Morgenlicht und die Schwarze Lacke (die ich schon in leuchtendem Türkis und Weiß erlebt habe) zum Tascheljöchl. Zu Tal dann zur Berglalm und nach Gerstgras.

8.22

Viele haben sie immer vor Augen, kaum einer kennt sie. Die Taitschroi (für mich noch immer der „Deutsche König").

Vom Marmordorf über das Martinskircherl den Wormisionssteig (der uralte Handelsweg Richtung Bormio/Worms) – immer wieder mit Marmorschotter „gepflastert" und mit einem Blick hinab zum Marmorbruch – bis zur Oberen Laaser Alm. Des Runds himmelstürmender Gipfel samt deren (gerade noch verbliebenen) Gletschern ansichtig zu werden und dem Tosen der Wasserfälle zu lauschen, die in späteren Stunden erst so richtig Gas geben, ist immer wieder einfach überwältigend schön.

Das nächste Mal werde ich übernachten, ich schwör's, auch wenn dann wieder mein ganzes Zeug zu schleppen ist, das natürlich auch bremst.

Entlang der mächtigen Hochofenwand geht es über mehrere Stufen Richtung Tschenglser Scharte, die von der kantigen Schafbergspitze bewacht wird, und weiter Richtung Gipfel. Eigentlich sind es zwei: der erste mit geschindeltem Kreuz und natürlich Marmortafel, der zweite, „richtige", mit einem einfachen Steinmanndl. Gegenüber die Jennwand, die erst im Nachmittagslicht ihre Farbenpracht und Maserung zeigt, und die Orgelspitze. Von hier oben aus ist auch gut die ihr vorgelagerte Rotwand zu sehen, auf der ich letztes Jahr ja versehentlich gelandet bin. Und sogar König Ortler lässt sich blicken!

Ursprünglich war der Plan, Neues zu entdecken und übers Zay-Joch an der Schafbergspitze hinüber zur Düsseldorfer Hütte (die aber bereits brechend voll war und den Steig auf ihrer Seite mangels Gletscher für nicht mehr machbar und zu steinschlaggefährdet hielt) und weiter nach Sulden zu gehen. Das ist vertagt, denn auch der Anstieg schien mir nur eine schottergefüllte steile Rutschbahn. Nö ...

An der Unteren Laaser Alm, als ich Anlauf nehme für den noch langen, eher öden Hinausweg nach Laas, kurvt da ein Auto mit Anhänger herum, der Fahrer guckt immer wieder in meine Richtung, seltsam. An der Brücke ruft er mir zu, ob ich denn mitfahren möchte, er habe gerade seinen Bock zum Rest der Herde gebracht. Wahnsinn – ein Taxi!! War echt nett der Mensch, die Fahrt auf der löchrig-holprigen Straße allerdings weniger kreuzschonend als zu Fuß. Jedenfalls: ein höchst seltener Luxus! Vergelt's Gott.

8.22

Ich war auf einem anderen Stern. Ein ferner, stiller Stern voll Roter Riesen, karger Schönheit, mit Seen von überirdischer Farbenpracht und einer Steppenlandschaft, die dem Auge wohltut und in der sich Unmengen von Falken tummeln. Immer auf der Suche nach Einsamkeit, Abgeschiedenheit und Stille eröffnete sich mir eine Möglichkeit. Von Schluderns über Ganglegg auf der Sonnenseite ins Matscher Tal, bei tieferen Einblicken in die Bergwelt-Zusammenhänge: Remstal mit der mächtigen Litzer Spitze und der den Schludernsern gehörenden Upialm (dieses Thema scheint den Matschern noch immer eine schwer zu schluckende „Kröte" zu sein) – eines meiner nächsten Unternehmen. Das Ramudeltal mit Ramudel und Rappenspitze und das hinterste

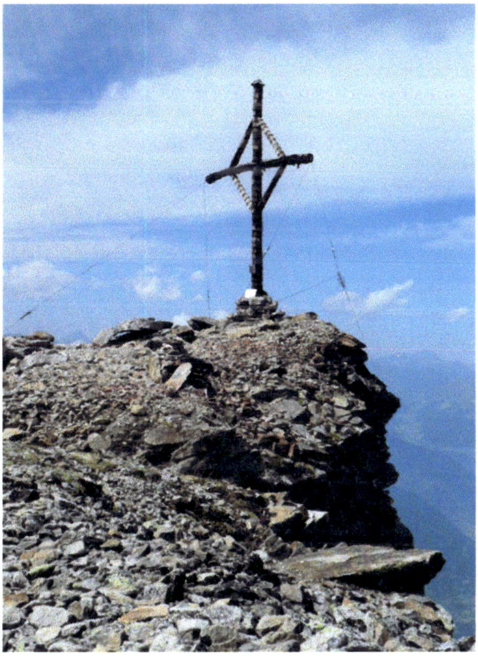

Taitschroi

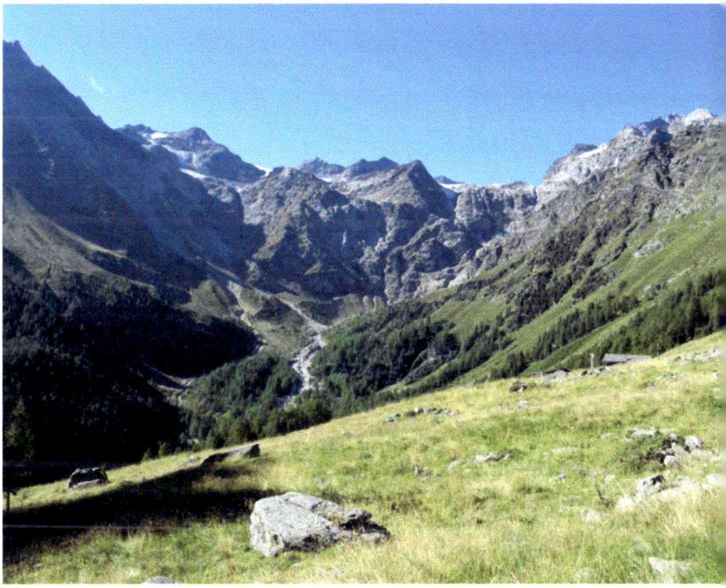

Laaser Tal

Matscher Tal mit Valvel, Pleres, Höllerscharte, Spitzat, Schwemser und – gegen Schnals – Lazaun, Schlanderser- und Saldurspitzen etc. Mächtig! Wunderschön! Und marsianisch leuchtende Rottöne in allen Variationen ...

Von der Matscher Alm über den Saldurbach hinauf, durch ferne Welten weiter zu den Saldurseen bis nach Klein Tibet, hinunter zur Höllerhütte, die ein böhmischer Kaufmann begründete – ich sag's ja, Böhmen und Südtirol, Schicksalsbrüder irgendwie –, der heutigen Oberetteshütte. Übrigens mein ziemlich bestes Hüttenerlebnis ever.

Am Morgen wieder hinauf nach Klein Tibet, wobei ich einem wunderschönen jungen Steinbock begegnete. Leider gab meine Leihkamera viel zu wenig Zoom her, obwohl er – zunächst direkt über mir – dann gar nicht weit entfernt Stand machte. Weiter über das Bildstöckljoch hinunter ins Langgrubtal. Und weil ich ohnehin gerade da war, noch ein Abstecher zur Lazaunalm mit herrlichem Blick über Lazaunmoor und -see zurück zum Massiv mit Bildstöckljoch, wo ich herkam. Die Weißkugel spitzte ein wenig herüber mit ihrem weißen Minikäppi. In nicht allzu ferner Zukunft wird man sie wohl in Rotkugel umbenennen müssen ...

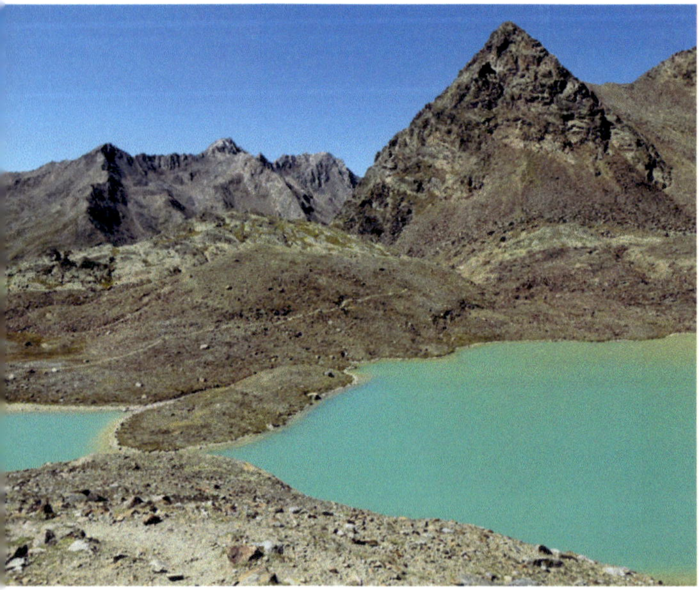

Saldurseen mit Spitzat

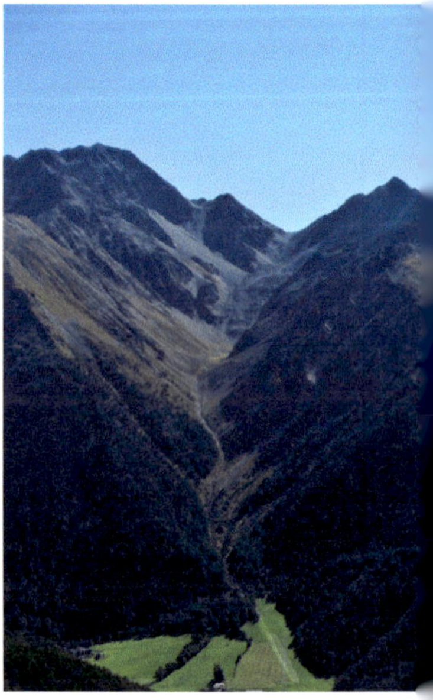

Ramudeltal mit Ramudel (links) und Rappenspitze (rechts)

10.22

Da gehe ich gestern gemütlich an einem traumhaft wolkenlosen und warmen Oktobertag mit herbstblauem Himmel so dahin, halte kurz vor dem flügellahmen (Kleinen) Zerminigerkreuz inne, um Ortler und Königspitze zu bewundern, da taucht ein herrlicher Bartgeier auf und kreist lange um mich herum. Fotografieren war schwierig, da meist gegen die Sonne, aber immerhin ...

In der Mulde am oberen Gipfelkreuz habe ich ein solch traumhaftes Plätzchen zum Schauen und Genießen, ohne Jacke, sonnenwarm, und fühle mich so tief geborgen – nie wieder will ich hinunter.

Später auf Penaud geht ein Eselchen auf Kuschelkurs, will Streicheleinheiten, lehnt Wange und Stirn an mich. Den Kleinen würde ich am liebsten gleich adoptieren. Und zwei Goaßal, denen offensichtlich langweilig ist, beschließen, mich hartnäckig bimmelnd bis ins Tal zu begleiten. Endlich ein Weidezaun, ha! Doch nur eine Minute später ertönt wieder eilig hüpfendes Geläute hinter mir ...

wege

verkürzen sich
je öfter sie beschritten
im kopf
unter den sohlen
im leben
sie verwandeln sich
in seelenpfade
still und leichtfüßig
hinwegschreitend
schon bekanntes
auf distanzlose punkte
schrumpfend
die aneinandergereiht
in den zeitlosen urgrund
zurückführen
aus dem wir kamen

Winter und Schneeschuhe

SCHNEESCHUH-YETI UND DIE GEFAHREN DES WINTERS
ALPINE LAWINE – ODER WIE SICHER IST SCHNEESCHUH-WANDERN?

Mit Schneeschuhen an den Füßen lässig John-Wayne-mäßig in geselliger Runde durch geheimnisvoll glitzernde Winterwunderlandschaft schwanken – der Wintertraum der Touristiker und so manchen Outdoor-Freundes. Meiner nur teilweise, suche ich doch immer nach Orten tiefer Stille, Natur pur ohne menschliches Gelärm. Davon gibt's im Tal schon genug und mein Bedarf an Ausgleich ist enorm.

In der kalten Jahreszeit ist der Atem der Natur kaum noch hör- und wahrnehmbar, eher scheint es wie ein Luftanhalten oder ruhiger Winterschlaf. Eine unendlich tiefe, durch Schnee und Atmosphäre zusätzlich gepufferte Tonlosigkeit, das sommerliche Gesumm oder Almgeläute entfallen. Man fühlt sich wie ein ungebetener Gast, als Eindringling in dieser Phase des Berglebens, einer Art intimen, nach innen gerichteten Eingerolltseins. Ja, auch der Berg hat ein mit den Augen des Herzens fühl- und sichtbares Leben, Seelenleben. Selbst er, in all seiner Macht, Kraft und scheinbaren, doch sehr fragilen Ewigkeit, braucht eine Schaffenspause, eine Erholungsphase.

Diese ganz besonders heilige Stille erleben zu dürfen, ist ein echtes Privileg. Nachteil: Egal ob mit Grödeln oder Schneeschuhen erzeugt man selbst leider ganz unvermeidlich Geräusch in Schnee, Eis und Harsch – auch wenn man noch so vorsichtig und leise sein möchte. Die Bewohner von Wald und Fels haben dadurch aber auch mehr Zeit, sich ohne Eile in Sicherheit zu bringen. Tiersichtungen werden allein deshalb schon rarer, sind jedoch nicht ausgeschlossen. In diesem Fall versuche ich, dem Wesen so ruhig und achtsam wie möglich gegenüberzutreten, es nicht noch mehr zu erschrecken oder zur Flucht zu zwingen. Haben wir uns gesichtet, warte ich, bis es sich in Ruhe zurückziehen konnte. Vor allem Schneehühner sind, trotz winterlicher Gebremstheit, leider meist so verängstigt, dass sie überstürzt aufflattern.

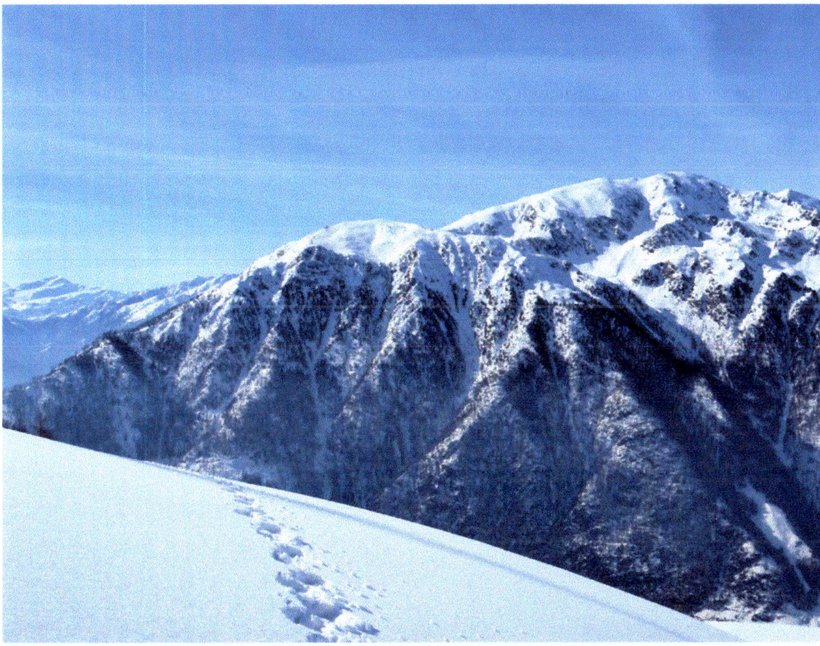

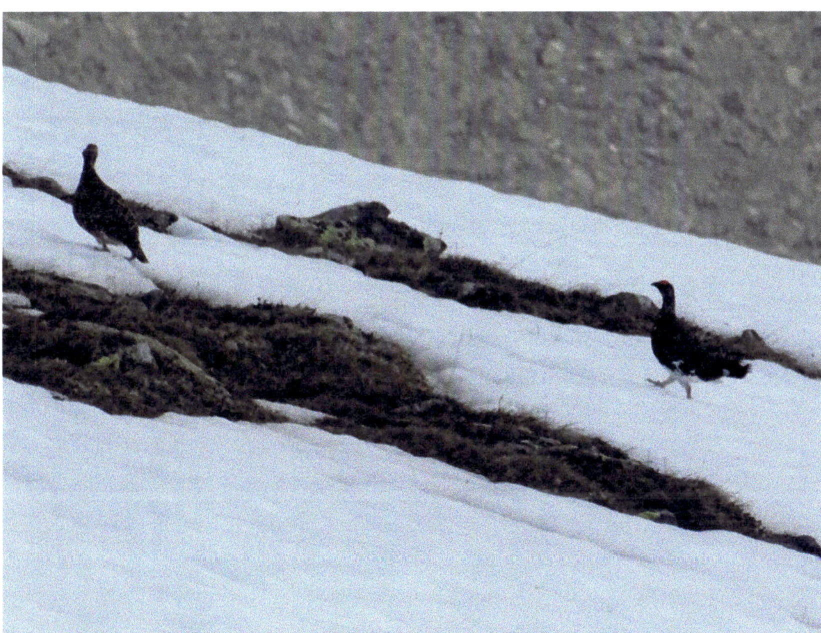

Zu den „philosophischen“ und für Gemüt und seelisches Wohlbefinden so notwendigen Aspekten des winterlichen Draußenseins kommt ein praktischer: Um mein Trainingslevel über den Winter einigermaßen zu erhalten und mit guter Grundlage in die nächste Saison zu starten, muss ich natürlich weiterhin hinaus und hinauf, auch wenn es viel anstrengender ist, und egal ob es schneit oder graupelt. Sonnentage sind dann ein ganz besonderes Zuckerl. Die Gefahren weißer Pracht sind mir bewusst und ich versuche, nicht zu viel zu riskieren. Mein persönlicher Alptraum, auf irgendeine Weise ins Rutschen zu geraten, wird durch Eis und Schnee noch präsenter als sonst. Hilft mir aber auch, zu großes Risiko oder Unsicherheiten zu vermeiden, zu umgehen – und notfalls auch umzukehren.

Mit wirklich wasserdichten Schuhen (nein, nicht Goretex. Auch diese sind nicht dauerhaft wasserdicht ... Ein Schuh darf schon als wasserdicht bezeichnet werden, wenn er zwei Stunden im Dauerbiegetest bei ein paar Zentimetern Wasserspiegel durchhält), Gamaschen darüber und bisher ohne Stöcke bin ich unterwegs. Je nach Schneebeschaffenheit und Art des Einbrechens zusätzlich mit Grödeln oder eben Schneeschuhen. Welche die Fortbewegung im Schnee nicht zwingend erleichtern. Ist das Weiß eher nass und schwer, bleibt viel davon auf der Schneeschuh-Oberfläche liegen und die Füße sind kaum wieder zu befreien. Auch das Anstollen ist ein unerfreuliches Thema, für das sich noch keine wirkliche Lösung fand. Meine Erfahrungen mit unterschiedlichsten Arten des – bei jedem Schritt oft mehrfachen – Durchbrechens in Sandwich- (in Schichten Harsch, Pulver, Harsch, Pulver ...) oder Baiser-Schnee (kristalliger Bruchharsch, darunter Pulver), der Ratlosigkeit angesichts spiegelglatt durchgefrorener oder grobkörnig-„sandiger“ Hangflächen sind Legende.

Einfach nur durch fluffigen Pulver zu schlurfen, kann wirklich ein Traum sein, ist aber eher selten. Ein hurtiger Abstieg durch diese zarte weiße Wolke ist das reinste Vergnügen. Anfängliche Tücken des Schneeschuhwanderns – Umklappen der Teller, Verhaken der Teller ineinander, extremer Knöchelknick beim Queren etc. – waren durch Übung und zunehmende Erfahrung bald in den Griff zu bekommen.

Definitiv kein Lawinenexperte, las ich mich durch passende Literatur, auch ein AVS-Kurs sollte vielleicht doch endlich absolviert werden. Meine derzeitige Standard-Wintertour ist eigentlich sehr moderat. Dennoch sind kleinere Freiflächen zu queren, die oft ein mulmiges Gefühl erzeugen: Nur zu deutlich erinnere ich mich an das unangenehme, dumpf-leise Mmmwwwmpffff! und zarte Risse in der Schneedecke. Ein Schneebrett löst sich auch in relativ harmlos wirkendem Gelände leicht. Steilere und damit lawinengefährdetere Hänge werden lieber im Waldrand überhalb gequert.

Jetzt oute ich mich noch als Freund des An-der-Piste-Hochsteigens, früher die schwarze Nebelhorn-Piste in Oberstdorf. Fürs Wintertraining ist das einfach eine angenehme Lösung, relativ lawinensicher. Mit Grödeln oder Schneeschuhen. Skitourengeher nutzen das ja auch gerne. Für die Pistenbetreiber besteht bei Fußgängern eher die Chance, dabei noch etwas zu verdienen – da sie dazu neigen, die Gondel ins Tal zu benutzen. Daher plädiere ich für mehr Offenheit, Entgegenkommen und Kooperation, sofern der Geher sich wirklich am Rand hält, umsichtig und nicht mehrreihig unterwegs ist, den Hund nicht auf der Piste herumspringen lässt … Alles schon erlebt – bei Skitourengehern. Zudem war ich meist schon längst wieder auf dem Rückweg, wenn die ersten Skifahrer anrauschten.

Meine Wintertrainings-Route, die zumindest 1500 Höhenmeter ermöglicht, gebe ich natürlich nicht preis. Doch existieren für Südtirol West und Ost wunderbare Schneeschuh-Wanderführer, auch die Sektion berät gern. Wo lassen sich für eine Tour geeignete, weitläufige, mäßig geneigte, hügelige Winterlandschaften mit Höhenrücken und Kämmen finden? Da fällt mir vor allem der Tschögglberg ein: Hafling, Wurzeralm, Vöraner Joch Richtung Meran 2000 – eine herrliche Gegend! Oder einfach alle vom Sommer bekannten, winterverzauberten Wander-, Forst- und Almwege. Wobei der an sich wunderbar geeignete Weg von Tschars nach St. Martin im Kofel nur bedingt machbar ist: Wenn der neuralgische Punkt, die Galsauner Holzgröben, nur noch Lawinenrinne ist, gibt es kein Durchkommen.

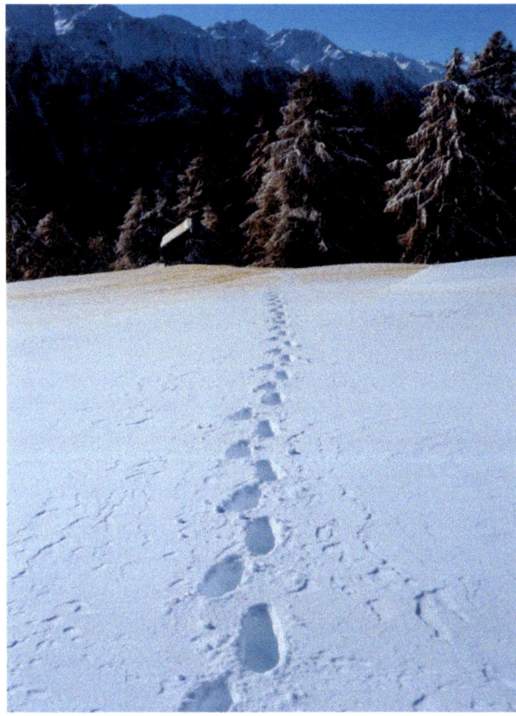

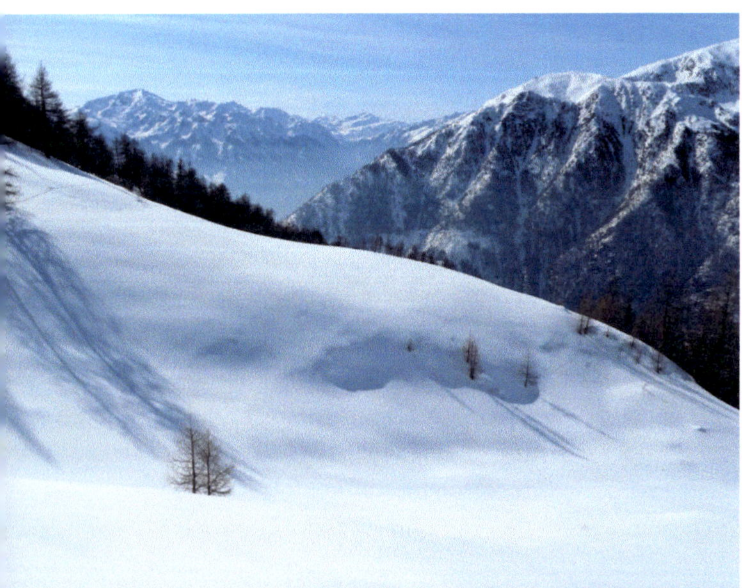

EQUIPMENT: Inzwischen wurden Schneeschuhe für unterschiedliche Geländetypen, –steilheiten und Anforderungen entwickelt, aus unterschiedlichen Materialien (Plastik, Metall, Naturstoffe), in diversen Größen und Ausführungen, mit/ohne Steighilfen und sonstigen technischen Spielereien. Fast schon ein kleiner, bissiger Tourenski. Viel wendiger und leichter natürlich. Es kommt darauf an, was man kann, will, vorhat und was einen dort oben erwartet. Doch weiß man das immer?

ALLGEMEINES: Am Anfang den Schneeschuh erst einmal eher flach halten. Praktisch und im übertragenen Sinn. Knie zu stark heben ist anstrengend, wenn möglich also tatsächlich „schlurfen“. Und sich nicht gleich zu viel aufladen, erst einmal ausprobieren, denn das Ganze erfordert natürlich mehr (Bein-)Kraft und Zeit. So mancher verschätzt sich, stößt auf unvorhergesehene Probleme durch Wetter- und Schneebeschaffenheit, der Ablauf verzögert sich, die Nacht bricht früh herein und generell ermüdet man schneller. Ziel ist jedenfalls die Optimierung der Bewegungsabläufe, wodurch Energie gespart und körperliche Fähigkeiten ökonomisch eingesetzt werden. Zu erlernen ist auch der Umgang mit Hindernissen, Querungen, Steigungen und dem Abstieg. Und: Nicht in jeder Situation sind Schneeschuhe wirklich sinnvoll!

Dann wäre da noch die zu beachtende Winterruhe und Ungestörtheit der Waldbewohner. Die, geängstigt durch Querfeldein-Wanderer, ihre wenigen Reserven erschöpfen und daran zugrunde gehen können. Die Flora unter lockerer Schneedecke kann verletzt werden. Die Route will also klug und überlegt gewählt sein, auch für den Wanderer selbst.

ROUTE: Am besten lässt man sich von Schneeschuh-Wanderführern inspirieren oder fragt bei der lokalen Alpenvereins-Sektion an. Planen Sie selbst, sollte die Route der Linie mit der geringsten Steigung folgen. Optimal und einigermaßen sicher sind weitläufige, mäßig geneigte, hügelige Winterlandschaften, Höhenrücken und Kämme, und die vom Sommer bekannten – aber winterverzauberten Wander-, Forst- und Almwege sowie Mountainbiketrails.

Die Steilheit im Verlauf sollte besonders berücksichtigt werden, selbst die griffigsten Zacken schaffen nicht alles, und man möchte ja möglichst sicher und unbeschwert unterwegs sein. Steiler Raum über 25 Grad bleibt auch besser den Schneeschuh-Bergsteigern vorbehalten, wozu viel Erfahrung, große Ausdauer, Kraft und enorme Trittsicherheit gehören. Lange Hangquerungen sollten vermieden werden, auch sie sind zusätzlich anstrengend und riskant. Wie gesagt: Ein Schneebrett löst sich auch in relativ harmlos wirkendem Gelände leicht. Steile und damit lawinengefährdete Hänge nicht direkt queren, sondern nur entlang von bzw. in Waldstücken.

Ganz wichtig: Süd- oder Nordseite, Hangneigung, angehäufter und verfrachteter Schnee, gar ein Tobel oder dräuend hängende Wechten oberhalb ... die Gefahren richtig einzuschätzen ist bei der komplexen Thematik sehr schwierig. Frischen Neuschnee sollte man ohnehin erst einige Tage sich setzen lassen. Unterschiedliche Schneeschichten und –dichten übereinander, denen die Bindung fehlt – schon kommt die Sache ins Rutschen ...

Also ich bin definitiv kein Lawinenexperte, passende Literatur oder auch AVS-Kurse zum Thema gibt es aber genug. Theorie ist fein, doch nur in der Praxis lernt man, die Beschaffenheiten und Situationen einigermaßen korrekt zu beurteilen. Und im Zweifelsfall auszuweichen oder abzubrechen. Wird mir mal zu bange, kämpfe ich mich lieber zum Waldrand überhalb hoch.

SCHNEE: Schneeschuhe machen Fortbewegung im Schnee nicht immer einfacher. Es kommt auf die Art der weißen Pracht an. Manchmal ist es wirklich sinnvoller, es mit Grödeln oder schneefesten Outdoorschuhen zu versuchen.

Dann gibt es wie erwähnt den Sandwich- und den Baiser-Schnee (Bruchharsch). Reichlich unfachmännisch, aber es verdeutlicht die Komposition. Sandwich: feste Basis (die auch brüchig sein kann mit darunter nochmals Pulver) und Oberfläche, dazwischen Pulver. Das kann gutgehen, wenn man leicht und sehr früh unterwegs ist – wie ein Wasserläufer auf der gerade noch tragenden Oberfläche. Wenn nicht, gibt es kurz Widerstand, dann den Einbruch. Oder es geht zwei Mal durch eine dünne feste Schicht. Bei jedem Schritt. Baiser: eine dünne Kruste obendrauf, die sofort splittert und man sackt durch. Außerdem gibt es noch die locker-grobkörnig gefrorene Oberfläche ohne Bindung, wie Sand, kein Halt. Oder es ist so spiegelglatt beinhart gefroren, dazu vielleicht auch noch steil, dass selbst die Harscheisen sich die Zähne daran ausbeißen und man mit Schlittschuhen besser bedient wäre.

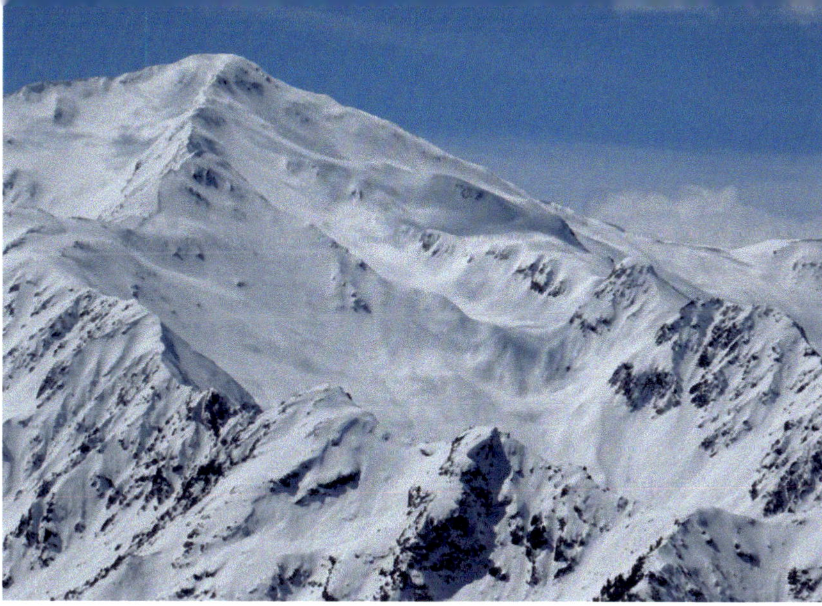

Makellose Winterschönheit: Hasenohr

WARNUNG: Lawinengefahr besteht auch unterhalb der Waldgrenze. Überhalb ist sie ohnehin besonders hoch, auch in Expositionen von Nordwest über Nord bis Ost, nach Sturm oder einer Wärmeperiode, bei wiederholtem Neuschnee. Selbst eine günstige Lawinenwarnstufe birgt noch genügend Unwägbarkeiten. Wechten auf Graten und Kämmen sind sehr labil und sollten weder direkt von oben betreten werden noch ist unter ihnen vorbeizuwandern. Nur etwas unterhalb der Luv-Seite – dies ist die lange Seite einer Wechte, die steil abfallende ist Lee – kann eine halbwegs sichere Spur möglich sein.

Mit all dem nicht genug: Ein weiteres Risiko bergen überschneite Bachläufe und Spalten, vor allem im Frühjahr, wenn das Schmelzwasser gluckst und Dicke bzw. Stabilität der Schneedecke darüber nicht erkennbar sind … Oder Eisschlag, der nur selten erwähnt wird, sich jedoch unter Bäumen, Masten, Leitungen etc. als nicht immer ungefährlicher Faktor erweist.

Umsicht, Voraussicht, Vorsicht sind jederzeit geboten, richtige Selbsteinschätzung und kluge Planung – dann steht dem winterlichen Naturgenuss und seiner besonders friedlichen Stille, die man auch nicht unnötig stören sollte, nichts mehr im Weg.

Tscharser Wetterkreuz,
links Hirzer

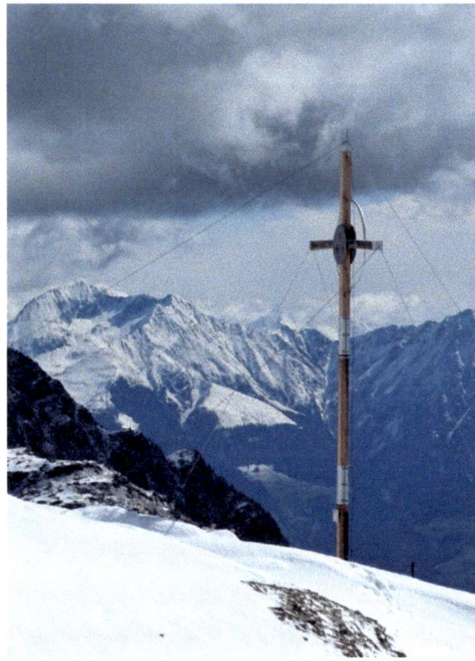

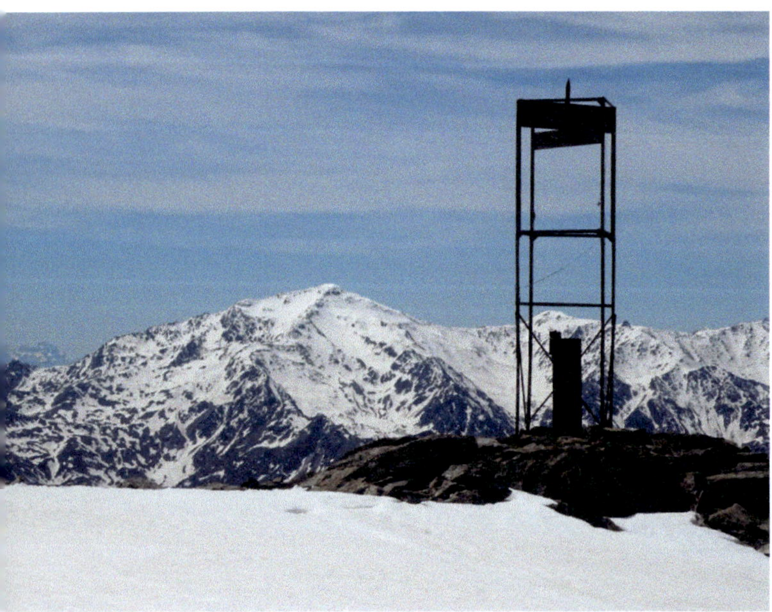

Gamsegg mit Blick auf die Hasenohren

Meine Tierwelt – Best of Viecherl

Begegnungen mit der „wilden“ Tierwelt, wozu ich auch noch Ziegen und Katzen zähle, sind mein größtes Glück, bergen atemlose Spannung, ein Aufeinandertreffen verschiedener Seinsformen, die ihrem Wesen nach eins sind. Wird mir Audienz gewährt, bin ich restlos glücklich, staune und genieße jeden unwiederbringlichen Moment mit großer Dankbarkeit.

Am 13.6.20 berichte ich: ... gestern war ein begeisternder Viecherl-Tag. Erst springt direkt vor mir ein Gamserl auf, ich erwische es fotografisch noch „im Flug“, dann folgt eines der seltenen „Jahrzehnt-Ereignisse“: Eine intensive, weihevolle Begegnung – diesmal mit einer jungen Steingeiß. Fast eine Viertelstunde standen wir dort oben zusammen, sie kam langsam immer näher – wir verbrachten einfach ganz gelassen Zeit miteinander. Intensiv und einfach umwerfend schön. Aufmerksam wurde ich zu Beginn durch ihren Ruf, fast wie der Schrei eines Murmeltieres, ein wenig rauer vielleicht. Später dann wurde ich von drei neugierigen Kühen beschnuppert (die wohl nicht oft auf jemanden treffen, der nicht aus seinem Inneren nach ihren toten Artgenossen riecht), danach überrannte mich fast eine kleine Schafherde – der Vorwitzigste lächelte herzerwärmend in die Kamera – und zum guten Schluss hofften einige Goaßal, ich führte sie auf grünere Weiden und beknabberten mich um und um in wildem Gewusel. Das ist das einzige „Bad in der Menge“, das ich wirklich liebe ... Ricke und Böckchen sprangen fast neben mir durchs Gebüsch und auch ein junger Adler schaute mal kurz vorbei ...

Die vollkommen herzoffene Begegnung mit der Tierwelt hat sich durch eigenes Bestreben entwickelt. Denn aufgewachsen bin ich mit der ängstlichen Skepsis und den Vorbehalten meiner Mutter den Tieren gegenüber. Dennoch wagte ich hie und da einen Kontaktversuch: Es gibt zwei wunderbare Fotos von der damals etwa 6-Jährigen, wie sie – zünftig berglerisch gekleidet – während eines Mölten-Urlaubs auf einer Bergwiese vorsichtig eine Ziege streicheln will. In späteren Jahren bemühte ich mich aktiv, auch noch die leise Ängstlichkeit gegenüber großen Tieren zu überwinden. Die Begeisterung für Kamele beflügelte mich dabei.

Dem Weiteren voranstellen möchte ich einen gekürzten Auszug aus Manfred Kybers mehrteiliger Erzählung *Das Land der Verheißung,* die auch eine der schönsten Weihnachtsgeschichten beinhaltet, die man sich denken kann. Manfred Kyber, 1880 in Riga geboren, hat uns die wohl ungewöhnlichsten, tiefsinnigsten Fabeln voller Magie, Herz und Weisheit hinterlassen.

„Bruder Immanuel hatte den Frieden nicht finden können. Er konnte das Schauen nicht lernen, das allein zum Frieden führt in dieser Welt der Täuschungen und der Schuld und des Irrtums. Es fasste ihn ein Entsetzen vor der Menschheit, wie er sie Tag für Tag vor Augen sah, und er begriff nicht, warum er in diese Erde gestellt war. Wenn du deinen Gott nicht in der Zelle findest, musst du ihn draußen suchen, in der Wildnis. Er ist überall. So sagte der Prior zu ihm.

Die Vögel sangen, und es war, als riefen sie ihn immer tiefer und tiefer in ihre selige Wildnis hinein, in den Frieden ohne den Unfrieden der Menschheit. Aber es war ein Frieden in der Ferne. Wenn er näherkam, flüchteten alle Geschöpfe entsetzt vor ihm, die Vögel verstummten in den Zweigen, die Rehe huschten durchs Dickicht davon, und Igel und Mäuse verkrochen sich in ihren Löchern. Er rief sie vergebens mit dem Namen des Bruders. Wohin er trat, wurde die Erde still und leblos, und er begriff voller Ensetzen, dass sie alle den Menschen in ihm flohen, dass er, der das Bildnis Gottes sein sollte, ein Gächteter war in Gottes Schöpfung.“

Die winzigen Momente, die die Tiere mir gewähren, indem sie sich zeigen oder sich mir sogar nähern, nehme ich als positives Signal. „Die Tiere nähern sich uns, wenn sie spüren, dass wir den hartnäckigen menschlichen Drang zu beherrschen abgelegt haben – und sie in uns einen Geist erkennen, der das Leben ehrt … Es gibt wenig, das ein wildes Tier so in den Bann zieht wie die aufrichtigen Tugenden der Akzeptanz und der Anerkennung. Die Absicht, niemandem Schaden zuzufügen, ist die höchste unserer anziehenden Tugenden“ (aus: *Das Tal der Unsterblichen Meister,* A. Himadra). Vermutlich wissen sie über meine Einstellung und Lebensführung Bescheid. Das mag ihnen vielleicht ein kleiner Hoffnungsschimmer sein.

Außerdem interpretiere ich eine Begegnung auch in schamanischer Hinsicht, jedes Tier überbringt eine ganz besondere Botschaft, weist auf ganz spezielle Fähigkeiten oder Eigenschaften hin, auf etwas, das im Moment gerade ansteht, und verfügt über eine eigene „Medizin“ (wie es indianische Völker nennen) – jedes ist ein Krafttier.

Stolz ist die Haltung der großen Schneelöwin,
hoch oben auf den schneebedeckten Gipfeln.
Sie kennt keine Furcht.
In Erhabenheit wohnt sie in den Bergen.
Dies ist eines Schneelöwen Lebensart.

Auf dem Roten Felsen wohnt die Geier-Königin.
Ihre Flügel streckt sie hinaus in den freien Himmel.
Die Furcht abzustürzen kennt sie nicht.
Der ungebundene Flug,
dies ist eines Geiers Lebensart.

Milarepa

Ein bisschen Geierwally steckt zweifellos in mir, auch wenn diese den Tieren ja nicht wirklich Gutes wollte. Doch die Liebe zur Unabhängigkeit, zu den Bergen, zur Bergeinsamkeit – das trifft auf jeden Fall zu. Und wenn ich den Namen in meinem Sinne somit positiv besetze und übernehme – perfekt.

Das ist gleich der richtige Einstieg, um den ersten Kandidaten meiner Lieblinge vorzustellen: den Bartgeier. Schon eine der ersten Begegnungen war absolut spektakulär: Da fällt, auf knapp 2500 Metern, wie aus dem Nichts ein riesiger Schatten über mich. Ich blicke hoch, und ziemlich nah über meinem Kopf gleitet lautlos ein riesenhafter, ausgewachsener Bartgeier und blickt mir dabei direkt in die Augen, mitten in die Seele hinein. Ein winziger Moment, als würde er mich einatmen und wieder freigeben. Einfach unbeschreiblich. Das Wesen ist hellbraun-caramellig, das Brust- und Kopfgefieder so wunderbar rötlich-korallig, Spannweite auf jeden Fall drei Meter, der Bart weht wie bei einem asiatischen Zenmeister im Wind. Und ein Meister des Tuns durch Nicht-Tun, der Langmut, des Lebens im absoluten Jetzt und in vollkommener Aufmerksamkeit ist der Geier zweifellos. Ohne einen einzigen Flügelschlag mäandert er auf- und wieder abwärts, dreht eine Schleife überm nahegelegenen Gipfelkreuz, wendet, beäugt mich wieder und gleitet hoheitsvoll und erhaben über alles sonstige Himmelsvolk Richtung Nachbartal davon.

Scherzhaft betrachtet wurde vielleicht geprüft, ob der Zweibeiner dort unten nicht vielleicht doch bald das Zeitliche segnet und verwertbar sein könnte. In Wahrheit bin ich absolut davon überzeugt, dass Tiere im Allgemeinen ganz klar unser Sein, unsere Gedanken und Motive erfassen, dass sie ohne jeden Filter wahrnehmen, wes Geistes Kind man ist. Und jede Tierbegegnung ist ein Geschenk, ein Segen und Gesehenwerden im besten Sinne. Über die Maßen kostbar, positiv erschütternd und unvergesslich, wie es jede ungefilterte Begegnung zweier Seelen ist, egal in welcher äußeren Form sie sich einander gerade offenbaren.

Der Geier bedeutet für mich einen Aufruf zur Reinigung, zum Aufgeben von hinderlich gewordenen Gewohnheiten, zum Beenden, damit Neues geschehen kann. Er verkörpert Tod und Wiedergeburt und erinnert daran, was wirklich wichtig ist.

Es folgten noch viele weitere Bartgeier-Begegnungen. Manchmal nur

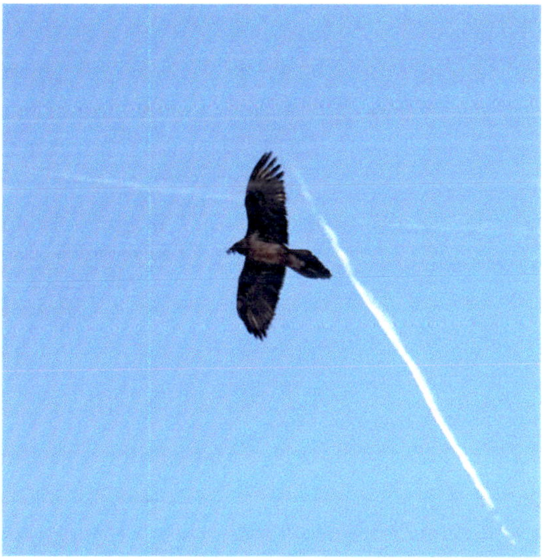

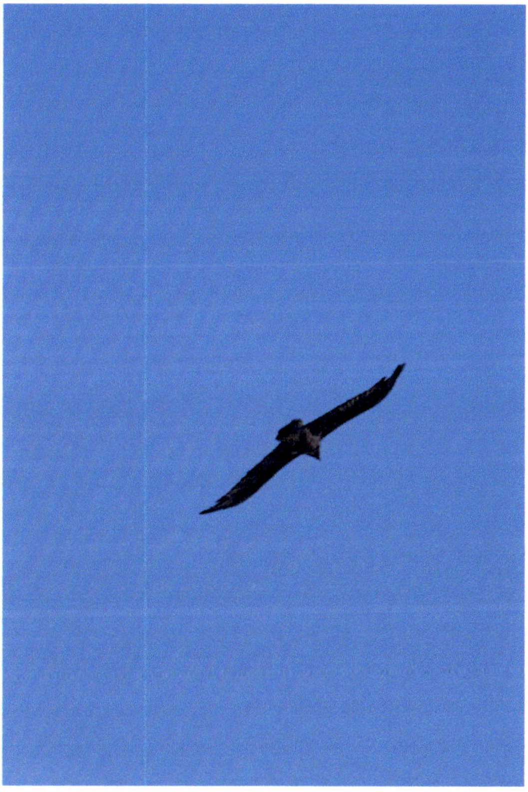

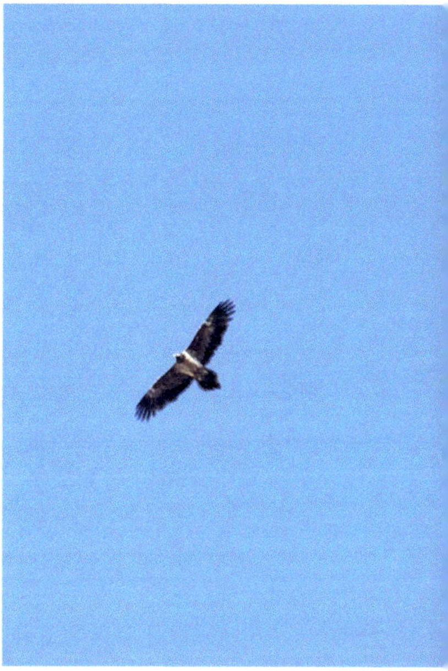

Bartgeier

aus der Ferne, wenn ich das Nachsehen habe beim Verschwinden über die nächsten Gipfel oder ins anschließende Tal. Oder wenn ich an den gegenüberliegenden Felswänden einen Junggeier patrouillieren sehe, und wie er sich dann endlich mit etwas Erbeutetem niederlässt. Aber viel öfter treffen wir uns ganz, ganz nah, Auge in Auge. Als würden diese Himmelswesen immer wieder gerne einmal vorbeischauen, über dem Wald und im Fels ein Gruss. In mittlerer Höhe stürmt ein jüngerer Bartgeier durch die Baumwipfel direkt auf mich zu – für ein anständiges Foto bleibt da kaum Zeit, vor allem, da ich die wenigen kostbaren Momente nicht opfern will. Es ist ein enormer Unterschied, ob wir uns direkt wahrnehmen können (Einssein) oder ob die Distanz einer Kamera zwischengeschaltet wird (Objekt).

Mitten auf einer herrlichen Hochebene, 2600 Meter, über uns der blaue Himmel, kreist ein junger Bartgeier immer wieder über mich hinweg, spielerisch, von allen Seiten anfliegend, zehn Meter trennen uns nur, und die Zeit miteinander scheint endlos. Unbeschreiblich intensiv, dieser Blick. Wie auch kurz vor dem flügellahmen Kleiner-Zerminiger-Kreuz. Als ich kurz innenhalte, um Ortler und Königspitze zu bewundern, sehe ich aus dem Augenwinkel etwas Großes. Fast aus dem Nichts, um eine Felsenbiegung herum, ERSCHEINT er. Kann man nicht anders sagen. Auftritt: Freund Bartgeier. Phänomenal! Ich bin hin und weg, ganz gebannt von seiner Präsenz und Schönheit. Beinahe ausgewachsen, herrliche Farben, der Bart weht im Wind, durchdringender Blick. Vollkommen lautlos kreist er in dieser heiligen Stille gut fünf Minuten lang um mich, mehrfach in vier-fünf Meter Entfernung zieht er über mich hinweg. Brennt sich ein in meine Seele.

Und ich lerne. An den Zerminigern taucht etwas Großes auf. Könnte ein Bartgeier sein, doch nein: Es wirkt irgendwie zerrupft, hat einen definierten Hals und recht nackten Kopf – so fern! Das unscharfe Bild wird vom Experten den Bescheid erbringen: ein Gänsegeier! Kurz danach, während der ersten Meter Rückweg vom Gipfel: Mit Bombertempo nähert sich, als sei er auf Kollisionskurs, einer meiner Adlerfreunde – hält frontal auf mich zu, Schnabel und Nase auf einer Linie. Erst kurz vor mir ein leiser Ruderschwenk und er fetzt auf Augenhöhe – ich blicke ihm direkt ins linke Auge – in vier–fünf Meter Entfernung an mir vorüber. Der Wahnsinn ...! Auch wenn es schon öfter ganz nahe Adler-Begegnungen gab, so war diese hier ganz sicher die rasanteste!

Der Adler ist ein Bote der Verbindung mit dem Göttlichen, er ist verbunden mit Himmel und Erde, überblickt alles und erinnert daran, über das Weltliche hinauszugehen, die Seele zu nähren, der Freude des Herzens und dem Ruf der Freiheit zu folgen.

In Kochel und Oberstdorf hatte ich häufig das Vergnügen, in den dämmrigen Morgenstunden Birkhähne bei ihren Balzgefechten und beim Paradieren mit wundervoll präsentiertem Schwanzfächer beobachten zu dürfen. Selbst von Weitem und im Dickicht verborgen verraten sie doch ihre Anwesenheit durch ihr ganz charakteristisches „Kullern".

Wasseramsel, Ringdrossel, Turmfalke, Grün-, Dreizehen- und Schwarzspecht, Haubenmeise, Stieglitz, Kreuzschnabel, Wiedehopf seien noch als Vertreter der „kleineren" so bunten und vielfältigen Vogelwelten genannt. Und da er eine so wichtige Rolle als „Zirbenhebamme" einnimmt und überall präsent ist, erhält der Tannenhäher noch einen Sonderplatz. „Graatschn", so wird er hier genannt. Was gut sein schnarrendes Krächzen in Worte fasst, das dem des Eichelhähers – dessen farbreiche Schönheit ich sehr bewundere und überglücklich bin, eine seiner blauen Federn zu finden – sehr ähnelt. Auch er hat ein ganz eigenes Flugbild: eher angestrengt flappend. Wie sein bunter Häher-Verwandter – er selbst ist in dezentes, weiß gepunktetes Schwarz gekleidet – ist auch er ein emsiger Aufforster, allerdings mit Schwerpunkt Zirbe. Er erntet den Zapfen, was keine geringe Leistung ist angesichts von Größe und Gewicht, klemmt ihn irgendwo ein („Zirbenschmiede") und hackt dann die Kerne heraus. Deren nahrhaften Inhalt er auch verspeist, doch der Großteil wird als Vorrat versteckt. So manches Versteck gerät in Vergessenheit und dann … gibt es wieder Zirbenbabys!

Raben möchte ich noch separat erwähnen. Auch wenn sie sich in vielem ähneln, so meine ich damit nicht Alpenkrähen oder Bergdohlen – diese haben rötliche bzw. gelbe Schnäbel und sind etwas kleiner. Raben sind sehr scharfe Beobachter, äußerst intelligent, gewitzt und erfinderisch, auch sie nutzen Werkzeuge und sind mit einem großen Talent zur Imitation gesegnet. Sie geben oft wirklich bemerkenswerte, ungewöhnliche Laute von sich: das Schlagen einer Autotür, ein startendes Flugzeug, das Ploppen eines Flaschenkorkens, kreischende Schimpansen, ein Reiben und Klonkern, als würde man drei hohle Walnüsse in der Hand wandern lassen, ein

Schnattern oder Tröten wie bei Enten. Erstaunlich! Die Raben Hugin (denken, sinnen) und Munin (sich erinnern) überbrachten Göttervater Odin/Wodan – dem Schöpfer, Magier, Dichter, ewigen Wanderer, der Lebenskraft per se – ihre Eindrücke und Beobachtungen. Raben stehen für mystische Fähigkeiten, Chancen, Energieübertragung, Kommunikation, das Hüten von uraltem Wissen und Bewahren von Geheimnissen, sie sind Gestaltwandler, Kuriere zwischen den Welten/Dimensionen. Vor allem aber auch Seelen-/Heiler durch Bewusstseinsveränderung, die eine neue Wirklichkeit schafft und somit Krankheiten schwinden lässt.

DIE GOLDENE GAMS

Ja, auch eine solche gab es! Da stand sie, drei–vier Meter vor mir – vollkommen ruhig und stolz aufgerichtet, hinter ihr der Abgrund –, an einem noch sommerlichen Herbstmorgen im golden flirrenden Morgenlicht, die Iris wie funkelnde Messingscheiben, jedes Gamshaar einen sonnigen Funken sprühend – wie eine überirdische Erscheinung. Was für eine Persönlichkeit! Ein märchenhafter Anblick war auch die vor leuchtend goldgelb gefärbtem Laub erschienene Gams, zwischen Licht und Schatten strahlend schön.

Im Oberstdorfer Winter gibt es die Pisten-Gamserl, die sich um die Markierungen scharen, die ersten Sonnenstrahlen auf der angenehm flach gewalzten Strecke genießen und hier den ersten Ratsch des Tages halten. Im Frühjahr trifft man sich dann an den ersten heißen Tagen auf den hartnäckigsten Schneeresten zum Rodeln und Eisschlecken. Dieses Gaudium zu beobachten ist einfach herzerfrischend!

Mit gönnerhaftem Neid bewundere ich Gämsen, Steinböcke und Ziegen für ihre traumwandlerische Trittsicherheit und ihre gottgegebenen Superhaft-Kissen an den Zehen. In jede Unebenheit, jede kleine Ritze können sie diese hineinquetschen, an fast allem Halt gewinnen, das silikonartige Gewebe klebt sich geradezu ans Gestein – phantastisch! Dagegen sind wir Zweibeiner alle Quasimodo: hinkend, stolpernd, tollpatschig. Wie ein Weberknecht mit Rollschuhen auf spiegelglattem Eis. Sie dagegen sind personifizierte Eleganz, Sprungkraft und Meisterschaft.

Gämsen sind extrem scheu, manchmal aber auch sorglos und neugie-

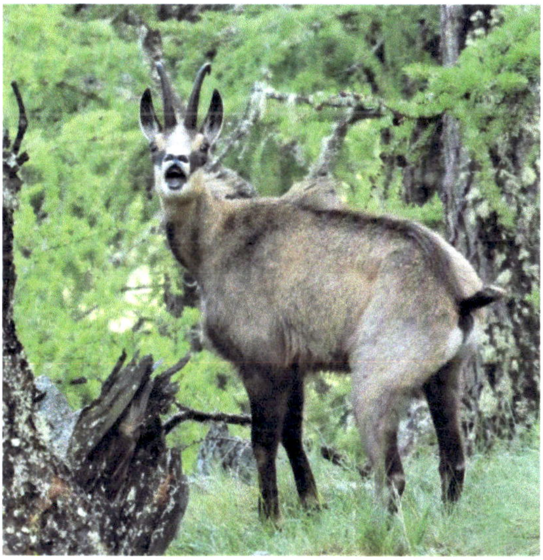

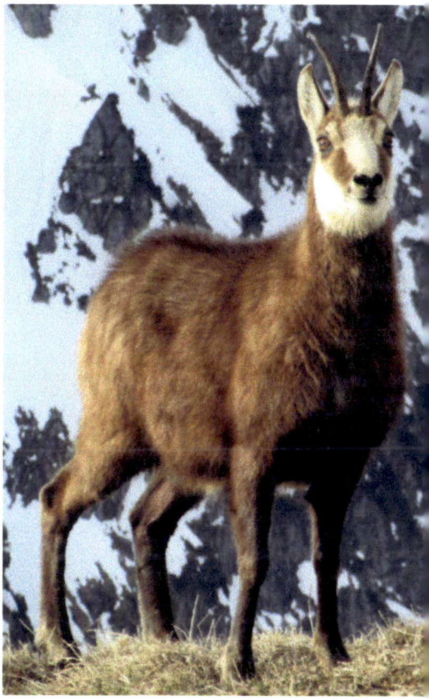

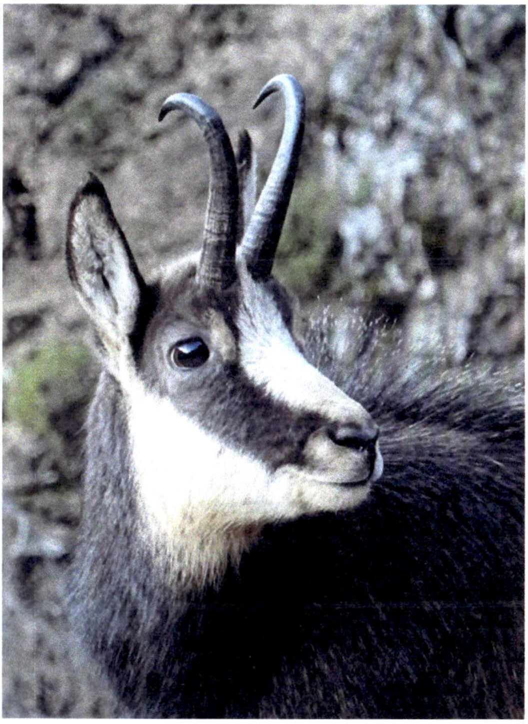

rig. Ist man leise und achtsam unterwegs – aber nicht schleichend, das wirkt sofort verdächtig –, kann sich eine überraschende Begegnung ereignen. Ich stoppe dann sofort, bleibe ganz ruhig, schaue zunächst woanders hin, bewundere die Aussicht. Auch wenn mit dem typischen Laut zwischen Zischen und Krächzen gewarnt wurde, breitet sich meist gleich wieder Frieden aus, es wird weiter gegrast, ich werde angeflehmt (über Lippen und Maul wird mein Aroma gewittert und analysiert) oder erhalte die Erlaubnis, dass wir uns ganz Auge in Auge, Seele in Seele ineinander vertiefen. Heilige Momente, die sich unvergesslich der inneren Festplatte einbrennen. Wie heuer im März. Ich biege um eine Kurve, da steht es direkt vor mir – ein junges Gamsbock-Supermodel, zum Dahinschmelzen. Knapp drei Meter vor mir, mit wunderschönen, fensteroffenen braunen Augen, cremefarbenen Plüschohren, herrlich stolzem Gamsbart – einfach perfekt in allem!

Die Gams als Krafttier unterstützt, wenn schwierige Angelegenheiten gelöst werden sollen, wenn Gipfel zu erklimmen sind und neue Möglichkeiten, neue Abenteuer gefunden werden sollen. Sie lehrt, die Kräfte richtig einzuteilen und sicher ans Ziel zu gelangen. Und sie ist ein freiheitsliebender Grenzgänger, der zur inneren Quelle führt.

ROTWILD

Für mich sind Rehe und Hirsche beinahe die heimlichsten Bewohner des Waldes. Ein kurzes heiseres Bellen als Warnung oder empörte, lautstarke Beschwerden zwischen Niesen, Husten und Knurren über den frechen Eindringling, die sich über Minuten hinziehen können. Hopsende Spießer hier, ein paar gewaltige Geweihgabelungen da, ein mächtiger Schemen zwischen den Bäumen, eine herausfordernde Verfolgungsjagd zwischen Ricke und Rehbock. Ein paar Hirsche im besten Mannesalter auf der Flucht, Hirschkühe, die ihre Jungen in Sicherheit führen. Eine Hirschkuh, die mit eingeknickten Vorderläufen auf der abschüssigen Wiese im Morgentau – so wirkt es zumindest – Yoga übt.

Ganz besonders ergreift mich jedoch in der Brunftzeit das bis in Mark und Seele dringende Brüllen der mächtigen Berglöwen. Das mich oft stundenlang in endlosen Varianten begleitet, während ich nach jedem Laut lechze. Archaisch, intensiv, ein Ruf wie aus einer anderen Welt. Inzwischen kenne ich ihre bevorzugten Standorte entlang meiner Hauptrouten – zur richtigen Zeit gehe ich dann regelmäßig zum Konzert.

Der Hirsch weist darauf hin, das eigene Tempo, den eigenen Rhythmus nicht zu verlieren und somit an Ausdauer zu gewinnen. Und mit Krieger-Energie ein Ziel zu erreichen, ohne auszubrennen.

Meinen Biologen-Freund fragte ich einmal allen Ernstes und eigentlich naheliegend, ob man das Rotwild so nenne, weil es im Schnee lärchenrotes Pipi hinterlässt. Er lachte schallend. Aber warum eigentlich nicht?

STEINBOCK

Majestätisch bis dorthinaus. Eigentlich nie komisch. Immer gesetzt, ernsthaft, bedacht. Der König der Tiere in der Vertikalen, in den senkrechten Savannen. Wie auch die Gämsen vom viel zu hoch weidenden „Gebrauchsvieh" (wo es definitiv nicht hingehört) aus seinem ureigenen Revier verdrängt und selbst noch der kärglichsten, kurzzeitigsten Nahrung beraubt, die so dringend für den schon bald wieder nahenden Winter benötigt würde.

Der Steinbock: Gelassen, pure Kraft, eine Aura der Unantastbarkeit verströmend. Die Gelassenheit endet, wenn Ziege und Steinbock sich begegnen. Dann giftet man sich an, niest sich seine Verachtung und Geringschätzung entgegen. Das IST (jedenfalls für den menschlichen Zuschauer) komisch.

So viele wundersame Steinbock-Begegnungen. Ein junger, feingliedriger Bock in den fast senkrecht geschichteten Schieferplatten, die sich wie an einen Drachenrücken schmiegen, auf etwa 3200 Metern, kurz unterhalb des Gipfelaufbaus. Blickt mich an, verharrt.

Mitten in einer Felswüste betritt, quasi als mein Geburtstags-Highlight, von links ein Best-Ager ganz gelassen die Bühne. Selbstbewusst, kokett und völlig unaufgeregt, latscht und tänzelt er an mir vorüber, posiert, zieht weiter, kratzt sich ausgiebig. Als würde er die Aufmerksamkeit und meine Hingerissenheit genießen.

Anderer Ort, andere Zeit. Zwei schwere bayerische Steinbock-Rösser, ehrwürdige ältere Herren, glänzender Auftritt. Unser Aufeinandertreffen endet damit, dass ich über eine halbe Stunde mitten zwischen ihnen sitze. Anfangs grasen sie noch ein wenig um mich herum, lagern einmal hier, einmal da, bis sie sich zwei Meter hinter meinem Rücken ein Plätzchen suchen, der

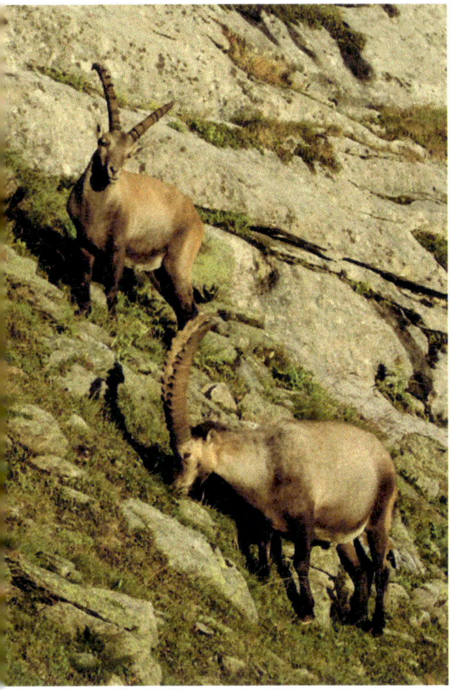

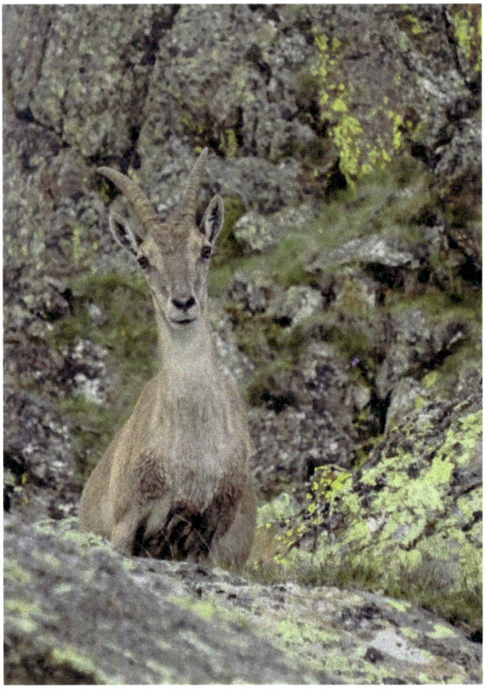

eine macht es sich in einer feinen Kuhle gemütlich, der andere flehmt noch ein wenig und ist sich wohl seiner Schönheit voll bewusst. Er steht Modell.

Auf halbem Weg zu meinem Hausberg, Nebelstimmung. Zwischen rosa flammenden Almrauschpolstern erscheint eine sichtlich bejahrte Steingeiß. Mager, kantig, aber gepflegt. Ich bin überzeugt, dass sie ein Kitz führt, denn ihr Euter ist gefüllt, sie blickt auch immer wieder in eine bestimmte Richtung und hat sich ganz offensichtlich als Schutzschild positioniert. Sie geht in die Hocke und markiert demonstrativ ihr Revier. Ich schmunzle und beobachte still – wir sind nur vier Meter voneinander entfernt. Ganz allmählich entspannt sie sich und mir gelingen in dieser wunderbaren Viertelstunde schöne Motive.

In großer Höhe lief ich einmal einer noch recht jungen Steingeiß über den Weg. Mit ihren kecken Löckchen hier und da sah sie so putzig und verspielt aus, lief auch einmal hierhin, einmal dorthin, guckte dabei, was ich gerade mache, bis sie – samt ihrer fröhlich wehenden Schwanzlocke – hinter den nächsten Platten verschwand.

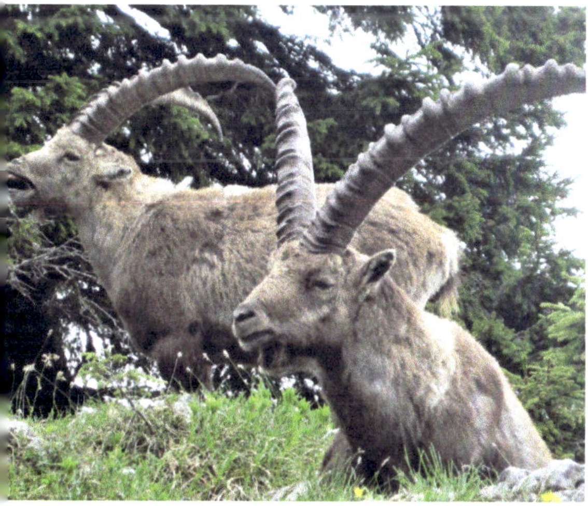

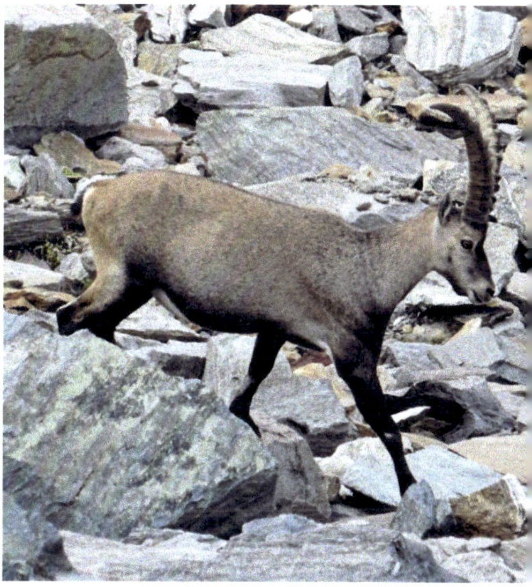

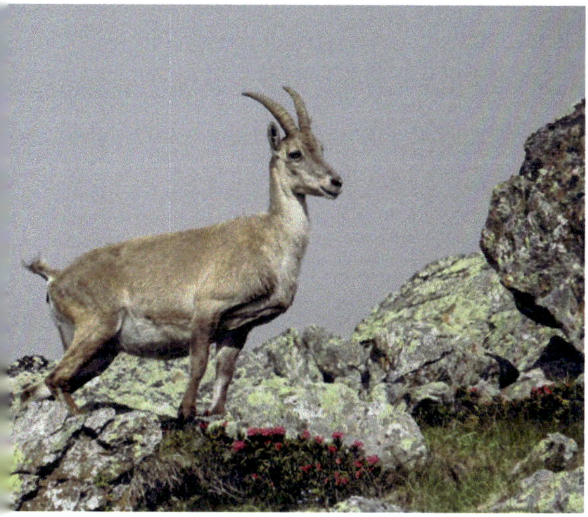

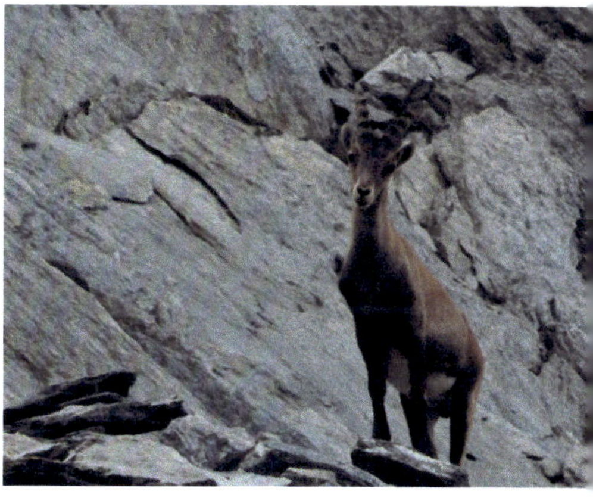

Meine – aufgrund ihres Symbolgehalts – bedeutendste Begegnung ereignete sich an einem Vorsprung hoch über dem Tal, mit Blick auf die Gletscher des Cevedale. Die Steingeiß erschien, nahm mich wahr, begab sich gemessen zu jenem Vorsprung, KEHRTE MIR DEN RÜCKEN ZU (!) und blickte meditativ (und vielleicht in stiller Freude) über das Tal hinweg in die weiße Bergwelt. Das war ungeheuer ergreifend und ebenso unbegreiflich. Was für ein Vertrauen! Ein Wildtier, das der potenziellen Bedrohung Mensch den Rücken zuwendet und sich dann nicht einmal mehr umsieht. Enorm. Die größte Ehre, die mir je widerfahren ist. Ob bei mir das Kainsmal des Menschen vielleicht doch schon ein klein wenig verblasst ist? Es gibt wenig, das ich mir mehr wünsche.

Jedenfalls war ich vollkommen erschüttert über das mir entgegengebrachte Vertrauen. Und wie die Steinbockdame stehe auch ich in luftiger Höhe, in meinem Reich der Stille, und blicke über die Täler hinweg voll ewiger Sehnsucht in die Bergwelt.

Der Steinbock regt dazu an, voller Lebenskraft und kühn über sich selbst hinauszuwachsen, mit schlafwandlerischer Sicherheit den richtigen Weg zu wählen und ihm beharrlich treu zu bleiben, unbeeinflusst. Er trägt die Kraft des Mondes und der Erde, ist genährt und verbunden mit dem kosmischen Ganzen.

MURMELEN

Die Murmeltiere sind wohl die possierlichsten Bewohner der höheren Regionen. Immer gut für einen Lacher, ein Schmunzeln. Wenn sie hoch aufgerichtet, ganz ihrer Wachmann-Pflicht ergeben, mit aller Kraft den Schrei mit angespanntem Bäuchlein aus ihren kleinen Lungen pressen. Oder platt an den Fels geschmiegt ihren Pelz in der Morgensonne wärmen lassen bzw. sich bei Hitze den Bauch kühlen. Wenn eines dem anderen das Fell pflegt und beide in aller Gemütsruhe in ihr Tun und Genießen versunken sind.

Manche Gegenden sind mir inzwischen als „Murmele-Citys“ bekannt, wahre Großstädte! Es ist auch sehr beliebt, den Aus-/Eingang direkt an einen Wanderpfad zu bauen – vielleicht, weil die Erde da so schön verdichtet ist. Jedenfalls ist es wirklich lustig, auf ein solches Gebiet zuzugehen,

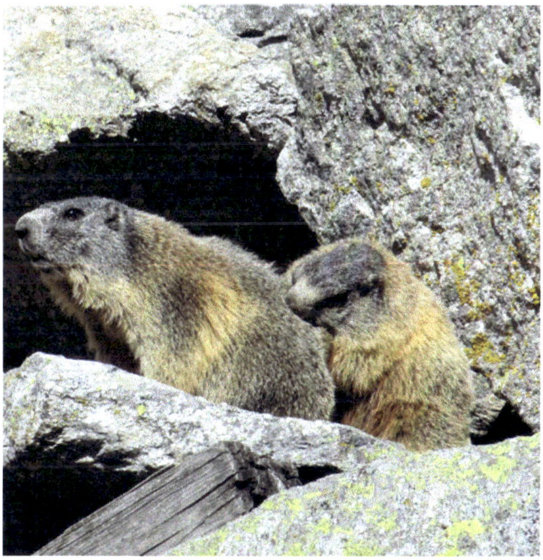
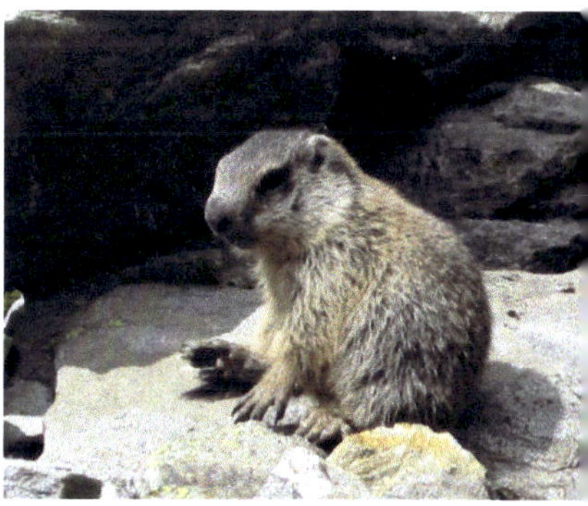
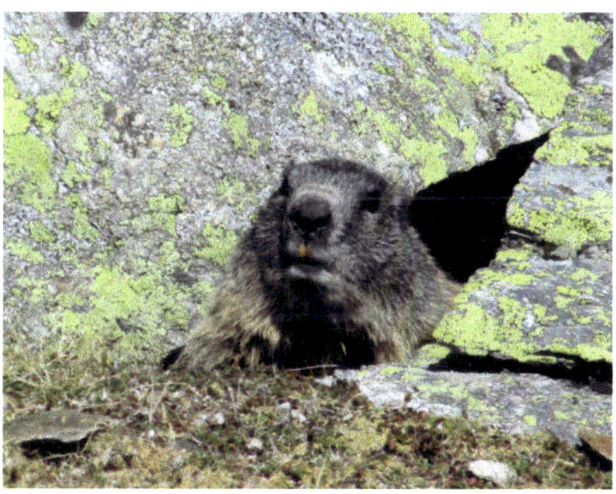
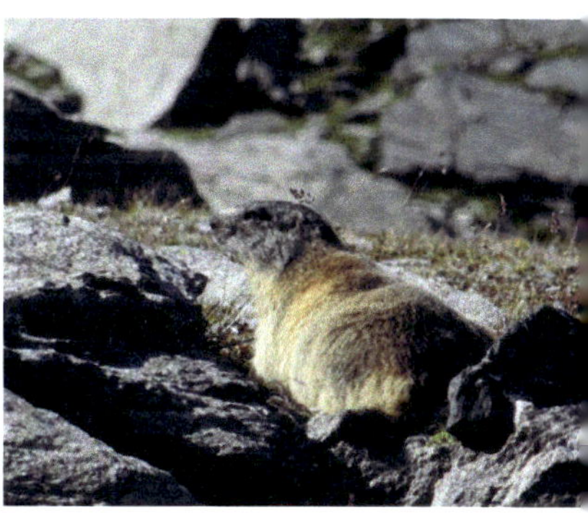

und zu sehen, wie da auf jedem Hügelchen ein kleines Männlein steht oder wie ein kleines, moppeliges Sackerl hockt.

Einmal sitze ich kurz unterhalb des Gipfels auf einem Felsvorsprung, als es plötzlich hinter mir raschelt. Ich drehe den Kopf und blicke direkt einem neugierigen jungen Murmele in die Augen.

An den Milchseen höre ich einen Warnschrei, halte Ausschau und übersehe dabei fast, dass direkt vor mir ein Murmelkind herumkugelt, seelenruhig spielt, herumtapst und mich dabei neugierig beäugt. Es hat Mamas Ruf wohl einfach ignoriert.

Auf dem Weg zum Roteck, ein schmaler Pfad. Fast trete ich dem Kleinen auf die Pfötchen, erst in letzter Sekunde realisierend, dass in dem Loch am Wegrand jemand sitzt. Vermutlich war es plötzlich zu spät zur Flucht. Ich stoppe sofort, gehe leise auf die Knie, bringe die Kamera in Position. Starr drückt sich das Murmele in den Eingang, bis es sich nach einer Weile entspannt und ebenso skeptisch wie neugierig mein allerschönstes Murmele-Model ever abgibt. Meine Knie sind 70 Zentimeter von ihm entfernt – nah wie nie! Wahnsinn ...

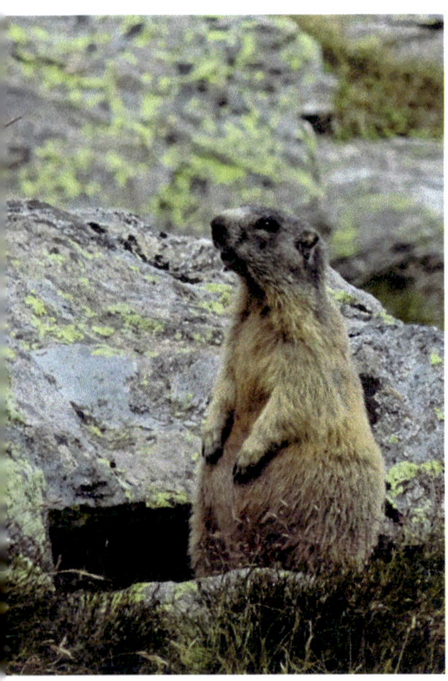

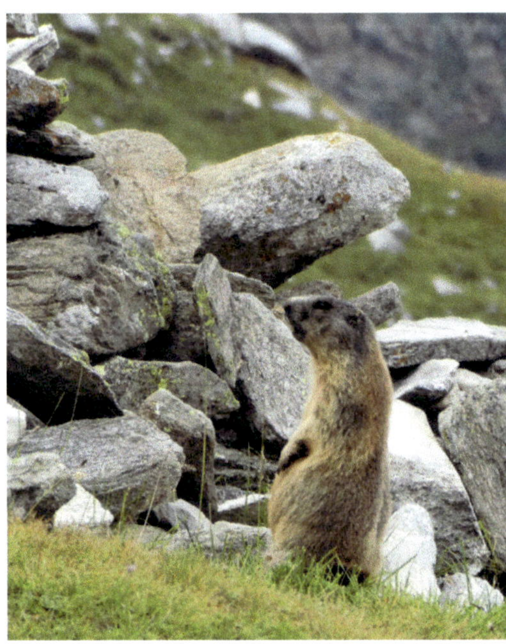

Das Murmele, so neugierig und wachsam, umtriebig und fürsorglich. Es erinnert daran, zwischen Versuchung und echter Chance zu unterscheiden, die Dinge auch einmal unkonventionell anzugehen, mutig durchzuhalten und gut für sich zu sorgen, Grenzen zu setzen, Abstand zu wahren oder sich auch mal zurückzuziehen.

SCHNEEHASEN, SCHNEEHÜHNER, SCHNEESPERLINGE

Vom Schneehasen sah ich jahrelang, wenn überhaupt, leider nur noch die Fersen oder das ums Eck verschwindende Schwanzerl. Spuren seiner großen Schneeschuh-Pfoten jedoch waren oft zu entdecken. Und dann, vollkommen unerwartet, mitten im Sommer, mitten in der wie ein außerirdisches Ufo wirkenden Gherdenacia: Ein wunderschöner, riesiger Schneehase im Sommerkleid, mit schicken weißen Strümpfen. Er posierte da überraschend lange, sodass ich auch in Ruhe seine fast durchsichtig-hellblaue Iris bewundern konnte. Keine dunklen Knopfaugen wie ich vermutet hätte.

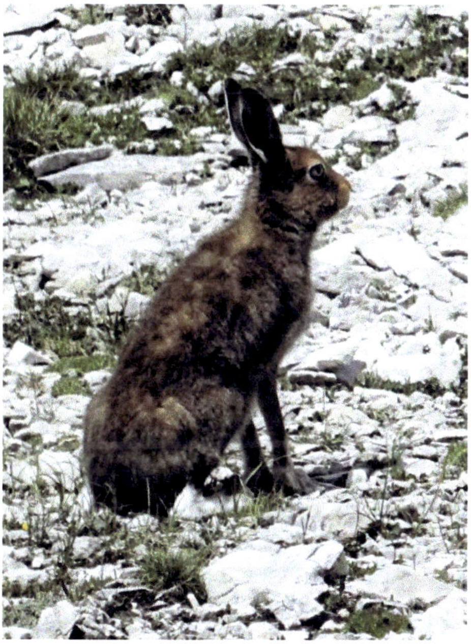

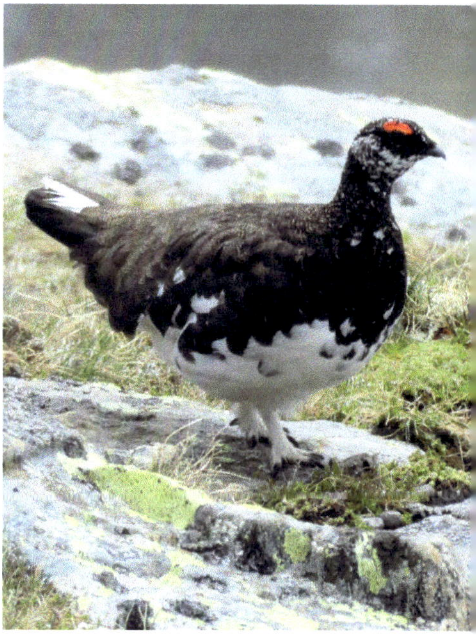

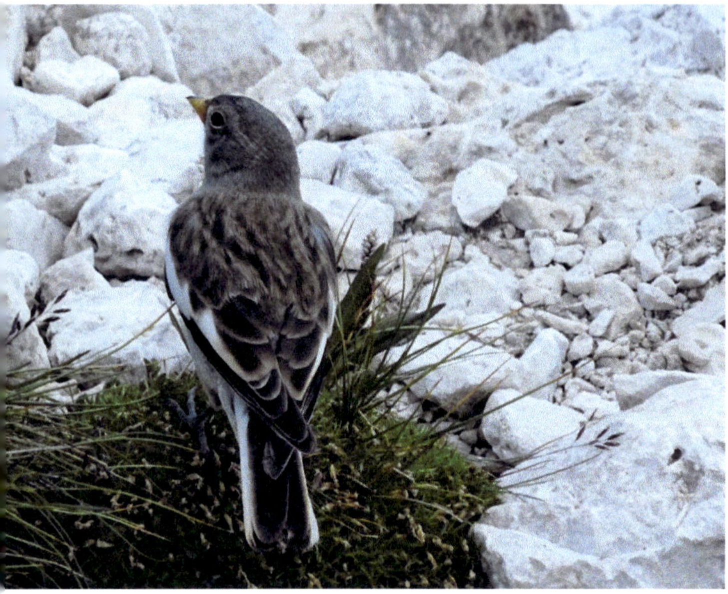

Der Hase lässt wissen, dass Ängstlichkeit erst recht das Pech anzieht. Wachsam, positiv und tapfer hat man die besten Chancen. Er erinnert daran, sich von inneren Schranken und Fußangeln zu befreien, sich auszuruhen und dann mit frischem Mut der Welt zu begegnen.

Schneehühner sind nicht ganz so schüchtern, auch wenn häufig nur noch aufgeregt rauschendes Flügelschlagen und Schneegestäube bleibt. Es ist schon viel, sie einmal in hektisch flatterndem Flug, in Formation, im Duett, in ihrer ganz eigenen Kreis-Choreographie zu erleben, bis – fern des Störenfrieds – ein Platz gefunden ist, um sich niederzulassen. Man zweifelt manchmal, dass die Luft sie trägt. Je nach Jahreszeit sind sie noch ganz schneeig mit schwarzen Flügelspitzen oder mit weißen Flügeln und im Sommerkleid. Zur Balzzeit sah ich sie über die weite Schneefläche hintereinander hertrippeln und erinnere mich an jenes Pärchen, noch halb im weißen Smoking, das behaglich auf einem schmalen Felssims saß und ganz gemütlich mit mir zusammen die herrliche Aussicht genoss. Es gab jenen Tag, an dem ein stolzer Hahn mit puschelig geschützten Füßen und schönen roten Rosetten über den Augen vor mir paradierte. Dann die sekundenkurze Szene einer Mutter, die ein fast dahinkugelndes Flauschbällchen in Sicherheit zu bringen versuchte. Überhaupt, die Mütter!

Wirklich todesmutig geben sie vor, verletzt oder kränklich zu sein, schleifen ihre hängenden Flügel über den Boden oder mäandern surrend wie eine aufgezogene Spielzeugmaus, schwankend, als seien sie leichte Beute, direkt vor meinen Füßen vorbei. Und die ganze Aktion, um die Aufmerksamkeit von ihren entzückenden, winzigen Kugelküken abzulenken. Die derweil wie optische Täuschungen oder Wellen im Elektronendschungel sich in die Wiese oder in Felsritzen ducken.

Was und wie hübsch gezeichnet ein Schneesperling ist, weiß ich auch erst seit meinem Abstieg vom Plattkofel. Da amüsierte sich eine fröhliche Schar mitten auf dem pulvrigen Pfad beim Sandbaden in Schlerndolomit. Mir gelang ein guter Schnappschuss, mit dem ich bei den Ornithologen anklopfte: Schneesperling!

SALAMANDER, SCHLANGEN, SPINNEN

In der Kochler und Oberstdorfer Gegend ist es mein größtes Entzücken, den Regenmanndln zu begegnen. Das sind die kleinen, niedlichen, onyxfarbenen Alpensalamander. Sie mögen es, genau wie ihre wesentlich größeren Vettern, gern neblig oder regnerisch. Dann sind sie recht hurtig unterwegs und ich muss besonders achtgeben, bei dem Andrang niemanden zu übersehen. Besonders vergnügt schmunzle ich, wenn so ein kleiner Wicht sich wieder einmal möglichst groß „aufmanndlt", sich auf ein Felsbröckerl setzt oder sonstwie hoch hinaus klettert, das kleine Bergsteigerlein. Und sicher überzeugt ist, jetzt der Größte zu sein, den ultimativen Überblick zu haben. Oder wenn sich zwei begegnen, sich umschlingen, Arm in Arm, Nase an Nase ein Knäuel bilden aus emsig rudernden Armen, Beinen, Zehen.

Die großen Feuersalamander sind in manchen Gebieten bei regnerischem Wetter auch mal in Massen anzutreffen. Eines frühen Morgens, als sie kaum noch vom Boden zu unterscheiden waren, zählte ich gar 18. Auch sie stutzen, sobald sie einen Schritt oder Schatten fühlen, versuchen dann jedoch, sich schnellstmöglich ins Gebüsch zu verkriechen. Die kleinen Al-

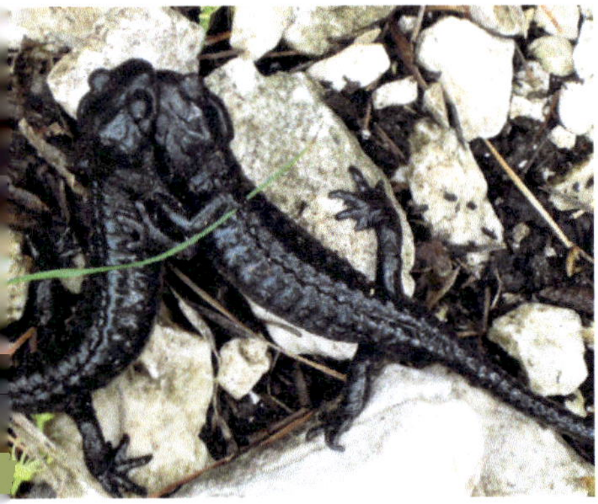

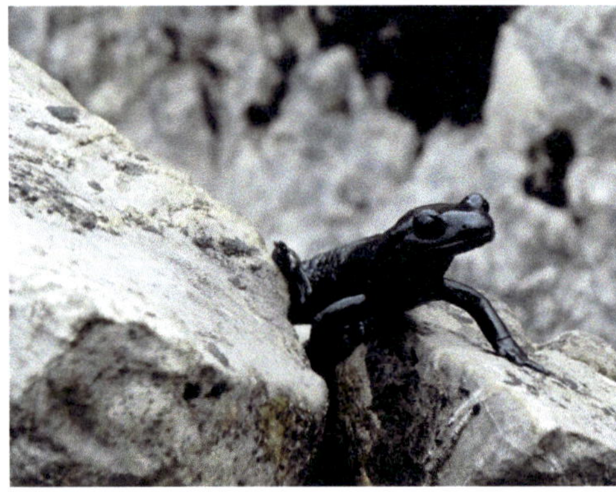

pensalamander dagegen nehmen die Sache wesentlich gelassener und scheinen geradezu Freude am „Modeln“ zu haben. Meist treffe ich auf erwachsene Exemplare. Ein gelb-schwarzer Mini-„Lurchi“, gerade mal so groß wie ein Buchenblatt, war bisher ein einmaliges Highlight. Da fällt mir ein: Erinnert sich außer mir noch jemand an die Schuhe der Marke Salamander? Dazu gab es dann ein Buch über Lurchis Abenteuer, einen stramm aufrecht stehenden Quietsche-Lurchi mit grünem Jägerhut und Gamsbart usw.

Ein Salamander erinnert an das eigene innere Feuer, an tiefe Wünsche. Er fordert zu Entscheidungen und Konsequenz auf. Und dazu, erdverbunden und tatkräftig dem zu folgen, was intuitiv stimmig ist, und auch bei eher zurückgezogenem Leben nach außen zu gehen und die eigenen Talente und Gaben einzusetzen. Neues zu wagen.

Schlangen schlängeln mir leider zu selten über den Weg. Und wenn doch, sind Auge und Hand meist einfach viel zu langsam. Einmal durfte ich mich ganz vorsichtig zu einer sich sonnenden jungen Aspisviper setzen. Die Kamera hervorzuziehen traute ich mich nicht, viel zu sehr genoss ich dieses außergewöhnliche Zusammensein. Viel Zeit zum Fotografieren ließ mir aber eine schöne, ausgewachsene Aeskulapnatter, die ich auf dem Rückweg von Juval in Ruhe beim Herumschlängeln und züngelnden Duftinformationen-Sammeln beobachten konnte. Die Begegnung mit einer Schlange ist immer etwas Besonderes. Steht sie doch als Symbol für Erneuerung, Transformation, die schöpferische Erdkraft, Heilwissen, Weisheit und vieles mehr – eine Botin der anderen Realität.

Spinnen gehören nun wirklich nicht gerade zu meinen Lieblingen, doch eine

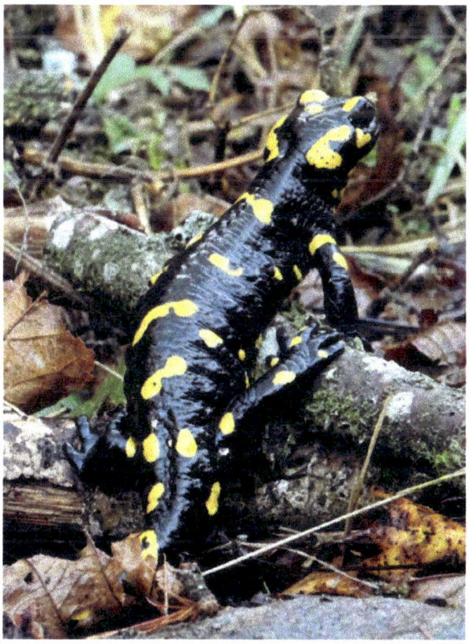

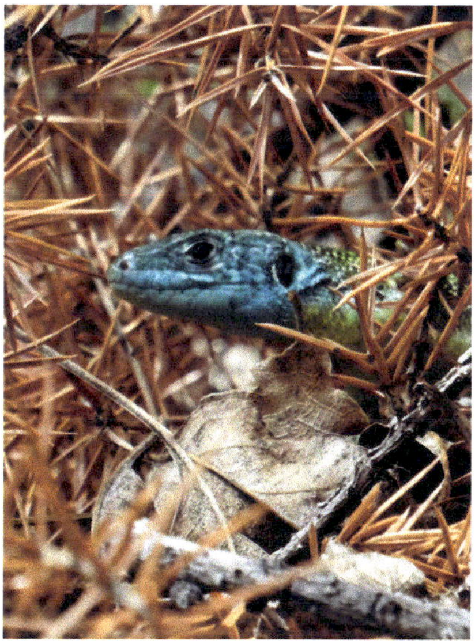

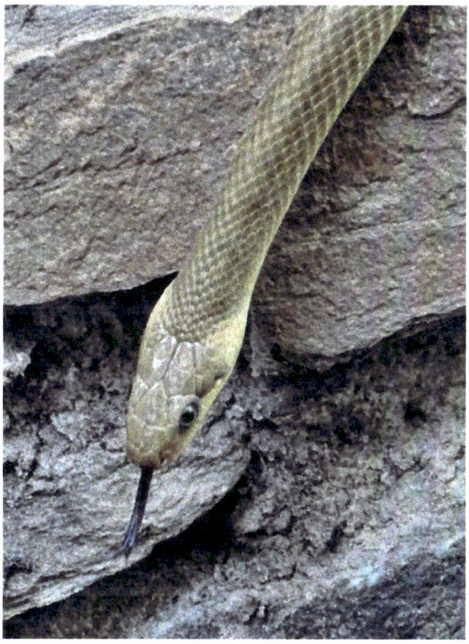

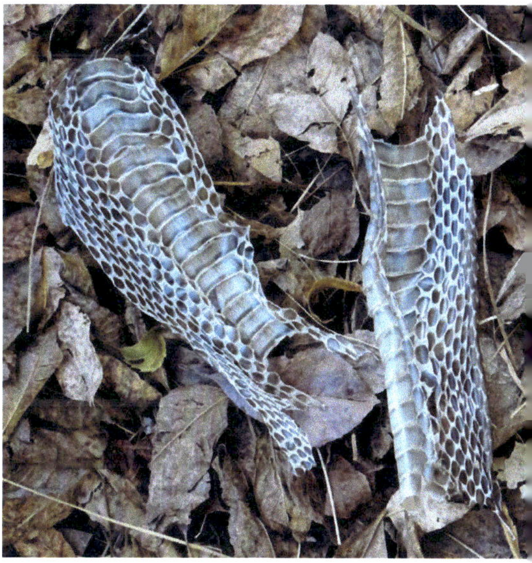

Begegnung war wirklich außergewöhnlich. Rückweg vom Gipfel, auf ca. 2600 Meter Höhe. Da sehe ich auf dem Pfad plötzlich etwas kleines Rotes dahineilen, einer winzigen runden Öffnung, halb im Gras verborgen, entgegen. Leider hatte ich nur das Handy dabei und der Schnappschuss war von geringer Qualität. Zu Hause angekommen, startete ich gleich meine Recherche. Ergebnis: eine seltene Rote Röhrenspinne! Sie war wirklich sexy und so exotisch, dass ich so etwas in unseren Breiten nie vermutet hätte:

Ein leuchtend roter Schild von ca. einem halben Zentimeter Durchmesser, darauf ganz klar und symmetrisch angeordnet vier schwarze Punkte. Und die Beine? Sensationell! Schwarz und flauschig wie kleine Pfeifenputzer, dazu noch weiß geringelt. Ein echter Hingucker!

Nach einem indianischen Mythos brachte die Spinne dem Menschen das in ihrem Netz verborgene erste Bild des Alphabets, so wie sie zuvor ihren Traum von der Welt gewoben hatte, der dann Wirklichkeit wurde. Sie erinnert daran, sich nicht von Ängsten und Begrenzungen bestimmen zu lassen, sondern das eigene Leben kreativ und schöpferisch zu weben. Auch daran, über das eigene Netz hinauszublicken und Gelegenheiten am Rande zu erkennen. Sie verkörpert Mut, Stärke und Unabhängigkeit.

ZIEGEN

An meine „Goaßal“ habe ich definitiv und restlos mein Herz verloren. Sie sind so munter, neugierig, schmusig, direkt, schlau und eigenwillig. Nehme ich von Weitem ihren Geruch wahr, legt sich bei mir sofort ein Schalter um, die Welt ist in Ordnung, alles gut, ich bin wie angeknipst tiefenentspannt und rundum glücklich. Ein erstaunlicher Effekt!

Die niedlichen, im Stall herumhopsenden Ziegenkinder, verspielt, ausgelassen, sie wollen an mir hochkrabbeln und auf den Arm – so viel Freude. Dann eine Schar Jugendlicher, die mich auf schmalem, ausgesetztem, mit einer Eisenkette gesichertem Pfad begleiten. Sie beobachten, wie ich mich daran festhalte, wie die Kette dabei schlackert und scheppert. Und stürzen sich ins Spiel: nehmen die Kette auf die Hörner, schieben sich darunter, wickeln sich halb darin ein.

Oft hängt sich eine Schar an meine Fersen und wandert mir in langer

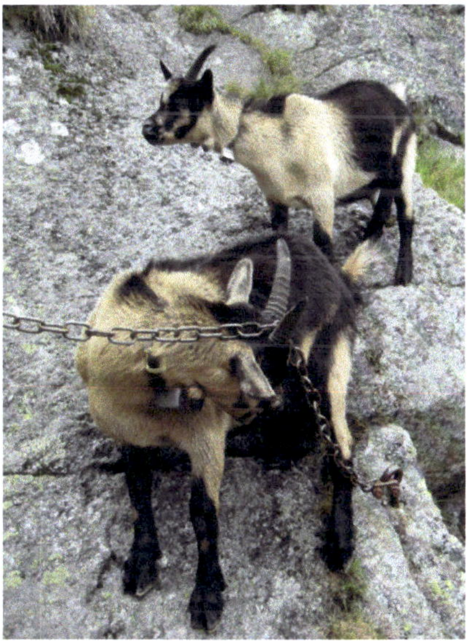 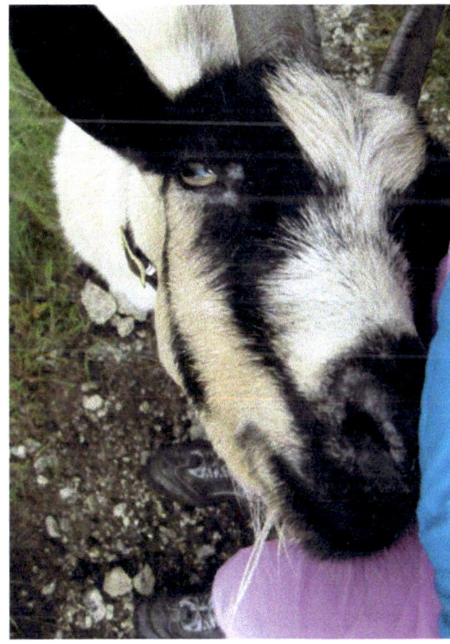

Reihe hinterdrein. Meist sammeln sich die Herden recht schnell um mich, vor allem wenn ich zuerst eine besonders zugängliche Dame streichle. Dann möchte jede drankommen. Oder sie nutzen mich als Salzstangerl und schlecken mir die Haut ab. Sie drängeln, zupfen an den Hosenbeinen, dem Rucksack, knabbern an Riemen und Bändern, versuchen mir die Stiefel aufzubinden. Oder legen sich gleich direkt auf meine Schuhe. Bleib hier!

Abgesehen von der Ziege, die mit mir auf den Tschigat stieg, hatte ich auch noch andere Begleiterinnen, die ihre Herde zurückließen und sich mir anschlossen. Ein besonderer Liebesbeweis ist offenbar, wenn sie die Stirn ganz sanft aber bestimmt an mich drücken. Eine legte mir ihre Wange an den Oberschenkel, hielt den Kopf schräg und sah mir ewiglang ganz intensiv in die Augen. Oder das Ziegenkind, das seine Mutter und die Tanten immer weiter hinter sich ließ. Ständig wurde kommuniziert, die Mutter klang eher nach: Und wenn du jetzt nicht auf der Stelle wieder herkommst, brauchst du dich nie mehr bei mir blicken zu lassen. Doch die Kleine bestand wohl darauf, ein Abenteuer zu unternehmen und mit dem Fremdling ins Unbekannte aufzubrechen. Allerdings mit ununterbrochenem, hellstimmigem Gemecker. Das war zu Beginn noch recht lustig und ich dachte,

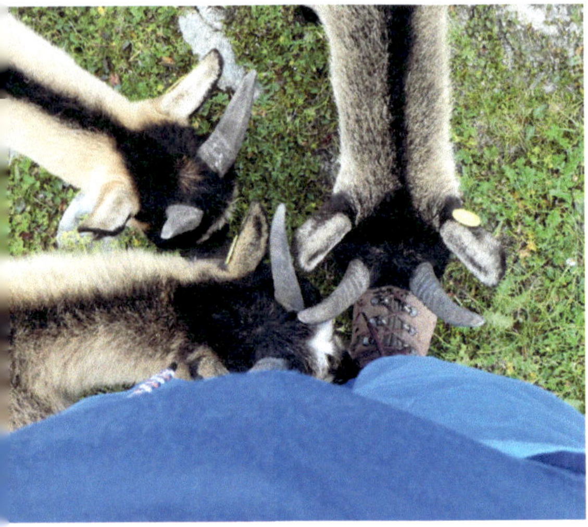
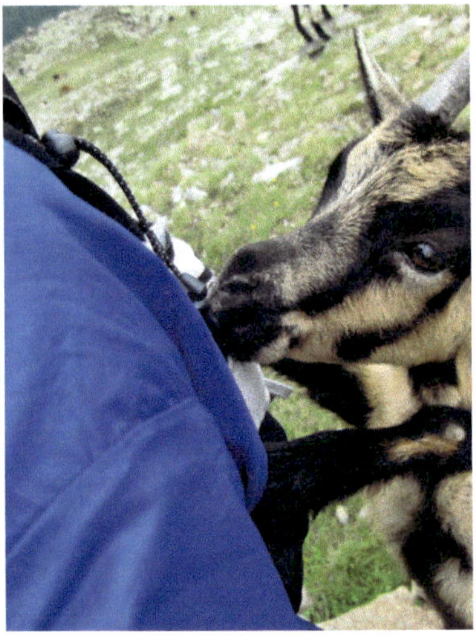
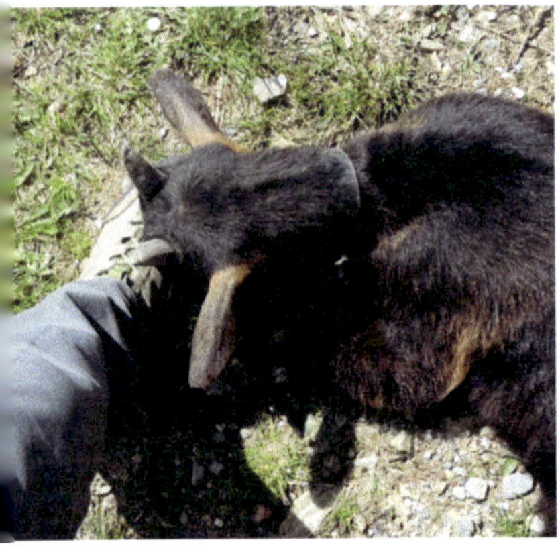
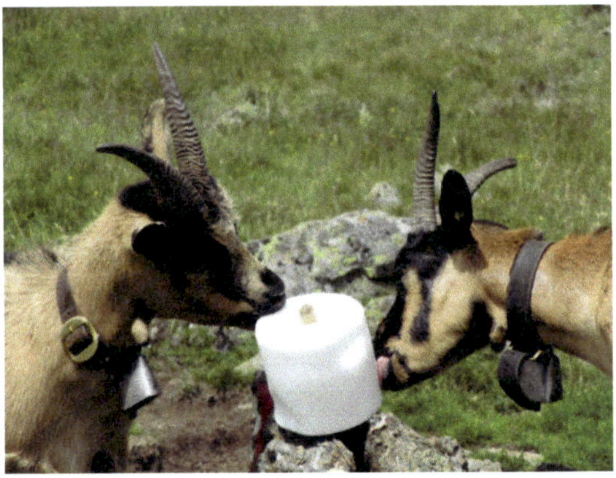

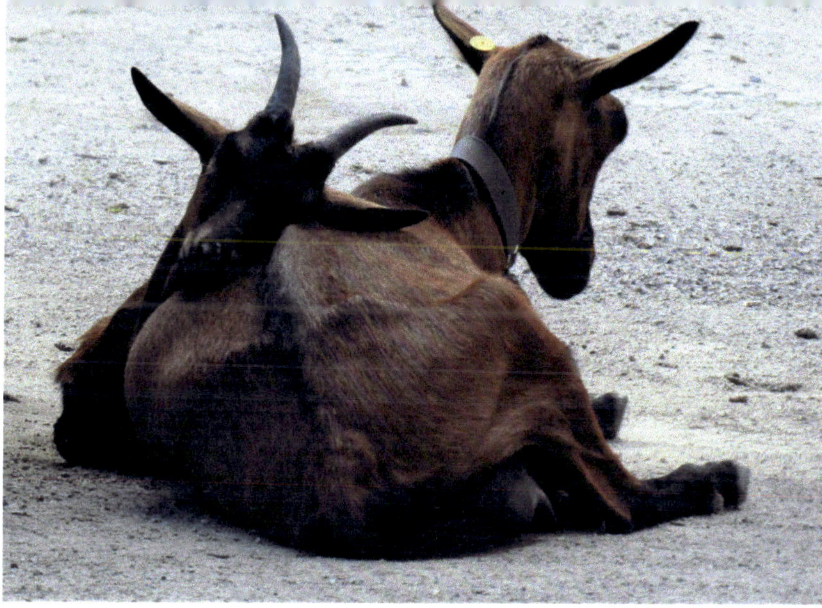

dass sie nach dem ersten Gipfelkreuz sicher wieder umkehren würde. Doch weit gefehlt. Zu allem entschlossen klebte sie an meinen Fersen, in all der Stille unablässig schreiend. Alles Mögliche versuchte ich, um sie zur Rückkehr zu bewegen – vergeblich. Erst zwei Stunden später fiel sie ganz allmählich zurück und gab auf.

Manchmal habe ich den Eindruck, den Kobolden sei langweilig. Als sehnten sie sich fast nach Unterhaltung, nach Ablenkung und Zerstreuung. Mit sehnsüchtig bebender Oberlippe rufen sie sich die Seele aus dem Leib, damit man doch noch ein bisschen bleibt. Oder sie drücken energisch die Konkurrenz weg, um eine weitere Liebkosung zu ergattern.

Sie klettern gern und genießen ein schönes, aussichtsreiches Plätzchen im Sonnenschein. Nass werden mag allerdings keine, gemütlich, trocken, kuschelig sollte es sein. Zu sehen, wie eine Schar tropfnasser Mädels – weit und breit natürlich weder Unterstand noch Baum oder Strauch –, das Fell im Wet-Look gewellt, ganz ratlos guckt und versucht, an die senkrechte Felswand gepresst ein paar geschützte Zentimeter herauszuholen ... Da hätte ich dann gern ein Zelt für sie dabei.

Ziegen produzieren so ganz nebenbei jede Menge Situationskomik, die Heiterkeit auslöst. Meist weil – und das ist ja auch zu blöd – das noch köstlichere Graserl oder Kräutlein immer ausgerechnet hinter dem Zaun oder jedenfalls dort wächst, wo nicht mehr so leicht heranzukommen ist. So weit wie möglich wird die Schnauze durch den Maschenzaun gerammt und das ganze Ding so weit in die Nachbarwiese hinausgebeult – die Hinterhaxerl schieben noch etwas nach –, dass doch noch etwas viel Interessanteres zu pflücken ist. Oder man macht sich richtig lang, streckt sich im Ziegenspagat so weit nach oben – eine gerade Linie von den Zehen bis zu den Fingernägeln –, dass auch noch die am höchsten hängende Attraktion verkostet werden kann. Die Hinterbeine haxerln und treteln dabei, um vielleicht noch ein paar Millimeter mehr Größe zu gewinnen.

Die Beharrlichkeit der Ziege ist legendär. Auch ist sie wählerisch, eigenwillig, abenteuerlustig, trittsicher, an allem interessiert, weiß, was für sie gut und wo es zu finden ist, ist schlau, vital, heiter und erfinderisch. Kein Hindernis, keine Schwierigkeit hält sie zurück, sie gibt nie auf – ein echter Überlebenskünstler! Immer mit voller Konzentration im Hier und Jetzt, einen Schritt nach dem anderen.

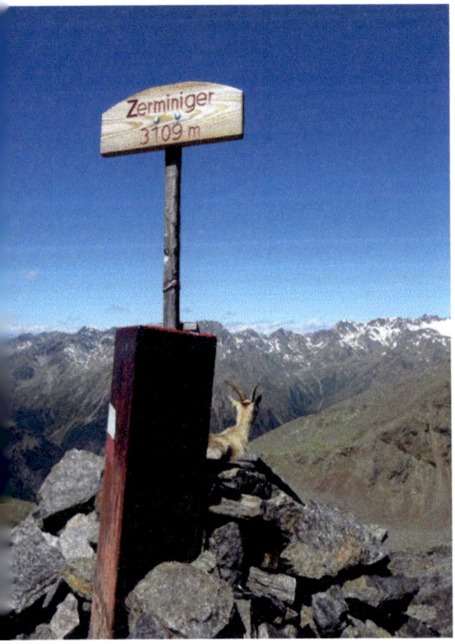

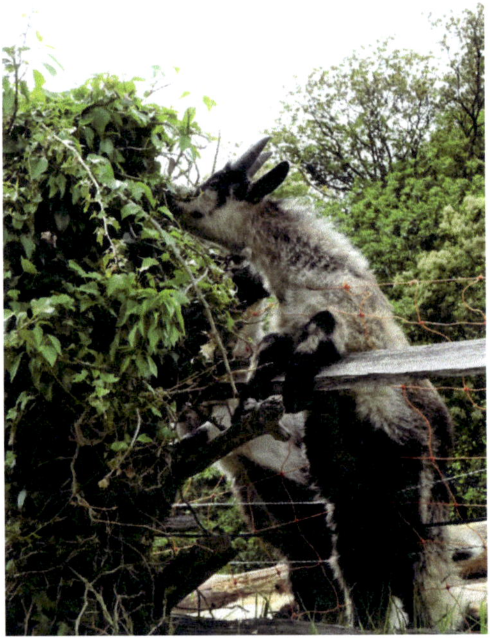

Ein Bild von einem Fuchs tauchte eines frühen Vormittags auf einer steppenartigen Hochebene, ca. 2600 Meter, vor mir auf. So unbeschreiblich schön, schlank und klar stand er da in der Weite, blickte mich in Ruhe an, bis er gemächlich davonschnürte. Ansonsten traf ich in den Wäldern bisher nur zwei Mal kurz auf einen Fuchs. Füchse beobachten genau, sind flink und gewitzt. Fuchskraft ist, wie der Wind zu sein, unsichtbar und anpassungsfähig, leicht, graziös, beweglich. Und beinhaltet die Kunst, mit der Umgebung zu verschmelzen, dabei unbemerkt alles im Auge zu behalten und mit diesem Wissen klug und verschwiegen umzugehen. Zuerst sondieren, Informationen sammeln, schauen – statt bei Problemen sofort in Aktionismus zu verfallen, auch das ist eine Botschaft des Fuchses.

Wie ein echter Siebenschläfer aussieht, weiß ich nur, weil ich vor ein paar Jahren einen fand. Als ich frühmorgens loszog, lag er wie ohnmächtig, äußerlich unverletzt, mitten auf dem schmalen Fußgängerweg. Wie das passieren konnte, ist mir ein Rätsel: Er war ja kein Junges, das versehentlich aus dem Kobel gestürzt sein könnte. Und ich war ebenso erschrocken wie ratlos. Ich bettete ihn unter einen Baum mit einer Nussschale Wasser daneben und hoffte, dass er sich bald erholt. Bei meiner Rückkehr am Nachmittag lag er noch immer dort. Während ich nach Hause ging, um einen Transportkarton zu holen, telefonierte ich herum. Letzter Ratschluss war, ihn zum Tierarzt am anderen Ende der Stadt zu bringen. Zu Fuß natürlich, um ihn nicht noch mehr zu stressen als ohnehin schon. Das Tierchen war so entzückend mit seinem wolkengrauen, distelwolleweichen Fell, den zarten, hellrosa Pfötchen und langen Schnurrhaaren. Dann noch der flauschige Schweif. Die Tierärztin testete den Kleinen kurz, blickte dabei skeptisch, wollte ihn aber über Nacht behalten, um zu sehen, ob er sich wieder regeneriert. Am Vormittag erfuhr ich, dass er es leider nicht geschafft hatte.

Eichhörnchen sind kleine possierliche Kobolde und liebe Gesellschaft im Wald. Ihre schnalzend-reibenden Laute höre ich sofort heraus, manchmal entspinnt sich daraus sogar ein kleiner Dialog. Sie gucken zwar immer neugierig, befinden sich aber jederzeit in höchster Alarmstufe. Und lassen

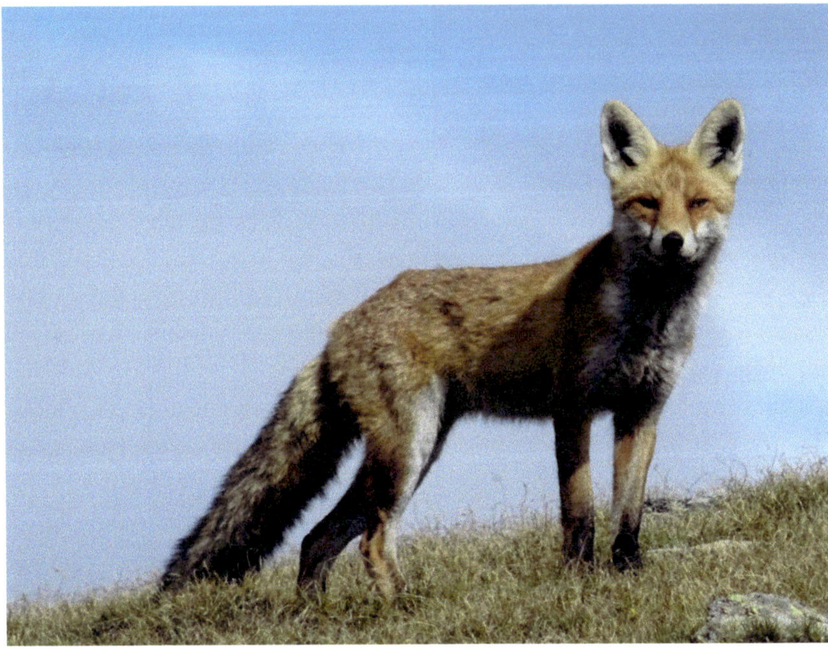

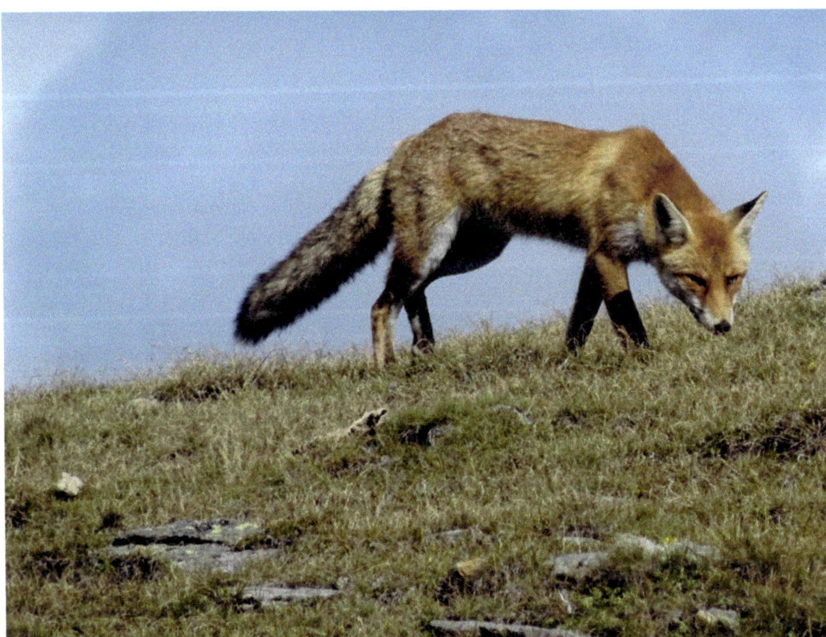

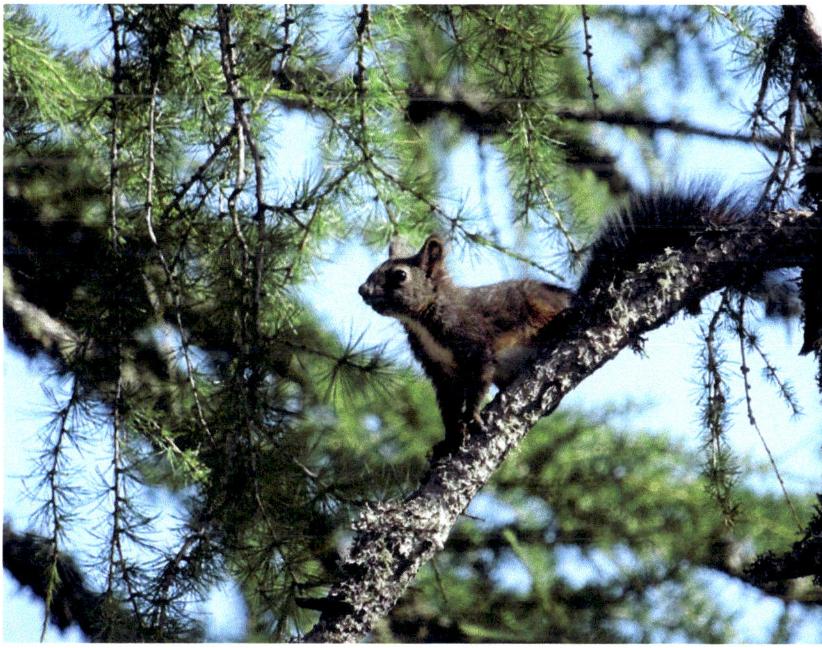

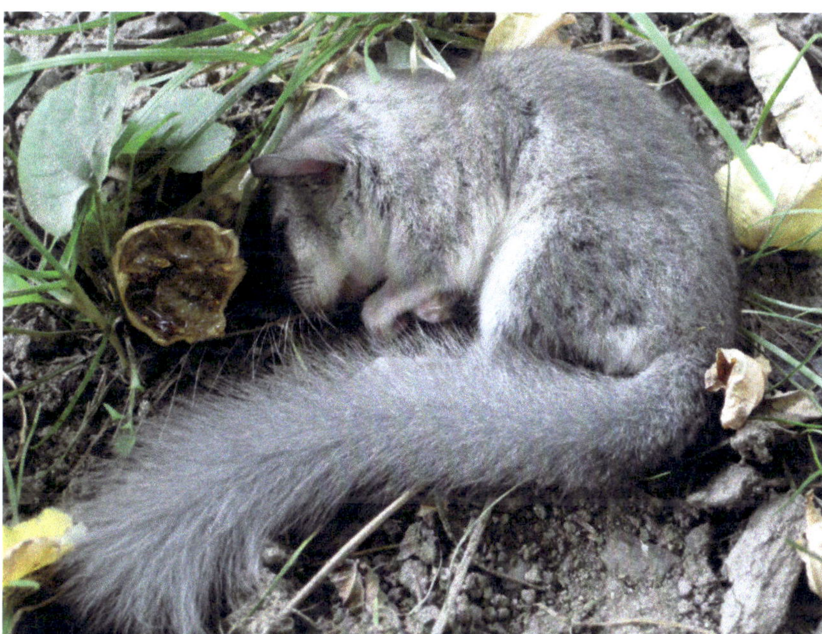

sich nur selten beobachten, ganz zu schweigen davon, einmal kurz stillzuhalten. Daher gibt es bisher auch nur ein einziges gelungenes Foto. Ihre Brotzeitbrösel rieseln aus den Zweigen herab und auf Baumstamm-Tellern häufen sich Schuppen und Zapfenreste. Finde ich Fichtenzapfen, die wie eine stark ausgefranste Palme aussehen (die Schuppenspitze ist quasi intakt, der Stiel fransig-nackt), war ein Eichhörnchen am Werk. Eine Maus hätte den Stiel sorgfältig abgeknabbert, statt die Schuppen nur grob abzureißen.

Das Eichkatzl ist blitzschnell, unstet, spielt Verstecken, verwirrt Verfolger. Es plant voraus, sammelt, bevorratet. Es ist ein Pfadfinder: immer für alles gerüstet, für alle Veränderungen gewappnet. Und es rät, Ballast abzuwerfen, Dinge abzugeben, aber auch Druck und Sorgen loszulassen.

KAMELE

Zugegeben: Kamele sind kaum auf Bergeshöhen zu finden. Schon aus Bequemlichkeit. Die Anstrengung, ein paar Dünen oder eine leichte Steigung zu erklimmen, reicht dann auch schon. Kamele haben leider häufig keinen guten Ruf, und es ist wirklich schade, wenn sie nur als tretende oder aggressive Gefahrenpotenziale betrachtet werden. Was vor allem an menschlichem Versagen liegt: Sie vergessen eben nichts, keine üble Behandlung, keine Prügel, keinen Schlag usw. Wie kann man nur, frage ich mich. Selbstverständlich gibt es auch unzählige stolze, verantwortungs- und hingebungsvolle Kamelbesitzer, die mit Freude, Behutsamkeit und großer Wertschätzung ihre (oft überlebensnotwendigen) Freunde behandeln und würdigen. Als Rennkamele, Wüstenschiffe für Transport und Handel, als kostbarste Quelle für Wolle und Milch gehören sie zur Familie. Ob nun mit zwei (Trampeltiere) oder einem Höcker (Dromedare).

Ihre unglaublichen Fähigkeiten (Wasserspeicherung durch besondere Blutkörperchen, verschließbare Nüstern mit Wasser-Resorption, aktive Regulierung der Körpertemperatur, Höcker als Hitzeschild und Fettreserve, sie können Salzwasser trinken, haben große gepolsterte Sohlen etc.), ihre Zähigkeit, Genügsamkeit, Gewitztheit und unbezähmbare Freiheitsliebe und Eigenwilligkeit sind Legende. Ihre Schönheit – diese Scheherazade-Wimpern!, diese entzückenden, samtigen Schnauzen! –, Größe und durchaus auch Anschmiegsamkeit und Verbundenheit ebenso. Für die Beduinen ist das Kamel eine wahre Gottesgabe, in jeder Hinsicht. Und ich selbst bin ihnen mit Herz und Seele verfallen. Sie sind einfach hinreißend!

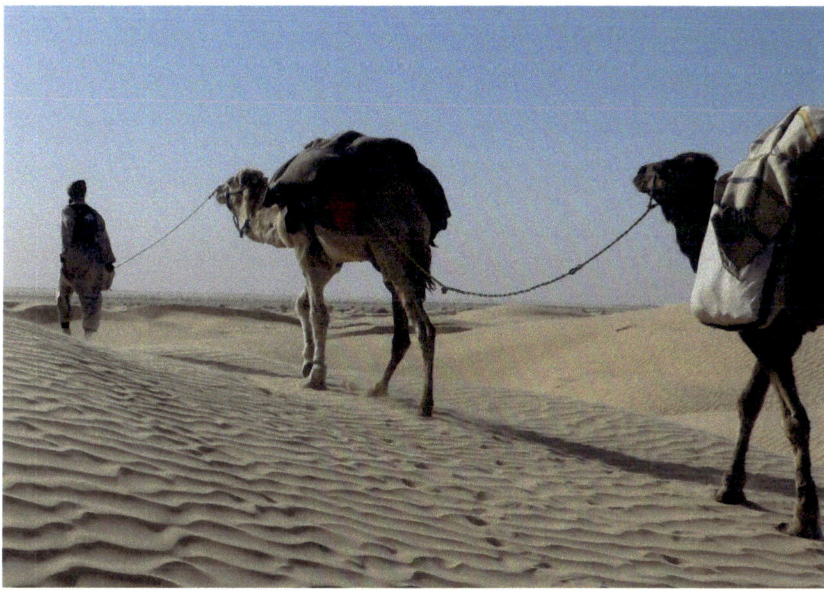

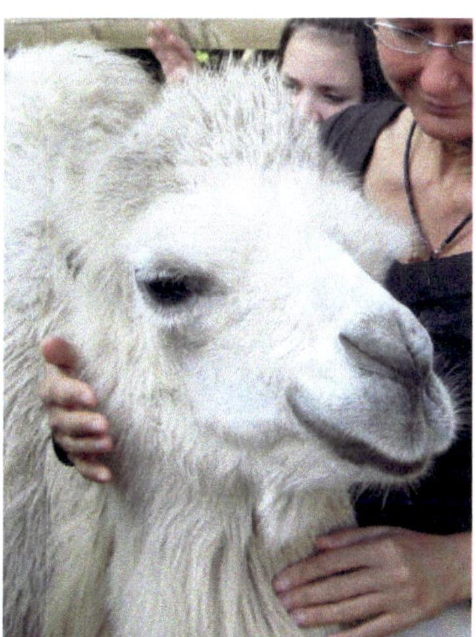

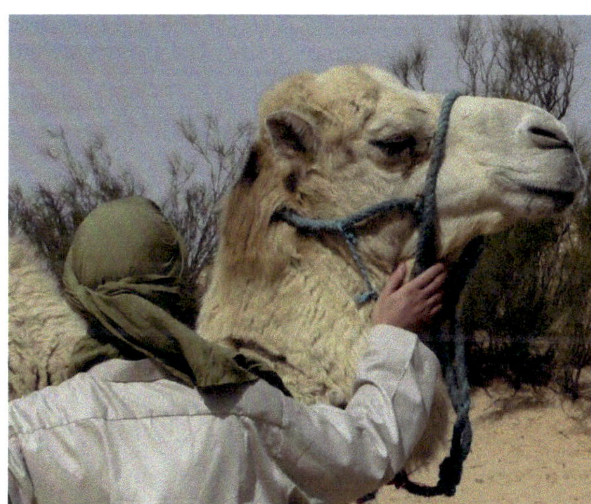

Extra: Wandertipp

Vom Dorfplatz Tschars aus links am Gasthof Sonne vorbei, der 2er Beschilderung nach Trumsberg/St. Martin folgend. Der Trumsweg, gleichzeitig ein Teilstück des Vinschger Höhenweges, führt über den nordwestlichen Dorfrand hinaus und nach der Wegkreuzung Richtung Kastelbell, Juval bzw. Trums durch herrlich abwechslungs- und artenreiche Sonnenberg-Vegetation – teils Trockengürtel, teils almgepflegt. Föhren und Steineichen säumen den Weg, beheimaten Rotwild, Eichkatzl, Tannen- und Eichelhäher. Es gibt heilsamen Wermut zu sammeln und Wilden Dost zu kosten.

Besonders zauberhaft ist die Strecke bis zur Hofschenke Niedermair: landschaftlich abwechslungsreich, schön fürs Auge und alle Sinne, dazu erbaulich, da man schon bald einem Kreuzweg folgt. Ein paar Meter Geröllrinne – die Galsauner Holzgröben – sind zu queren, durch Wald geht es weiter bergan. Aufmerksame finden das kleine, von einer weißen Madonna beschützte Gedenktaferl inmitten einer kurzen Felsgalerie, das an ein Ereignis 1945 erinnert. Zum Kriegsende soll dort eine junge Frau in Nöte geraten sein und sich mit einem beherzten Sprung vor ihrem Verfolger gerettet haben. Letztlich leider ohne Happy End für sie.

Der Weg führt zunehmend durch frischen „Urwald", am Brunnkofel vorbei nähert man sich dem Galsaunbach, der dort lebendig schäumt und sprudelt. In einer felsigen Wegbiegung liegt der Startpunkt des Kreuzweges: ein harmonisches Ensemble aus hölzernem Wegkreuz, Sitzbankerl und Bildstöckl. In mühevoller Arbeit hatten es Mitglieder der Katholischen Männerbewegung in die Felsen gesetzt: 1987/88, im zweiten Marianischen Jahr also. Der Kortscher Künstler Karl Grasser, auch bekannt für seine expressionistisch angehauchten Holzschnitte, schuf die Darstellung Mariä Verkündigung – „Meine Seele preist die Größe des Herrn". In Ton. Was sich fortsetzt, denn jede Station des Kreuzweges wurde von Schulkindern ebenfalls in Ton gestaltet. In Serpentinen schraubt der Pfad sich aufwärts, am Bach entlang. Ein besonders magischer Ort ist Lochmühl, voll großer Felsblöcke, von Wasser- und Pflanzenduft erfüllter Luft, es wächst auch wilde Pfefferminze, die einen ganz eigenen, kräftigen Tee ergibt. Tatsächlich existierte in alter Zeit etwas überhalb eine Mühle. Über ein neu gezimmertes Brückerl lässt man den Galsaunbach hinter sich und erreicht über felsige Knotten wieder freien Himmel.

Vom Bauern frisch gelichtet wurde ein vormals heckendornig und distelig verwachsenes Wegstück, sommers ist dort Wiesensalbei zu finden. Ein neues Türl ist dem Wanderer ebenfalls geschenkt, ganz zünftig mit Griff vom Hirschgeweih! Nun tritt man hinaus auf die Wiesen, mit herrlichem Blick auf Hasenohr und Orgelspitze, über den ganzen Vin(t)schgau hinweg. Der Hofschank Niedermair lädt natürlich zur Einkehr, ein nettes Platzerl auf der Aussichtsterrasse findet sich immer.

Weiter geht es ein paar Kurven Straße, unterbrochen durch ein Stück Wanderweg. Von hier aus hat man freien Blick auf die Vermoi, den St. Martiner Hausberg sozusagen. Der Kreuzweg endet mit der kleinen Kapelle aus dem Jahr 1924, die dem Schutzpatron Josef geweiht ist. Flankiert wird dieser von der Hl. Monika und dem Hl. Martin. Zur Andacht lädt ein interessantes Altarbild, das viel Stoff zum Nachdenken bietet. Die Wände ziert ein Kreuzweg des Malers Gebhard Fugel, bekannt auch durch sein Jerusalem-Panorama in Altötting. Die Kunstdrucke stammen vom damals wohl renommiertesten, international gefragten Katholischen Verlag Josef Müller, München (heute arsEdition).

Bald schon zweigt vom 2er Weg nach rechts der 8er Richtung Vermoi ab. Doch wir bleiben auf diesem feinen Stück des Vinschger Höhenweges und folgen den roten „Tatzen“ – eigentlich symbolisch ein Wandererfuß mit Zehenpunkten oder auch die Grate der Vinschger Berge mit dem sanften Schwung des Talbodens darunter.

Herrlich ist auch der folgende Streckenabschnitt, im Sommer luftig und doch beschirmt – eine gute Mischung aus Fels und Wald. Nach Durchquerung des Vermoibach-Grabens lockt schon bald die nächste Einkehrmöglichkeit: der Hofschank Platztair. Etwas überhalb folgt man dem Weg 1A und 1 durch den Wald oder dem 2er, der hauptsächlich auf aussichtsreichem Forstweg hinüberführt nach St. Martin im Kofel.

Kurz vor Erreichen der bekannten Wallfahrtskirche – und damit der nebenliegenden Seilbahn-Station – ist das Turm-Chalet als zweites Wahr-

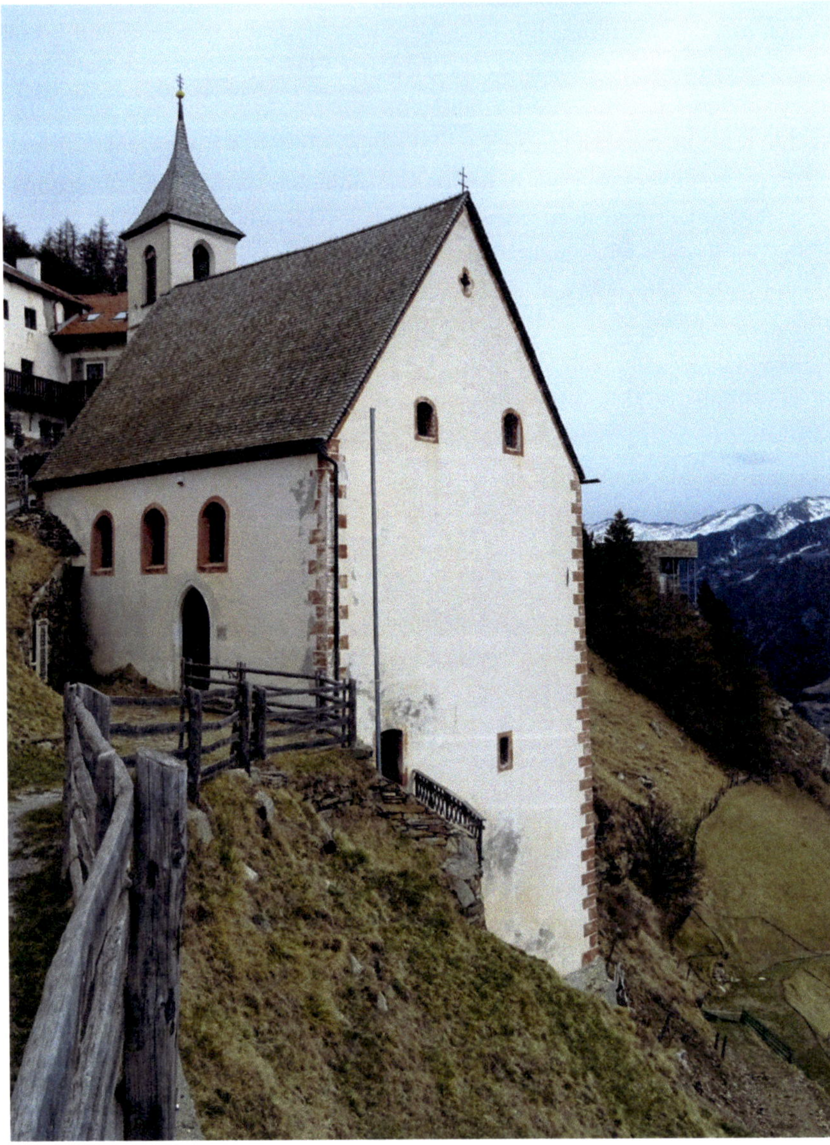

zeichen des Ortes nähere Betrachtung wert. Zwei Latscher verwirklichten dort einen Traum, der Bauherr Walter Rizzi, unterstützt vom kreativen Architekten Werner Tscholl. Eine Burg des 20. Jahrhunderts sollte es

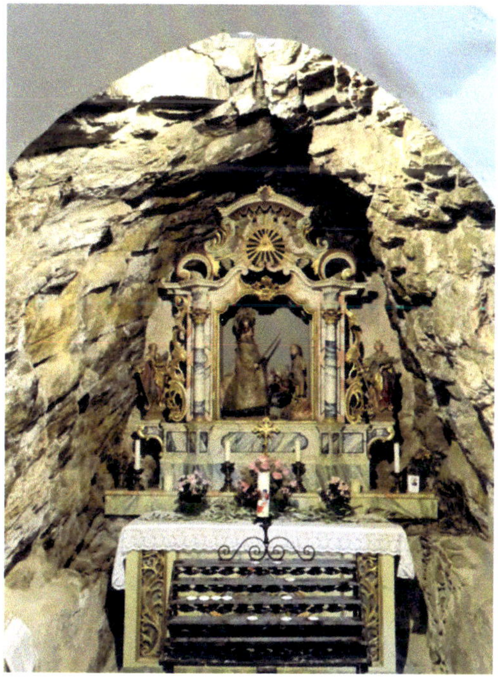

werden, gebaut aus den Materialen der Heimat, ein Ferien-Zuhause für moderne Höhlenbewohner, gewagt und schneidig, gesegnet gar vom letzten Abt des Klosters Marienberg.

Jetzt sind es nur noch wenige Schritte bis zur Kirche „Zum Hl. Martin“ aus dem 16. Jh., die über einer jungsteinzeitlichen Kult-Felsgrotte errichtet wurde. Ein wahrhaft würdiger Abschluss dieser schönen Wanderung! Nicht nur die mit dem dortigen Gnadenbild verbundene Legende macht den Besuch zu einem besonderen Erlebnis, auch das kühn an den Hang geklebte Gotteshaus an sich ist schon außergewöhnlich genug – in diesem winzigen, auf 1740 Metern gelegenen Weiler.

PS: Die beiden Schwestern vom Gasthaus Bergstation zaubern Stärkendes und verwöhnen mit köstlichen Kuchen; im Winter kann man dort bunte Teller mit viel Liebe zubereiteter Keksl/Plätzerl – wie von Oma – erstehen. Ein Besuch lohnt sich immer!

… und der ungewöhnlichste Bergbewohner, den ich bisher angetroffen habe?

Ganz klar – der Berghai!

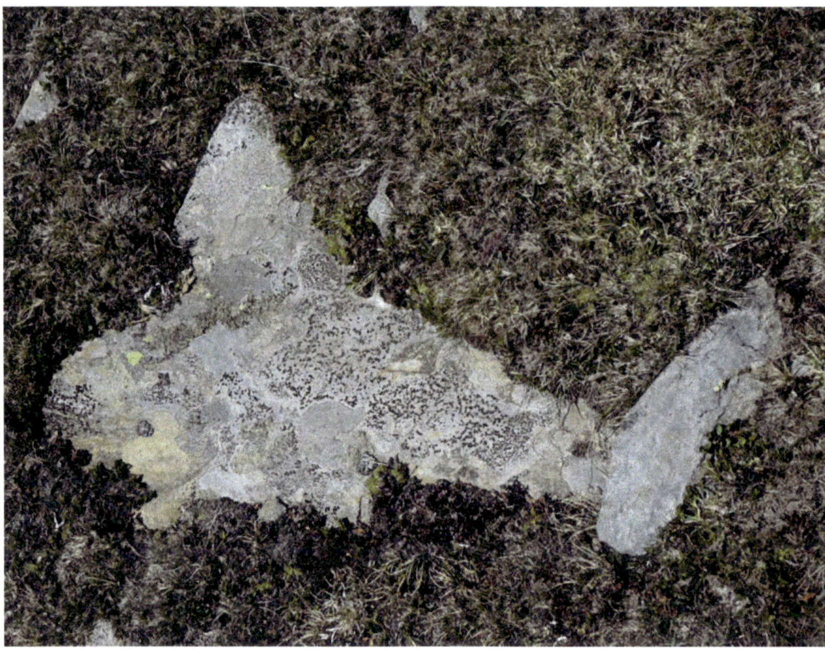